meleklerin seninle konuşuyor

ŞEBNEM ÖZKAN

totem
YAYINLARI

TOTEM YAYINLARI: 36

MELEKLERİN SENİNLE KONUŞUYOR

ŞEBNEM ÖZKAN

YAYIN YÖNETMENİ: Hasan Yılmaz
DİZGİ VE YAYINA HAZIRLIK: Totem Basım

BASKI-CİLT: Deren Matbaacılık Ambalaj San. ve Tic. Ltd. Şti.
Org. San. Bölgesi Orkide Cd. No:9/Z Beylikdüzü-İstanbul
Tel: 0 212 875 48 86 - 87

ISBN: 978-9944-330-46-6

SERTİFİKA NO: 22401

TOTEM YAYIN DAĞ SAN. TİC. LTD. ŞTİ.
Cemal Nadir Sokak Büyük Milas Han, No: 24/94 Eminönü/İSTANBUL
Tel: 0 212 526 86 65 Faks: 0212 511 04 72
totemyayin@gmail.com

1. BASKI: ŞUBAT 2018

Özünü enerjiler oyununda ifade etmek isteyenlere...

İÇİNDEKİLER

ÖNSÖZ

Bu önsözü seviyorum; çünkü benim her zaman yapmaya çabaladığım "köprülük" görevini güzelce yapabildiğini düşünüyorum. Bilimsel ve ruhsal konuları mümkün olduğunca bağdaştırmaya çalışıyor. Bu sebepten yenilenmiş basımda büyük ölçüde aynı bıraktım...

Hayatımıza dair bir anlam arayışı, "kendimizi bilmek" isteğimizin bir sonucu olarak, hepimizin yaşamında mevcudiyet gösterir. Bir anlam yaratamadığımızda, yaşam boş veya acı dolu olabilir[1]. Hayata dair olan bu tatminsizliğin nedeni, kendimiz için benimsediğimiz gündelik tanımlardan (yaptığımız iş, ailevi rolümüz vb.) çok daha fazlası olduğumuzu içten içe bilmemizdir.

Bu farkındalık bizleri ruhsal tarafımızı keşfetmeye, ruhsal gücümüzü kullanmaya yönelik çalışmalar-araştırmalar yapmaya yönlendirir. ABD'de yapılan araştırmalar göstermektedir ki, spiritüel insanların hayattan duydukları tatmin, problemler karşısındaki dayanıklılık ve çözüm üretme kapasiteleri spiritüel olmayanlardan çok daha fazladır[2]. Ülkemizde ruhsallık ve ruhsal konuların her geçen gün daha fazla ilgi görmesinin sebeplerinden biri de bu olabilir.

---

[1] Danesh, H.B. (1994) *The Psychology of Sprituality: From Divided Self to Integrated Self*. Landegg Academy Press.

[2] Paloutzian, R.F. & PARK, C.L. (2005) *Handbook of the Psychology of Religion and Sprituality*, The Guilford Press.

Bugün artık çağdaş ve post-modern psikoloji okullarına mensup pek çok psikolog, ruhsallığı da içeren bütüncül sistemlerle çalışmaktadır.

Örneğin, *Carl Jung, Erich Fromm, Abraham Maslow, Rollo May* ve *Carl Rogers* gibi pek çok saygı duyulan psikoterapist ve araştırmacı için ruhsallık, çalışmalarında merkezi bir konuma sahip olmuştur. Bazı psikoterapistler, ruhsal tedaviler yapan kişilerle işbirliğine gitmektedir. Çünkü ruhsal çalışmalar, yaşam enerjisinin doğal bir şekilde işlemesini engelleyen zihinsel ve duygusal düğümleri iyileştirebilmektedir[3].

Hatta *Dr. Judith Orloff* gibi "enerji psikiyatrisi" başlığı altında ruhsal pratikleri tedavileriyle bütünleştiren, *Dr. Doreen Virtue* gibi psikoloji eğitimini ve tecrübesini melek çalışmalarıyla birleştiren başarılı psikoterapistlere artık rastlayabiliyoruz.

Her iki yazarın da benim için önemi büyük. "Ben ne yapacağım bu hayatta!" diye düşünürken, hiç yolumun düşmediği bir kitapçıda karşılaşıp alıverdiğim Judith Orloff'un *Pozitif Enerji* adlı kitabı bana çok yardımcı olmuştu. Ve birazdan okuyacağınız gibi başlangıç Doreen Virtue'nun baş melek kartları sayesinde oldu!...

Her kesimden ruhsallığa olan ilgi artışının en önemli nedeni, yaşadığımız evrende her şeyin enerjiden meydana geldiğini daha iyi kavramaya başlamış olmamız. Modern bilim, özellikle de Kuantum Fiziği yaşamımızın enerjisel temellerini açıklayarak, üzerinde yaşadığımız dünyayı daha iyi anlayabilmemize ve algılayabilmemize yardımcı oluyor. Son yıllarda bilim insanları ruhsal çalışmalar yapan kişilerin binlerce yıldır söyledikleri şeyleri kanıtlamaya başladılar. Mesela, *Stephen Hawking* -burnumuzun dibinde

---

[3] Elkins, D.M. (2009). *Psychology Todays Sprituality.*
(www. psychologytoday.com/articles/199909/sprituality adresinden ulaşılabilir.)

olmasına rağmen- enerji dünyasını beş duyumuzla algılayamayışımızın nedenini, alışkın olduğumuz dünya ile diğer dünyaların arasında ince bir zar olduğu şeklinde açıkladı![4]

Bilimsel, enerjisel ve sezgisel parçaları birleştiren bütüncül bir bakış açısından baktığımızda, hayatımız daha fazla anlam kazanmakta ve bu da yaşam kalitemizi arttırmaktadır. Yazar *George Bernard Shaw*'ın söylediği gibi; "Ruhsal bir hayat, aynı zamanda pratik olan hayattır."

Farkındalığımızı geliştirdikçe ve hayatımızı daha geniş bir perspektiften algılamaya başladıkça anlarız ki, yaşadıklarımız "mutlak gerçekler" değildirler. Ancak göreceli olabilirler...

Durum böyle olunca, kendimizi, gelip geçici düşüncelerimizin ve duygularımızın arasında kaybetmez ve özümüzdeki gücün farkına varabiliriz. Kontrol etmemize gerek kalmadan kendimize ve hayatımıza hâkim olabiliriz.

Bunları fark ettiğimizde, hayatı sürekli çalışıp çabalayarak devam ettirmemiz gereken bir yük gibi değil, her an yeni yeni olasılıklarla tanıştığımız bir "oyun" gibi yaşamamız mümkün olabilir. Çağdaş psikoloji okullarından olan ve insan davranışlarının ve psikolojisinin, onu oluşturan parçalarının analiziyle tam olarak anlaşılamayacağını, dolayısıyla bütüncül olarak incelenmesi gerektiğini belirten Geştalt terapisinin kurucularından *Fritz Perls*'in söylediği gibi:

> *"Bilge bir adamla bir aptal arasındaki tek fark, bilge olanın oynadığını bilmesidir."*[5]

---

[4]Orloff. J. (2005) *Pozitif Enerji*, Dharma Yayınları

[5]Perls, F., Hefferline, R., & Goodman, P. (2000) *Geştalt Terapisi: İçimizdeki Çocuk (2)*. Söz Yayın

Farkındalığımızın gelişmesiyle, sonsuz çeşitlilikteki bu oyunu –ve farklı oyuncularını– daha fazla algılamaya başladıkça, hayat daha da zevkli hale gelir. Böylece onu bir yükten ziyade, tek bir anını bile kaçırmaya kıyamadığımız bir hediye olarak yaşamaya başlayabiliriz.

BENİM HİKÂYEM

Evet... Bu kısma bazı ilavelerim var ama. Çünkü yaşadıklarımı anlatarak olabilecek yenilikler ve güzellikler hakkında size biraz fikir verebilmeyi umuyorum...

Genelde "kendini tanıt" dendiğinde okullar, işler güçler anlatılır. Bu aslında sadece yaptıklarımızı tanıtmaktır, olduğumuzu değil. Dilerseniz, yaptıklarımı özgeçmişimde okuyabilirsiniz...

Şu ana kadar pek çok diploma sahibi oldum. Ne var ki, büyük mutlulukla icra ettiğim asıl mesleğim için herhangi bir diploma sahibi de değilim. Çünkü benim mesleğimin eğitimi evrensel enerjiler tarafından verildi.

Her zaman bütüncül terapiler uygulamaktan yana olmama rağmen, 2009 yılı başında şu anda yapmakta olduğum çalışmalar aklımın ucundan geçmiyordu. Yaşadığım gelişmeleri ilk başta çevremdekilere anlatmakta zorlandım. Ortak bilincimiz yükseldikçe herkes bu gibi konuları daha iyi anlar ve paylaşır hale geldi...

Şimdiye kadar dört kitap yazdım ve hepsinin de konusu birbirinden tamamen farklı oldu. Aslında bu durum okuyucum için biraz zorlayıcı, farkındayım. Çünkü her seferinde farklı bir şeyle tanıştırdım sizleri... Ama ben de bana öğretilenleri paylaşmak durumundayım! Daha yavaştan, daha tanıdık konularla gitmek benim için de daha kolay olurdu aslında ama bu hayatımdaki ifade şeklim, hayat amacım bu... Pes etmeyip tüm değişikliklere rağmen benimle yürüdüğünüz için çok teşekkürler!

Ruhsal çalışmalarınızı, inisiyasyonlarınızı ve/veya uyumlanmalarınızı bir öğretmenden alsanız da, asıl kaynak her zaman Bir'dir. Örneğin, *Toltek şamanlığında* **"Nimomastik"** adı verilen bir olgu var. Nimomastik'in kelime anlamı *"kendi kendine öğretme"* dir. Bu yöntemi uygulayan insanlar, en iyi öğrenme şeklinin direkt *Kaynaktan* olacağına inanırlar. Bu şekilde öğrenci Kaynağın yankısı olan içsel sesini duyabilir ve böylece *"sessiz bilgiye"* ulaşabilir.

Şu ana kadarki öğrenme sürecimi ben de bu şekilde deneyimlediğim için şimdilik bu yöntem bana çok yakın geliyor ve çalışmalarımı bu yönde sürdürüyorum. Ve tabii ki ihtiyacım olduğunda insan öğretmenler de karşıma çıkıyor...

Tecrübe ettiğim melek uyumlanmasına gelince...

Melekler, uyumlanmayı *"sizin içinizdeki ışığı çıkarmak için meleklerin ışığından yararlanmak"* olarak tarif ediyorlar.

Benim maceram, sevgili dost *Pelin Narin Tekinsoy*'un bana *Doreen Virtue*'nun *Baş Melek Kartları*'nı hediye etmesiyle başladı... İtiraf etmeliyim ki ilk başlarda pek fazla ilgilenmedim... O zamanlar çok yoğun bir şekilde *I Ching* ile çalışıyordum. Daha sonra, meleklerin enerjilerini hissetmeye başlayınca, kartlarla daha çok çalışmaya başladım.

Hatırlıyorum da, her kart çekişimde tüylerim diken diken oluyordu! Ensemde ve omurgam boyunca ürpertiler dolaşıyordu. "Yeteneklerini uyandırmamızı iste", "Ruhsal kavrayışını arttırmamızı iste" gibi kartlar çok sık karşıma çıkıyordu. Ben de istiyordum tabii...

Biliyorsunuz ki biz isteyince oluyor! İstediğimiz, aklımıza koyduğumuz, kalbimizde tutkuyla hissettiğimiz şeyleri gerçekleştiriyoruz. Çünkü bu tip tutku dünyasal değil, evrensel oluyor... Melek uyumlanması işte böyle başladı ve bir ay sürdü... Bu süreci en iyi *"farklı bir gerçeklik"* olarak tanımlayabilirim. Sonrasında kendimi bildim bileli var olan sezgisel yeteneklerim daha da "parlaklaşmış" oldular. Aşağıda, meleklerle iletişimlerin sırasında, benim yaşadığım etkileri toparlamaya çalıştım. Çünkü 6. Boyut oluşuyla ilgili bilgi içeriyorlar ve bu bilgileri ortak bilince ne kadar çok katarsak, o kadar iyi...

Genişlik: İtiraf etmeliyim ki bunu tarif etmek pek kolay değil... Bir kere kendinizi *dağınık* hissediyorsunuz. Bu kafa dağınıklığı gibi değil, çünkü istediğiniz zaman oturup gayet rahat bir şekilde işinizi gücünüzü yapabiliyorsunuz. Daha çok sanki bedeniniz genişlemiş, yayılmış gibi hissediyorsunuz...

Ben sanki merkezinde bedenimin olduğu, kabaca 100 metre yarıçaplı bir daireydim. Sanki her yerdeydim. Büyüktüm... Yani aslında dağınık derken "geniş olmayı" kast ediyorum. Kozmosun enerjisiyle bütünleşirken aslında ruhumuzun zaten olduğu halini daha çok hissederiz: Geniş.

Girdap: Her şey çok hızlı gelişiyor ve değişiyordu. Sanki bir topaçmışım ve müthiş bir hızla dönüyormuşum gibi hissediyordum. Bu dönüş bazen enerjimi fazlaca dağıtabiliyordu, öyle ki zaman zaman "merkezini koru, merkezini koru..." diye kendi kendime telkinde bulunmam gerekiyordu!

Bu süreçteki ilk iki haftada insanların renklerini algılamaya başladım. Benim algıladığım aura renkleri değil; frekans rengimiz. Hepimiz ve her şey enerjiden oluştuğuna göre hepimizin bir de rengi var. (Ve bir de tonu, yani sesi). Bu bizim frekansımızın ifadesi olan ve özelliklerimizi yansıtan bir renk ve hemen her zaman hayatımız boyunca sabit kalıyor. (Bu konudan "kişilik rengimiz" olarak Baş Melek Sandalfon'un mesaj açıklamaları kısmında da ileride tekrar bahsedeceğim.)

Üçüncü haftanın sonunda ise melekleri algılamaya başladım. Bir gün birden oturup, meleklerin mesajlarını yazmaya başladım. Hem yazıyor hem de onların enerjilerini/görüntülerini çiziyor ve boyuyordum. O günden sonra bu böyle devam etti...

Akışta olan tarafım bunu çok doğal karşılıyordu. Her

şey tam olması gerektiği gibiydi işte... Ego zihniyse hayretler içindeydi!

O zaman *'Meleklerin Seninle Konuşuyor'*u yazmak aklımda yoktu açıkçası. Ancak melekler günün saatine ve nerede olduğuma bakmaksızın o kadar çok mesaj verdiler ki, sonunda bunun bir kitap olması gerektiğini anladım...

Evdeyken zaten sürekli yazıyordum. Bir ziyarete gittiğimde bile iki arada bir derede oturup bir şeyler yazıveriyordum. Her yerde minik melek ışıkları benimleydi. Diğerleriyle sanki hiçbir şey yokmuş gibi konuşup, bir taraftan da bu algılar içinde olmak gerçekten de çok ilginçti! Biraz da zordu... Hatırlıyorum da ablamları ziyarete gitmiştim. Ve bir taraftan onlarla muhabbet ederken bir taraftan etrafımızdaki melek ışıklarını izliyordum. Artık bir noktadan sonra gündelik ilişkilerimi sürdürebilmek adına onları görmezden gelemeye bile başlamıştım!...

Neyse ki yapı itibariyle ketum biriyim. O yüzden "Aa.. Bak şimdi de şurada parladı" veya "Baş melek Jofiel şimdi şunu söyledi" gibilerinden şeyleri illa anlatayım diye sabırsızlanmıyordum. Ne de olsa her şeyin bir "zamanı" vardı...

Zamansızlık: Ama aslında zaman yoktu! Zamanın gerçekte olmadığını açık bir şekilde bu süreçte hissettiğimi söyleyebilirim. Uyumlanma bittikten sonra tam olarak hiçbir zaman bu zamansızlığı yaşayamadım. Açıkçası özlüyorum... Ama işte dünya üzerinde de dünya kurallarına bağlı yaşamamız gerekiyor...

Evet, her şey çok hızlıydı. Ancak ben zamanı algılamıyordum; çünkü çabukluk aslında zamana bağlı bir şey değildi... Sadece olması gereken oluyordu ve bu da zamansız olduğundan *oluveriyordu.* Bu kadar... Her şey çok hızlıydı derken aslında şeylerin birbiri ardına olduğunu kast ediyorum. Herhangi bir stres, acele veya zamanın geçtiğine dair bir algılama kesinlikle yoktu.

Düşüncesizlik: Bunu düşüncelerin çok yavaşlaması, adeta durması anlamında kullanıyorum. Ne olduğunu sorgulamak aklınıza gelmiyor, "kafa yormak" çok ama çok gereksizleşiyor. Zihnin her zaman alışkın olduğumuz gevezeliği sona eriyor. Ne büyük rahatlık! Bütün gün mutlu, mesut olduğunuz yerde oturabilirsiniz... Sonradan Eckhart Tolle, Byron Katie gibi yazarların da bu düşüncesizlik halini bolca anlattıklarını gördüm. Söylemeliyim ki bu hali koruması kolay değil. Çünkü dünya üzerinde düşünceyi kullanmak zorundayız. O şekilde gerçekleştiriyoruz. Kural böyle.

Hepimizin öğrenmesi gereken düşüncemize hakim olabilmek. Bu cümle bence dünya üzerinde yapılan neredeyse tüm tekamül çalışmalarının temelini teşkil ediyor!

Zamanın durmasıyla düşüncenin durması da birbiriyle çok yakından alakalı. İleride hepimiz çok daha düşünce-siz olacağız... Ve gerçek doğamıza yaklaşacağız... Bu yüzden, şimdiden kendinizi hazırlamanızda ve her gün düşüncesizlik pratikleri yapmanızda fayda var diye düşünüyorum! Özellikle de benim "**Odaklı Yin Düşünce**" adını verdiğim tekniğin işinize yarayacağını düşünüyorum. Bu teknikte meditasyonlar esnasında "akış" ve "düşüncenin farkında olma" dengesini kurmanız gerekiyor. Buna **beynimizin gücünü kullanabilmek** diyorum.

Huzur: Müthiş bir huzur ve sakinlik hissediyorsunuz ve tabii beraberinde çok yoğun bir sevgi. Buna sürekli bir mutluluk/olumluluk hali de eşlik ediyor. Ama benim için en belirleyici olan huzurdu. Öyle ki, olayları/insanları analiz etmeyi ve anlamayı seven biri olarak bir kere bile "Bir dakika! Ne oluyor yani şimdi? Nedir bu olan??" diye sorma gereği duymadım. Biraz yavaşlayayım, biraz anlamaya çalışayım demedim çünkü içimden bir ses bunu yaparsam her şeyin durabileceğini söylüyordu. Sevgili melekler bana müthiş bir huzur ve dinginlik verdiler ve bu süreyi tamamen akışa bırakarak geçirmemi sağladılar. Aslında bunu yapmasalar herhalde bütün bu dönüşüm benim için çok zor olabilirdi... Ego zihni korkabilir ve kontrolünü kaybettiğini düşünebilirdi.

Ama biliyoruz ki başarmamız gereken kontrol değil;

hakimiyet. Kontrol, olmayan bir şeyi yönetmeye çalışmaktır. İllüzyonu nasıl yönetebilirsiniz ki? Lütfen bir düşünün. Açıkçası bana çok saçma geliyor... O yüzden biz kendimizin hakimiyetinde kalalım derim.

Hakimiyet, Kozmosun akışındayken, alanınızdan geçenlerin farkında olmanızdır.

Farkındalık yapılması gerekeni yapabilmenizi sağlar.

Ve hayat işler...

Enerji: Yorgunluk nedir bilmemek ne kadar güzel bir duygu tahmin edersiniz sanırım! Bu durum, uyumlanma bittikten sonra da aylarca devam etti. Herhalde hayatımda o kadar yoğun bir şekilde hiç çalışmadım. Günde neredeyse 12 saat elinizde tuttuğunuz kitabın üzerinde çalışıyordum! Buna rağmen hiç yorgunluk hissetmiyordum ve çok çalışmaktan ötürü oluşabilecek stres, gerginlik ve bunların sonucu oluşabilecek uykusuzluk gibi durumların hiçbirini yaşamadım.

Genelde insanlar yorulduğu zaman yatar uyur veya dinlenirler. O zaman kadar bana tam tersi olurdu. Yorulduğumda iyice gerilirdim, uykularım kaçardı ve sonunda sistemim çöküp kalırdı. Ama bunların hiçbiri olmadı. Büyük zevkle ve mutlulukla çok verimli bir çalışma süreci geçirdim.

Bu kitap yoluyla her birinizle tanışmaktan, bir ortak noktada buluşmaktan ötürü çok memnunum... Burada anlatılanların tekamül yolculuğunuzda size eşlik edebilmesi en büyük mutluluğum ve onurum olur.

Hoş geldiniz...

info@sebnemozkan.com
facebook: Işık Çağı Akademi
İnstagram: sebnem__ozkan
twitter: Seb_Ozkan

GİRİŞ

Bebekler neden çok sevilir?... Odaya bir bebek girdiğinde, hemen odak noktası olur. Aileye bir bebek katıldığında konuşulan neredeyse tek konu bebeğin ne yediği, ne zaman konuştuğu, ne zaman yürüdüğüdür. Bebekler kolaylıkla sevilir, çünkü onlar sevginin ifadeleridir. Onlar sevginin geçerli tek enerji olduğu Kozmostan, dünyamıza yeni gelmişlerdir...

Bizler, bebeklikten çıkıp büyüme süreci içerisine girdiğimizde, bir takım gelenekler, davranış kalıpları ve kurallar öğrenmeye başlarız. Bu kurallar ve kalıplar, bize ait olmadıkları için içsel doğrumuzu takip etmemizi engellerler. Kozmosun enerjisiyle uyum içinde olan içsel doğrumuzu fark edemediğimiz için onunla olan bağımız giderek zayıflar. Böylece, aslında bizzat içinde yaşadığımız sevgi ve huzur ortamındaki *trajikomik* yalnızlığımız başlamış olur...

Ama işte insan hem çok güzel, hem de çok zor bir varlıktır!...

Sezgiler ve Algılar

Sezgilerimiz ve algılarımız, içsel doğrumuzu hatırlamamızda ve hayata geçirmemizde çok önemli destekçilerimizdir. Sezgilerimiz ve hislerimiz sayesinde, sadece zihinsel melekelerimizi kullanarak bir şeyler yapmaya kıyasla işlerimizi çok daha kolay ve çabuk halledebiliriz. Daha da önemlisi, içsel doğrumuzu takip ettiğimizden, yolumuzu kendimiz için en doğru ve hayırlı olacak şekilde çizebiliriz. Ayrıca, sadece beş duyumuzla algılayabildiğimiz, görünen dünyanın ötesindeki dünyayı gösteren ve Kozmosun zenginliğini yaşamamızı sağlayan da yine sezgilerimiz ve duru-algılarımızdır.

Hal böyle iken, "Tekamülümün yüksekliği sezgilerimin ve duru-algılarımın açıklığına bağlı" düşüncesinin Kozmos'da geçerli olmadığını da ilave etmeliyim... Çünkü Kozmosta *değer hiyerarşisi* yoktur! Yetenek veya becerilere göre sınıflandırma yapmaz. Önemli olan tek şey ancak algılar yoluyla *öğrendikleriniz* olabilir. Kozmosun ölçtüğü tek şey ne kadar "insan" olduğunuzdur (!)...

Melekler

Melekler farklı farklı görevleri olan Kozmik görevliler ve evrensel aracılardır. İngilizcedeki melek kelimesinin türetildiği, Latincedeki "*angelus*" kelimesi, "*giden*" veya "*gönderilen*" anlamına gelir.

Egoları olmadığından insanlar için saf ve koşulsuz sevgi duyan, bize her zaman ve her konuda yardımcı olmaya çalışan, yol gösteren, zaman ve mekânın sınırlarından bağımsız olduklarından ihtiyaç duyduğumuz her an bizlerle olabilen, cinsiyetsiz ve dinlerden bağımsız enerji formlarıdır. Onları en kolay ve en rahat nasıl algılıyorsak bize öyle görünürler ve enerjilerini hissettirirler. Örneğin, enerjisel özelliklerine bağlı olarak onları kadın veya erkek enerjisinde ya da farklı ırkların özelliklerine sahip olarak görebiliriz/hissedebiliriz.

Her dinde ve ruhsal yolda meleklerden söz edilmektedir. Musevilikte melek, Tanrı'nın hizmetindeki ruhsal varlık olarak tanımlanmaktadır. Hıristiyan dünyası melekleri dini ritüellerinin içine katarak, onları sembolik olarak resmederek günlük hayatlarında kullanmaktadırlar. Hinduizm'de melek kavramı tam olarak tanımlanmazken, güçlü, uzun ömürlü ve mutlu ışık varlıkları olan *deva*lardan bahsedilmektedir. Günümüzde devalar genellikle doğa melekleri olarak kabul edilmektedir. Müslümanların kutsal kitabı Kur'an'da ise meleklere dair pek çok bilgi yer almakta ve meleklere inanmak Müslümanlığın ön koşullarından biri olarak sunulmaktadır.

İçinde yaşadığımız evrende, her şey enerjiden meydana geliyor; her şey enerjinin farklı birer formu. Bizler nasıl belli bir frekanstaki enerji formlarıysak, melekler de başka frekanstaki enerji formları. Ama insanın beş duyusu enerjinin her formunu algılamaya yetmiyor. Dolayısıyla çoğumuz bazı enerjilerin farkında olmadan yaşamımızı sürdürüyoruz. Ama biliyorsunuz; *"kanıt olmayışı, olmayışın kanıtı"* değil... Ve merak eden, isteyen herkes, dini bir inancı olsun veya olmasın meleklerle çalışabilir... **Tek amaç iyiliğimiz ve tekamülümüzdür.**

MELEKLERLE ÇALIŞMALI MI?

Bu kitapta anlatılanları sizinle paylaşmamın tek nedeni bu yöntemden pek çok insanın yararlanmış olması. Eğer siz de yararlanırsanız ne mutlu bana...

Meleklerle çalışma konusunda ülkemizde bir kafa karışıklığı var. Öncelikle bu karışıklığın tamamen bizden / İnsandan kaynaklandığını hatırlayalım. Kozmosta "Acaba insanların meleklerle çalışması doğru mu?" diye bir soru yok. Çünkü orada her şey anlayışta, saygıda ve huzurda...

En baştan beri anlattığım şey şu: Melek çalışmaları işlerinizi *kolaylaştırır* ve *çabuklaştırır.* Gerçekleştirir diye bir şey yok... Tam da bu yüzden, ilerleyen sayfalarda da göreceğiniz gibi meleklerden dileklerimizde "yap", "et" hiçbir zaman demiyoruz. "Destek ol, anlamama yardım et, yol göster" vb. diyoruz. Her şey Kaynaktan olduğuna göre, dilekler de ona. Melekler de aracı.

Peki, melekler işleri çabuklaştırabiliyor ve kolaylaştırabiliyorlarsa bunu nasıl yapıyorlar? Uzmanlık alanları yoluyla. Dolayısıyla ihtiyacınıza göre o alandaki "görevli"den destek isteyebiliyorsunuz. Diyelim bir kıyafet diktirmek istiyorsunuz. Eczaneye gitmezsiniz değil mi? Veya manava. Terziye gitmeniz gerektiğini bilirsiniz. Ama *Terziler Odasına* da gitmezsiniz! O da sizi terziye yönlendirecek çünkü!...

O yüzden de yolda oyalanmadan, ona buna sormadan direk terziye gider işinizi halledersiniz. İşte bunun gibi bir şey…

Kaldı ki meleklerin tek işi insanlara yardım etmek de değil. Onlar pek çok kozmik işlemden sorumlu olan enerjiler. Bu kitapta konu elverdiğince onların daha geniş görevlerinden de bahsedeceğiz…

Dolayısıyla meleklerin sizi destekleyecekleri konular çok geniştir. Siz ne kadar açabilirseniz kapasitenizi, o kadar genişleyecektir. Örneğin; "Hayat zor!" diye düşünüyorsanız; parayla, işle, ilişkilerinizle ve/veya sağlığınızla ilgili problemler yaşıyorsanız; veya uğraşıp-çalışıp, tam bir şeyler düzelmeye başlarken tekrar başarısız oluyorsanız, kendi ayaklarınız üzerinde duramıyor, hayatınızı başkalarının etrafında kuruyorsanız; ya da belki, hayatınızda her şey dışarıdan bakıldığında iyi gibi gözüktüğü halde bir boşluğun sizi içten içe kemirdiğini hissediyorsanız veya var oluşunuzu ve evrenin oluşunu merak ediyorsanız, meleklerinizin yardımları devreye girer.

Ama benim için her zaman en önemli destekleri tekamülümüz olmuştur: Melekler, içsel doğrumuzu bulmak ve hayata geçirmek, "gerçek benliğimizi" fark etmek için yardımcı olurlar. Farkındalığımızı genişletir, gücümüzü açığa çıkarmamıza yardım ederler… Bizi sevgi bombardımanına tutarlar; öyle ki içimizdeki sevgi pınarının farkına varabilelim…

Böylece, meleklerle olan çalışmalarımız, tek taraflı bir çalışma olmak yerine, bir sevgi alışverişi haline gelir. Kendimizi bildikçe ve güçlendikçe onlarla olan ilişkimiz daha çok bir "ortaklık" haline dönüşür…

Bu bölümü sevgili dost Handan Hanımın sözleriyle bitirmek yerinde olur gibime geliyor: *"Yaradana olan bağlılığımın kat be kat artmasında, "Şükür" duygumun misli misli artmasında, aslında "Şükür" ne demekmiş çok iyi algılamamda, yaşamı ve insanları beklentisiz Sevmemde gösterdikleri destek için meleklere çok teşekkür ederim. Daha nice güzelliği paylaşmak dileğiyle..."*

"Bi Kahve?..."

Melek sözcüğü aslında günlük konuşmada sıklıkla kullandığımız bir kelime; mesela "melek gibi insan" deriz, bebeklerin melekleri olduğunu, onları koruduklarını söyleriz veya isim olarak çocuklarımıza veririz... Ama bütün bu esnada, melekler sanki hayal ürünüymüş, sadece hoş bir mitmiş gibi davranırız. Meleklerin gerçek olduğunu, hatta onlarla çalışılabileceğini söylediğimde, "vah, vah.. Bu da iyi bir kızcağızdı" diye düşünenlerden misiniz? Ya da, aslında algıları açık olup da, onların enerjilerini hissedebilen *ve* onlardan korkanlardan mısınız?!... Bir de, melekleri çok üstün varlıklar olarak görüp, onlarla iletişim kurmayı bir onur meselesi haline getiren veya meleklerin "iyiliklerini" neredeyse hak etmediklerini düşünenlerimiz var...

Halbuki melekler,—bir enerjiler oyunu olan evrenimizde—diğer tüm enerji formları gibi kendilerine has birer enerji formudur. Sadece frekansları bizimkinden farklı (daha yüksek) olduğu için onları birbirimizi algılayabildiğimiz gibi kolaylıkla algılayamıyoruz. Yeri gelmişken hemen belirtelim ki, daha yüksek frekansı olmak daha iyi veya daha üstün olunduğunu tabii ki göstermiyor. Unutmayalım ki yaşadığımız bu dost evrende, varlıkları herhangi bir şekilde değerlerine göre sınıflandıran hiyerarşik bir mekanizma mevcut değil.

Melekleri, çok sevecen ve yardımsever enerjiler; ne zaman ihtiyacımız olsa yardıma hazır çok yakın dostlar olarak tanımlayabiliriz. Ve bu dostların, isimlendiremeyeceğimiz, sayamayacağımız kadar fazla sayıda olduğunu bilmek çok güzel!... Bu kitapta yirmi dört adet baş meleğin yol göstericiliğinden yararlanıyoruz. Neden yirmi dört ve neden bu baş melekler?... Herhalde, içinde yaşadığımız zamanlarda daha çok ihtiyacımız olan enerjiler düşünülerek melekler tarafından belirlenmiş olan bir şey bu. Ama hepimiz farklı meleklerle; "yıldızımızın barıştığı", bize en iyi ve en kolay şekilde yardımcı olacak meleklerle çalışabiliriz. Alışkın olduğumuz, daha doğrusu alışkanlıklarımızla kurduğumuz dünyamızda yaşarken, nasıl bize uygun arkadaşlar, dostlar seçiyorsak, melek dostlarımızı da o şekilde seçebiliriz.

Meleklerle çalışmak sadece bazı insanların yetenekli olduğu bir şey değil. Hepimiz onların yol göstericiliklerinden yararlanabiliriz. Tekamülümüzde, gücümüzü fark etmede meleklerin yardımından her zaman faydalanabiliriz. En nihayetinde, meleklerin yaptığı şey budur zaten; kendimizi bilmemizi sağlamak çünkü bundan sonrasını bizler de halledebiliriz rahatlıkla. Hayatımızı olması gerektiği gibi yaşamak için gereken her şey zaten bizde mevcut...

Gerçekten kim olduğumuzu fark ettikten sonra ise *dostlarla* bu sefer keyifli sohbetler için bir araya gelebiliriz... Hatta belki "bi kahve için!" Kim bilir?...

Melekler Sadece İyiliğimizi İster...

Her varlık, biricik, tek ve aynı zamanda da değer olarak birbirine eştir. Melek sınıfları olmasına rağmen, bu sınıflar herhangi birinin diğerinden üstün olduğunu ifade etmek için değildir. Bir sınıf diğerinden daha güçlü veya daha yetenekli olsa bile hiçbir melek kendini bir diğerinden daha iyi, daha değerli vb. görmez, göremez. Çünkü biraz önce bahsettiğimiz gibi egodan bağımsız enerjilerdir.

Dolayısıyla, melekleri bizden üstün varlıklar ve kendimizi de onların takipçileri olarak görmek yerinde olmayacaktır. Bunun tersi bir şekilde, onları, her istediğimizi yapmak zorunda olan hizmetliler şeklinde de yorumlamamalıyız. Durup baktığımızda, her iki düşünce tarzının da aslında, egonun göstergesi olduğunu anlayabiliriz; çünkü her iki bakış açısı da meleklerin yardımlarını almamızı sınırlamaktan başka bir işe yaramayacaktır.

Kozmostaki tek geçerli "kuvvetin" Sevgi olduğunu ve her zaman desteklendiğimizi hatırlayalım. Bu durumda, kozmosun mesajcıları, şifacıları ve koruyucuları olan meleklerin, bizim her zaman ve sadece iyiliğimizi istediklerini çok rahatlıkla söyleyebiliriz. Meleklerle yapılan çalışmalar her zaman yapıcı ve destekleyicidir. Bazen rehberlikleri sayesinde hatalarımızı ve ego davranışlarımızı fark etsek bile sonuç olarak bu çalışmalar bize kendimizi iyi hissettirecektir. Her zaman bizi bir basamak yukarıya taşıyacaktır...

Meleklerle olan çalışmalarda hiçbir zaman suçlu veya suçlayıcı, üzgün, enerjisiz ve/veya kötü hissetmemeniz gerektiğini lütfen unutmayın. Bu kitabın hedeflerinden biri olarak, sezgilerinizi ve duru-algılarınızı uyandırdığınızda ve bizzat kendiniz meleklerle çalışmaya başladığınızda, hepiniz meleklerin sevgi dolu enerjilerini daha iyi anlayabileceksiniz.

Çalışmalarınız süresince dikkat etmeniz gereken önemli bir nokta, meleklerden yardım isteme gerekliliğidir. Her ne kadar melekler her zaman etrafımızda olsalar da - en azından koruyucu meleklerimiz- özgür irademizden ötürü, biz onlardan yardım istemedikçe işimize müdahale edemezler. Biz sormadan, istekte bulunmadan yapılan yardımlar ancak çok acil ve çok önemli konularda (örneğin ölüm kalım meseleleri) olabilir. Dolayısıyla baş melek mesajlarını okurken ve kartlarıyla çalışırken yardıma ve anlayışa ihtiyaç duyarsanız, bunu o konuyla ilgili melekten veya meleklerin tümünden istemeyi lütfen ihmal etmeyin.

Meleklerden yardım isteme konusunda herhangi bir kural yoktur. İçinizden nasıl geliyorsa kendinizi öyle ifade edebilirsiniz. Seçim tamamen sizindir... Mesela, dileğinizi bir düşünce şeklinde veya sesli olarak ifade edebilirsiniz: "Baş melek Ambriel, lütfen içsel potansiyelimi açığa çıkarmama yardım et.", "Baş melek Raguel, lütfen evren için hayırlı olacak şekilde, ailemle olan ilişkilerimin yapıcı olmasını ve birbirimizi anlayabilmemizi sağla." gibi cümleler kurabilirsiniz... Bu süreçte, meleklerinizden mesajlarını ve yönlendirmelerini sizin için en kolay, rahat ve çabuk şekilde vermelerini de isteyebilirsiniz.

İsterseniz meleklerinize olan dileklerinizi yazdığınız küçük bir defter edinip, dileklerinizi yazılı olarak yapın. Seçtiğiniz meleğin mesajlarını da bu deftere kaydedebilirsiniz. Yazarak çalışmanız, sürecinizi kolaylaştırabilir. *Çünkü yazmak topraklar.* Bu yüzden çoğunuz yazarak daha iyi öğrenirsiniz. Not ettiğiniz mesajları ve dersleri iyice öğrenin ve/veya her zaman görebileceğiniz bir yere asın. Yazmak, gündelik koşturmacamızda öğrendikleriniz sindirmek için de işe yarıyor.

En önemlisi yazmak, yüksek frekansların dünya anlayışına indiğinde unutulmasını engelliyor! Toprakladığı için... Ayrıca böylece, geri dönüp baktığınızda ne kadar yol kat ettiğinizi de kolaylıkla görebilmeniz mümkün olacaktır. Bu çalışma şevkinizi de artırır.

Ve fakat... Bahsettiğim sebepler yazarak çalışmanın aynı zamanda dezavantajlarıdır... Yazmak topraklandırıyorsa *sabitliyor* da demektir. Bir mesajı sabitlediğinizde daha sonra daha yüksek bir anlayışa ulaşmanızı da engelleyebilir. Meleklerin bu kitaptaki mesajları gerçekten de çok yüksek bir frekansa sahip. Dolayısıyla onları sabitlemenizi arzu etmem... Her okuyuşunuzda daha yüksek frekanslar alacaksınız belki...

Bu yüzden, tüm bunları anlattıktan sonra yazma konusunu size bırakıyorum... Belki ilk başlarda yazarak çalışabilir, daha sonraları frekansları özümsedikçe kendinizi daha serbest bırakabilirsiniz. Bir fikir...

Kartınızı çektikten ve kart mesajını okuduktan sonra

kitaba dönerek, baş meleğin detaylı mesajları ve uzmanlık alanlarını da okuyun. Böylece mesajlardan ilave farkındalıklar kazanabilir, uzmanlık alanlarında sorunuzla ilgili ilave ipuçları bulabilirsiniz…

Bu kitaptaki çalışmalar sayesinde melek mesajlarını öğrenerek ve meleklerin enerjilerini içselleştirerek, sormuş olduğunuz soru, çözüm bekleyen bir durum, ilişkileriniz veya sağlığınızla ilgili konularda cevaplar ve öngörüler kazanabileceğiniz gibi, bu alanlardaki anlayışınız ve farkındalığınız da gelişecektir. Çalıştığınız süre boyunca, "denk gelişlere", aklınıza gelen fikirlere, rüyalarınıza, zihninizde beliriveren görüntülere, hatırladığınız anılarınıza, tanıştığınız kişilere, hislerinize ve sezgilerinize vb. çok dikkat edin. Bir arkadaşınızın bahsettikleri, radyoda duyduğunuz bir şarkı, nereden geldiğini anlayamadığınız güzel kokular, yolda rastladığınız bir nesne... Bunlar, dileğiniz hakkında mesajlar olabilir. Mesajlarınızın kendilerini gösterme şekilleri sonsuzdur…

Farkında olun!... Keyif alın… Bu sayede, hem sorularınıza cevaplar bulabilirsiniz, hem de açık bir şekilde, meleklerin size destek olduklarını fark edebilirsiniz. Tüm bunlar sizi motive edecek ve çalışmalarınızdan aldığınız keyfi arttıracaktır.

Melekler yardımlarını her birimiz için en uygun olacak şekilde verirler; böylelikle çalışmaların her biri kişiye özgü olur. Genel olarak hissedeceğiniz huzur, "akış", desteklenme ve mutluluk hislerinin yanı sıra çalıştığım kişilerden bazı örnekler vermem gerekirse, bir kısmınız ummadığınız farkındalıklar yaşarken ağlamaya başlayabilirsiniz. Melekler yıllardır büyük bir başarıyla üstünü örttüğünüz, unuttuğunuzu zannettiğiniz olayları/duyguları su yüzüne çıkarmada yetkin ve beceriklidirler.

Omuzlarınıza yük olan blokajlardan temizlenirken, çığlık atmak, bağırmak bile mümkündür. Giderek artan "durulukta" rüyalar görmeye ve rüyalar esnasında enerjisel dönüşümler geçirmeye sıkça rastlıyoruz. Hatta meleklerin bir danışanıma yaptırdığı gibi, meditasyonlarınız esnasında başınızı, omuzlarınızı, hatta bacaklarınızı hareket ettirerek; neredeyse minik egzersizler yaparak enerjinizi temizleyebilirsiniz.

Her zaman iç sesinizi takip ederek denemeler yapmak ve yeni şeyler öğrenmek her türlü spiritüel çalışmanız ve dolayısıyla tekamülünüz için gereklidir. Bir okuyucumun söylediği gibi; *"Meleklerle çalışmak ya da yardım istemek başta biraz garip geliyordu ama bu kitap düşüncemi değiştirecekmiş gibi hissediyorum. Az önce başladım çalışmalara ve aramızda güzel bir uyum oluştu bilgilerle!"*

Hepinize bol ve aynı zamanda da kolay tekamüllü günler dileğimle!

YÖNTEM

Elinizde tuttuğunuz yeni baskıda ilave mesajlar da bulacaksınız. Mesajları revize ederken güzelliklerini ve derinliklerini bir kez daha görme fırsatım oldu. Kitabın içeriğinde de okuyacaksınız ama bir kez daha hatırlatmama izin verin: Mesajların bazılarını tam anlayamayabilirsiniz veya bazıları da çok basitmiş gibi gelebilir. Her halükarda onları okumanız önemlidir. Çünkü çok yüksek bir frekans taşıyorlar. O yüzden kitabı okuyup bitirdikten sonra bile onları çalışın. Frekanslarını alabilmek için vakit buldukça tekrar tekrar okuyun, yanınızda bulundurun. Hatta 21 gün çalışmasını yapmanızı tavsiye ederim: 21 gün boyunca her gün mesajlardan bir kısım okuyun ve 21 gün sonunda hepsini bitirmiş olun.

Yöntemimizde kullandığımız, 24 baş meleğin enerjisini taşıyan 48 adet mesaj kartına *sebnemozkan.com* sitesinden ulaşabileceksiniz. Bu kartları, ilk etapta meleklerin yönlendirmesini daha kolaylıkla alabilmek için kullanacaksınız. Meleklerle çalıştıkça, onların enerjilerini daha iyi algılayabilecek, karakteristiklerini fark edebiliyor olacaksınız. Örneğin kimilerinin 'çok sevecen' enerjilerine karşılık kimilerinin daha 'işe odaklı' enerjilerini fark edeceksiniz. Veya mesela Baş Melek Zadkiel'in anlatmayı-konuşmayı çok sevdiğini görürken, Baş Melek Raguel'in daha ketum olduğunu gözlemleyeceksiniz...

Bana tarif edilen bu yöntemde, baş meleklerin renklerini kullanıyoruz. Melekler benimle çalışırken ve bu kitapta uygulayacağınız yöntemi oluşturmama yardım ederken, hep renklerden yararlandılar ve dolayısıyla bu çalışmada renkler doğal olarak çok önemli bir yer edindi. Renkler ve sesler, insan gözünün ve kulağının algılayabildiği belirli bir frekans aralığındaki enerjilerdir. (Bu frekanslar ayrıca ısı ve titreşim olarak bedenimizin geneli tarafından da algılanabilirler.) Melekler bizlerle iletişim kurarken, bu frekansları köprü olarak kullanırlar.

Kartların üzerinde yer alan ve kitabınızın "Baş Melek Mesajları" bölümünde aktarılan mesajları, *Renk Terapisi Teknikleri* kullanarak içselleştirecek; onlardan gelecek size özel mesajları da zamanla algılayabiliyor olacaksınız. ("Baş Melek Kartlarını Nasıl Kullanacaksınız?" bölümünde bu konuda detaylı bilgi bulabilirsiniz.)

Kartların diğer bir özelliği de, baş meleklerin renklerinin yanı sıra, kutsal geometrik şekilleri de içeriyor olmaları. Bunlar, beş Platonik şekil ve onları bütünleyen küre. Kartların üzerinde, kutsal geometrik şekilleri kullanmamızın birinci nedeni, şekillerin var oluşun temel kodları olmalarıdır. Bu çok güçlü ve kadim şekillerin tanımları yoluyla da baş meleklerin enerjilerini daha net anlamlandırabilmemiz mümkün olmaktadır.

Melek mesaj kartlarında, resimler görmeye alışık olan dostlar için; bu kartların meleklerle çalışmalarınızda başka bir boyut, başka bir seviye olmasını umuyorum. Çünkü bu kartlarla, belirli bir kompozisyona bağımlı kalmadan ve dolayısıyla ondan etkilenmeden; özgürce meleklerin titreşimlerini algılamayı öğrenme imkanı bulabileceksiniz. Ve aşağıdaki bölümde detaylı tariflerini bulacağınız elementlerle çalışma imkanı da bulacaksınız. Bunlar da geometrik şekilleri kullanmamızın ikinci nedeni…

Bu kitap hakkında

Ben genellikle bir şeyler öğrenmek için kitap okurum. Benzer şekilde, bir şeyleri anlatabilmek için yazıyorum... Bu kitap hakkında bazılarınız çok zor olduğunu söylemiştiniz. "Bu kitaptan beş kitap daha çıkar..." demiştiniz. Ben de aslında bunu amaçlıyorum dostlar! Bu kitapta okuyacak çok şey bulun, dönüp dönüp tekrar bakın, bu kitap sayesinde kendi üzerinizde çalışın istiyorum.

Nitekim bu kitabı tam da arzum doğrultusunda başucu kitabı yapıp, uzun süre çalışan pek çok okuyucum var. Bu kitabın faydası, hepimize hem aklen hem kalben katkısı olsun diliyorum.

Bilgi bitmez. Bilgide her zaman daha fazla derinleşmek mümkün ve olmalı da... Bilgi ve sezgi, bilim ve ilim paralel yürümeli. Bu kitap tam da bunu amaçlıyor.

KUTSAL GEOMETRİK ŞEKİLLER

Evrendeki her şeyin temel yapısında, belirli bir simetrisi olan geometrik şekiller vardır. Düşünce ve duygularımızla bile geometrik şekiller oluştururuz. Farkındalığımız arttıkça, ilahi geometrinin hayatımızdaki yerini daha iyi anlarız... *"Yaşam Çiçeği"*, geometrik şekillerin en kuvvetlilerindendir ve adından da anlayabileceğimiz gibi içinde "yaşamın desenlerini" barındırır. Örneğin, Kabalah'da ve Antik Mısır'da kullanılmış Hayat Ağacı sembolü yaşam çiçeği deseninden çıkar.

Aynı şekilde, *Baş melek Metatron'un Küpü* de, tüm Platonik şekilleri içinde barındırır. Plato, dünyanın temel yapısının simetrik enerji ızgaraları yoluyla yapılandığını fark etmişti. Bu enerji ızgaraları belli noktalarda kesişmekte ve bir çeşit matriks oluşturmaktadır. Bu kesişme noktaları, güçlü enerji noktalarının oluştuğu yerlerdir. Makrokozmos ve mikrokozmosun işleyişine bir diğer örnek olarak vücudumuzda da bu ızgara desenleri mevcuttur ve kesişimleri de akupresür noktalarını oluşturmaktadır. Plato bu ızgaraların temel geometrik şekillerden, daha karmaşık olanlara doğru evrimleştiği teorisini öne sürmüştü. Bugün bu temel şekiller "*Platonik Şekiller*" olarak bilinmektedir.

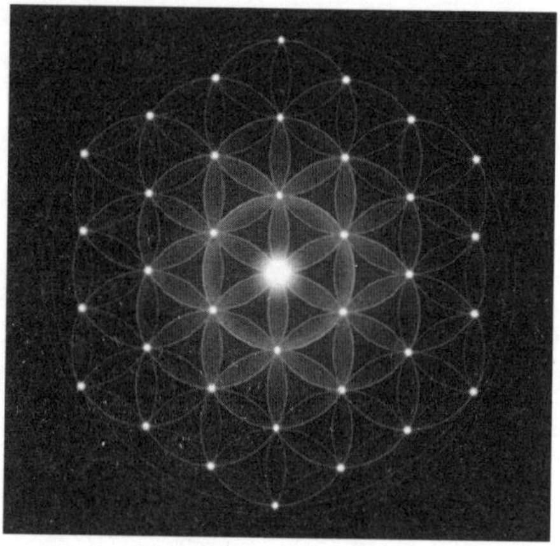

Yaşam Çiçeği

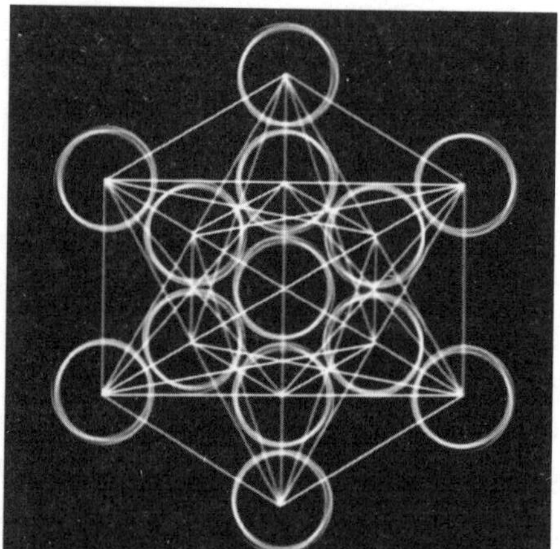

Metatron'un Küpü

Bu şekiller, periyotlar cetvelindeki kimyasal elementler ve minerallerde sayısız çeşitlemelerle kendini gösteren kristal desenlerinin temel modelleridir. Dünyanın ve evrenin ızgara yapısı, organik yaşam (hücre yapısı), müzik, diller vb. bu şekilleri yapı taşları ve şablonlar olarak kullanır.

Platonik şekiller yaradılışın geometrik kodlarıdır. Platonik şekillerle çalışarak Evrensel Zihnin bilgeliğine, bilgisine ve tecrübelerine ulaşabilirsiniz.

Platonik şekiller Piramit (*Tetrahedron*), Küp (*Hexahedron*), Sekizyüzlü (*Oktahedron*), Onikiyüzlü (*Dodekahedron*) ve Yirmiyüzlü (*İkosahedron*) dur. Bu beş şeklin, evrenin gizli dilini bizim için deşifre ettikleri söylenir.

Platonik şekiller, geometri dünyasındaki tek eş kenarlı ve eş açılı poligonlardır; aynı sebepten bütün yüzleri eş olabilen tek şekildirler. Bütün bu özellikler, platonik şekillerin, tüm köşeleri temas edebilecek şekilde, bir kürenin içine mükemmel bir şekilde yerleştirilebilmelerini sağlar.

Piramit

Ateşin sembolüdür.

Temsil ettikleri: Işıma, saydamlık, yeniden doğma ve denge. Eşkenar piramit, kuvvetleri birleştirme sayesinde uyum/denge oluşturur; dişi ve erkek enerjileri, üçüncü bir nötr (tarafsız) noktada birleştirir. Bu "yaratının birleşim noktası" olarak bilinir. Piramit, bilincin ilk tezahür etmiş formudur.

Ateş elementi, kendini irade ve özgüven olarak ifade eder.

Dengemiz bozulursa, *gölge duygusu sabırsızlık ve heyecan* olarak kendini gösterebilir.

Bu şekille temsil edilen baş melekler Şekina, Tabris, Uriel ve Barakiel'dir. Ortak uzmanlık alanları kendimizi olmamız gereken şekilde gerçekleştirebilmemiz için hayatımıza denge ve irade kazandırmaktır.

Küp

Toprağın sembolüdür.

Temsil ettikleri: Birlik-beraberlik, destek ve sağlamlık.

Enerjiyi üç boyutlu düzlemde tutan bir kuvveti vardır. Bu dünya üzerindeki tüm canlılar ve dünyanın kendisi, ancak birlik ve beraberlik içinde, birbirlerini destekleyerek merkezlenebilirler ve varlık bulabilirler. Bu şekil, kişinin amacını netleştirmesine yardım eder.

Toprak elementi, kendini gerçekleştirme gücü ve sorumluluk olarak ifade eder.

Dengemiz bozulursa *gölge duygusu atalet ve beceriksizlik* olarak kendini gösterebilir.

Bu şekille temsil edilen baş melekler Cebrail, Metatron, Ariel ve Anael'dir. Ortak uzmanlık alanları gücümüzü bilerek ve *sağlam* bir şekilde gerçekleştirmedir. Formsuz olanı topraklamak, yani forma dönüştürmektir.

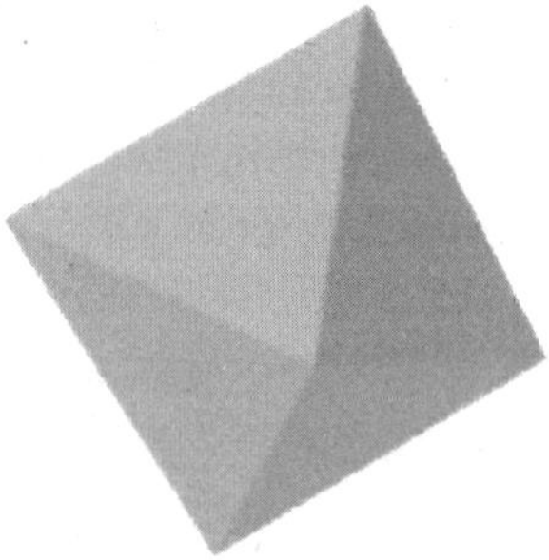

Sekiz yüzlü (Oktahedron)

Havanın sembolüdür.

Temsil ettikleri: Aşkınlık, hareket ve canlanmanın kuvveti.

Sekiz yüzlü, iki tane piramidin taban tabana birleşmesinden oluşur ve yaradılış molekülü olarak bilinir. Hem yeryüzüyle, hem de gökyüzüyle ilişkilidir. En küçük molekülden başlayarak, evrendeki her şeyin, katı ve durağan zannettiğimiz cisimlerin bile, sürekli bir hareket içinde olduğunu gösterir.

Hava elementi, kendini fikir zenginliği ve yaratıcılık olarak ifade eder.

Dengemiz bozulursa *gölge duygusu yüzeysellik ve maymun iştahlılık* olarak kendini gösterebilir.

Bu şekille temsil edilen baş melekler Raguel, Jeremiel, İsrafil ve Azrail'dir. Ortak uzmanlık alanları, evrenin her zaman Sevgide buluşan daimi değişim ve dönüşümüne katılmamıza yardım etmektir..

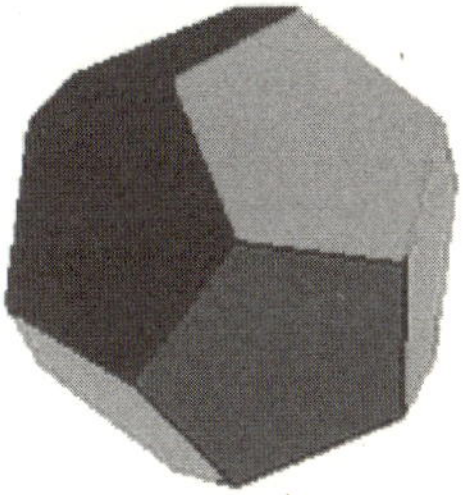

On iki yüzlü (Dodekahedron)

Eter'in sembolüdür.

Temsil ettikleri: Öz, ruh, tüm enerjinin kaynağı ve potansiyel.

Oniki yüzlü, altın oranla yaratılmış beşgenlerden oluşur. Kozmik enerjilere açılmak ve içimizdeki ilahi gücü bulmak için kullanılır. Enerjimizi saflaştırarak, egodan özgürleşmemize yardımcı olur.

Eter, doğadaki tüm elementleri içinde barındırır ve kozmik enerjiyi temsil eder.

Dengemiz bozulursa *gölge duygusu her şeyde mevcut bulunan ilahiliği görememek* olarak kendini gösterebilir.

Bu şekille temsil edilen baş melekler Ramaela, Ambriel, Şamuel ve Mika'dır. Ortak uzmanlık alanları, öz'e ve içimizdeki ilahi olan parçaya ulaşmamızı ve ona uyumlu kalmamızı sağlamaktır.

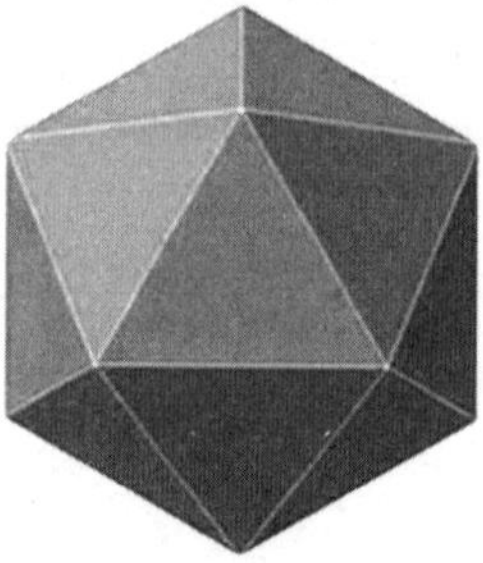

Yirmi yüzlü (İkosahedron)

Suyun sembolüdür.

Temsil ettikleri: Akışkanlık, akış, duygusallık ve duygu derinliği.

Suyun hafızası, enerjisel özellikleri ve atomik/hücresel hafızayı barındırır. (Bilimsel araştırmalar, suyun her bir hafıza hücresinde, 440.000 adet bilgi paneli olduğunu bulgulamıştır).

Su elementi kendini, uyum, şifa ve psişik güçler ile duyguları dengeleme olarak ifade eder.

Dengemiz bozulursa, *gölge duygusu kaprislilik, tutarsızlık ve korku* olarak kendini gösterebilir.

Bu şekille temsil edilen baş melekler Haniel, Zagzagel, Suriel ve Sandalfon'dur. Ortak uzmanlık alanları, içsel güçlerimizi hayata geçirme yoluyla hayatımızın hakimiyetini kazanmamız konusunda destek olmaktır.

Küre

Temsil ettikleri: Bir'lik, bütünsellik, kabul etme, nötrlük, tamlık, güven ve mikro kozmos/makro kozmos.

Küre, merkez noktasından çıkarak, hücreyi, gezegenleri, yıldızları ve tüm evreni kaplar; bütün bu sistemlerin bilgisini ve bilgeliğini barındırır. Bir'lik Bilincine ve tezahürlerine dair yaratılmış en mükemmel formdur.

Dengemiz bozulursa, *gölge duygusu kaybolmuşluk, yalnızlık ve bütünden ayrı olma korkusu* olarak kendini gösterebilir.

Bu şekille temsil edilen baş melekler Mikail, Raziel,

Zadkiel ve Jofiel'dir. Ortak uzmanlık alanları "Birliğimizi" fark ederek, içinde yaşadığımız bu enerjiler diyarındaki oyunu, bizim için en uygun şekilde ve zevkle oynamamıza yardım etmektir.

Kutsal Geometrik Şekiller ile Nasıl Çalışabilirsiniz?

Kutsal Geometrik Şekillerin yardımıyla Evrenin gücüne ve Sevgisine ulaşabilirsiniz. Çünkü onlar var oluşun yapı taşlarını tarif ederler. Dolayısıyla bir bilinç alanları vardır ve siz onlarla çalıştığınızda bu bilinç alanına giriş yapabilirsiniz.

Platonik şekiller sayesinde farklı boyutların enerjilerini hissedebilirsiniz. Örneğin, onları geçmekte olduğumuz ve yakında bitirmemiz gereken 5. Boyut enerjisini tamamen özümsemek için kullanabilirsiniz. (Çalışmalarınızı bu niyetle yapın).

Meditasyonlarınızda:

Boyut yükseltmek için çektiğiniz karttaki şekli saat yönünün tersine döndürün.

Çalışmanızı bitirirken şekli saat yönünde döndürerek bulunduğunuz boyuta gelin. Bulunduğunuz boyuta ulaşınca şekli döndürmeyi bırakın. Bunu zaten hissedeceksiniz...

Şekilleri döndürme yönleri ve hızlarıyla –ve hatta renkleriyle- oynayarak, çalıştığınız konuyla ilgili farklı düzeylerde bilgi ve iç görü alabilirsiniz.

Her meditasyonda sadece tek bir şekille çalışın.

Objeler:

Kutsal Geometrik Şekillerde objeler; anahtarlıklar, heykeller, kolye, küpe, çantalar vb. kullanabilirsiniz. Bu hem eğlenceli olacak, hem de çalıştığınız geometrik şekli size sürekli hatırlatacaktır.

Objeleri odalarda kullanacaksanız, *çalışma süreniz boyunca* odanızda sadece bir şekil bulundurun. Söz konusu şekille çalışmanızı bitirdikten sonra şekillerin tümünü aynı yerde bulundurabilirsiniz. Tüm şekillerin ortak enerjisi mekanın manyetik alanını ve sizin de bütüncül kapasitenizi artırır.

- Kendinizi umutsuz veya motivasyonsuz hissediyorsanız çalışma odanızda bir on iki yüzlü bulundurun.

- Enerjisiz ve yorgunsanız sekiz yüzlü size iyi gelecektir.

- Evinizin veya iş yerinizin enerjisi sıkıntılı ve sıkışıksa odalarda çeşitli yerlere yirmi yüzlüler yerleştirin.

- Sakinleşmesi gereken bir çocuk varsa yatak odasına bir küp koyun.

- Ev hayvanlarınızın sağlığı için onların şekillerle güvenli bir şekilde, örneğin yutmamalarını sağlayarak, oynamalarını sağlayın.

Şekilleri tavana veya askılara asarak onları istediğiniz gibi döndürebilir ve böylece enerjilerini kuvvetlendirmelerini de sağlayabilirsiniz.

Kristallerden yapılmış geometrik şekiller enerjileri size en iyi hissettirecek olanlardır...

İmgeleme:

İmgeleme en çok kullanacağınız yöntemlerdendir.

Örneğin, çalıştığınız şekli, yine çalıştığınız baş meleğin renginde küçük olarak imgeleyebilirsiniz. Bunu yaptıktan sonra bırakın vücudunuzda ve enerji sisteminizde dolaşsın.

Gerekli yerlere çekilecek ve gerekli enerjiyi verecek veya dönüştürecektir. *Şekli küçük imgeleme* özellikle sorunlu bir nokta üzerinde veya bedeninizde hissettiğiniz duygusal yüklerde kullanılır. Örneğin çalışmak istediğiniz duygu, anı veya problemi düşündüğünüzde bedeninizde hissettiğiniz karaltılı noktaya şekli gönderebilirsiniz.

Veya şekli iyice büyüterek içinde oturduğunuzu veya yattığınızı da imgeleyebilirsiniz. Böylece şeklin enerjisini tam olarak algılamanız ve içselleştirmeniz mümkündür...

Resimlerini Çizme:

Şekillerin resimlerini çizebilir, çalışmalarınızı yaparken görebileceğiniz bir yerde bulundurabilirsiniz. Böylece enerjilerini iyice içselleştirebilir, "topraklayabilirsiniz."

Hatta onları üç boyutlu (3D) yazdırabilirsiniz. Çamurdan veya seramikten heykellerini yapmak bile isteyebilirsiniz! Yaratıcılığınızı kullanın...

ELEMENTLER VE ELEMENT KİŞİLİKLERİ

Kutsal geometrik şekillere benzer şekilde, çalıştığınız baş meleğe ait elementle çalışarak enerjiyi kuvvetlendirebilir, ilave deneyimler yaşayabilirsiniz.

Ateş Elementi Kişiliği

Özellikleri: Özgüven, cesaret, coşkunluk, kararlılık, azim, arkadaş canlısı olma.

Bir kimsede ateş elementi az ise toksin birikimi ve en nihayetinde –fiziksel, psikolojik, ruhsal- hastalıklar görülebilir. Ateş elementi az olan bir kişi ürkek ve cesaretsiz olabilir. Kendine güvenini yitirebilir, "silikleşebilir". İlişkilerinde genelde alttan alır. Motivasyonunu yitirip, harekete geçmekten çekinip veya tembelleşip elindeki fırsatları kaçırabilir. Yaşamdan haz alamaz ve enerjisiz, cansız, mutsuz biri haline gelebilir.

Ateş elementi azlığı, unutkanlık ve hafıza problemleri olarak da kendini gösterebilir.

Bir kişide ateş elementi fazla ise, bu durum negatif düşünce kalıpları temizlenene kadar kendini fiziksel ve ruhsal "acı" olarak gösterebilir. Bu acıyı gerek şimdiki hayatımızda, gerekse daha öncekilerde biriktirdiğimiz acı verici olaylar sonucunda depolarız. Bu durum kendini ve diğerlerini yargılama, çabuk öfkelenme, sinirlilik, saygısızlık, sabırsızlık ve dürtüsellik şeklinde kendini gösterecektir.

Ateş elementi fazlalığında diğerlerini zorlayıcı bir karakter ortaya çıkabilir. Bu kişiler bazen de aşırı isteklilik göstererek, duygularına hâkim olamayabilirler. Hiperaktif veya dürtüsel olarak teşhis edilen kişiler, genellikle ateş elementi fazla kişilerdir.

Ateş elementi fazlalaşmış kişi, "en iyi"yi kendisinin yaptığını zannedebilir; bu da benmerkezci ve ukala davranışlara neden olabilir.

Ateş Elementi Çalışmaları

Ateş elementiyle kendinizi affedin...

- Mum yakıp, ona bakarak meditasyon yapın.
- Uygun bir yerde bir ateş yakarak, ateş elementinin gücünü hissetmeye çalışın. Gerçek gücün, huzuru ve alçakgönüllülüğü beraberinde getirdiğini hatırlayın.
- Güneşlenin; ona ışığı için teşekkür edin.
- Sevdiğiniz insanlarla, sevgilinizle, eşinizle vakit geçirin.

- Ateş elementinden sizi arındırmasını ve güçlendirmesini isteyebilirsiniz.

Ateş elementiyle küçük bir arınma egzersizi:

Ateş kıvılcımlarının, ateşten boncuklar gibi sizi bir koza şeklinde sarmaladığını imgeleyin.

Vücudunuzda ve tüm enerji sisteminizde temizlenmesi gerekenleri "nokta atışları" şeklinde temizlediklerini görün ve hissedin.

Ateş kıvılcımlarının gücüne ve çabukluğuna izin verin.

Bu yöntem, ateş elementini sisteminizde tam olarak gerekli noktalara yönelterek, sizi hızlı ve etkili bir şekilde arındıracaktır.

Ateş elementini artırmak için:

- Ateş elementinin tadı olan baharatlı ve acı gıda tüketimini artırabilirsiniz.
- Kış aylarında mümkün olduğu kadar gün ışığı almaya çalışın. Kışın, güneş ışığının kuvvetli olmadığı ülkelerdeki insanların, başta depresyon[6] olmak üzere bazı sağlık problemlerine maruz kaldıkları bilimsel araştırmalarla kanıtlanmıştır. Kromoterapi (renk terapisi) uygun renkli ışıklarla kış depresyonu tedavisinde kullanılmaktadır.

- Baharda ve yazın uygun saatlerde güneşe çıkın ve ışığın tüm vücudunuza nüfuz etmesini sağlayın. Işığın meridyenlerinize (vücudunuzdaki enerji kanalları) ve çakralarınıza enerji katıp canlandırdığını hissedin.

---

[6]Kısaltılmışı, İngilizcede "üzgün" anlamına gelen SAD Sendromu (*Seasonal Affective Disorder*), güneşsiz ülkelerde kışın görülen ve "kış depresyonu" olarak da ifade edilen bir hastalıktır

- Kırmızı bir ışık çağlayanın altında durduğunuzu imgeleyebilirsiniz.
- Kırmızı, turuncu gibi sıcak renkler giyebilirsiniz.
- Dans edebilirsiniz... Sizi iyi hissettiriyorsa aerobik egzersiz veya hareketli bir spor yapabilirsiniz.
- Çok sevdiğiniz, tutku duyduğunuz faaliyetleri bulup bunları programınıza katabilirsiniz.
- Vücudunuzun içindeki ateş elementini hissetmeye çalıştığınız meditasyonlar yapabilirsiniz.

Ateş elementini azaltmak/dengelemek için:

- Baharatlı yemekleri seviyorsanız ve çok tüketiyorsanız, bunları azaltmalısınız.
- Mavi, mor, lacivert gibi soğuk renkler giyebilirsiniz.
- Kendi başınıza, sakin bir zaman geçirebilir, meditasyonlarla dinginleşebilirsiniz.

Toprak Elementi Kişiliği

Özellikleri: Sorumluluk, destekleme, güven ve güvenilirlik, kotarma gücü.

Toprak elementinin eksikliğinde, fiziksel olarak aşırı zayıflık gözlemlenebilir.

Kişi, fiziksel dünyayla uyum içinde olamaz. Dünyevi yaşamın gereklerini ve kurallarını görmezden gelir. Bu yüzden bazen kendi ihtiyaçlarını bile karşılayamayabilir. Sürekli dünyevi ve maddi sorunlarla; sonuç olarak da tatminsizliklerle karşılaşması muhtemeldir. Kendini desteksiz, temelsiz ve güvensiz hissedebilir.

Toprak elementi eksik kişiler nihayet işe kalkışıp bir şeyleri çözmeye çalıştıklarında, sadece görüneni değiştirip, temelde değiştirmeleri gerekenleri görmezden gelirlerse hiçbir zaman tatminkâr bir sonuç alamayacaklardır.

Toprak elementinin fazlalığı vücutta aşırı kilo olarak kendini gösterir.

Duygusal anlamda da *ağırlık* olarak kendini belli eder: Kişi atıllık, beceriksizlik, tutuculuk, inatçılık, içe kapanıklık, hatta asosyallik deneyimleyebilir.

Bu durum, ayrıca idealizm eksikliği, hayal gücü zayıflığı ve dar görüşlülük olarak da hissedilebilir. Toprak elementi fazlalığında görülebilecek kuralcılık, kuvvetli alışkanlıklar ve bağımlılıklar, kişiyi kısır bir döngüye hapsedecektir.

Toprak Elementi Çalışmaları

Toprak elementiyle kendinizi onurlandırın...

- Toprak elementinin gücünü almak için çıplak ayakla toprağa basın, bahçe işleriyle uğraşın, çiçek yetiştirin.
- Dünya Ana'nın kuvvetli sevgisini ve desteğini hissetmeye çalışın. Dünya Ana'nın kalp atışını hissetmeye niyet edin. Bunun için şaman davuluyla çalınan müzikler dinleyebilirsiniz veya Dünya Ana'nın ritmine akort olmaya çalışarak kendiniz davul ya da vurmalı aletler çalabilirsiniz.
- Meditasyonlarınızdan sonra her zaman iyi bir şekilde topraklanın.
- Taşlar, kristaller ve mineraller hakkında daha fazla bilgi öğrenebilir, onları kullanabilirsiniz. Böylelikle toprağın enerjisi ve bilgeliğiyle daha kolay iletişime geçebilirsiniz.
- Bedeninizi hissedin; her bir hücresinin farkına varın. Onu *her haliyle* sevin; onun kıymetini bilin. Doğru bir şekilde beslenip, sağlıklı giysiler giyin. Enerji egzersizleri; *tai çi, çigong, yoga, aikido* vb. yapın. Seviyorsa-

nız, kendinizi çok yormayacak şekilde daha hareketli sporlar da yapabilirsiniz. Her birimiz bedenimize iyi bir şekilde bakmak durumundayız. Kendinizi sevdiğinizde bunu zevkle ve kendiliğinizden yaptığınızı göreceksiniz.

- Toprak elementinden, sizi desteklemesini, dengelemesini, sağlamlaştırmasını, güçlendirmesini ve kök çakranızı dengeleyip kuvvetlendirmesini isteyebilirsiniz.

Toprak elementini artırmak için:

- Toprak elementinin tadı olan "kekremsi ve ekşi" yiyecekleri artırın.
- Sarı bir ışık çağlayanın altında durduğunuzu imgeleyin.
- Vücudunuzun içindeki toprak elementini hissetmeye çalıştığınız meditasyonlar yapabilirsiniz. Bu esnada sizi merkezlemesi ve topraklamasını da toprağın bilincinden isteyebilirsiniz.
- Dişi enerjiyi onurlandırın ve kutsayın; (kadın veya erkek olun) kendi içinizdekini de... Hatırlayın: Her kadında biraz yang (erkek), her erkekte de biraz yin (dişi) unsur olmasa hiçbir şekilde ve hayatımızın hiçbir alanında denge sağlayamazdık.

Toprak elementini azaltmak/dengelemek için:

- Toprak elementinin tadı olan "kekremsi ve ekşi" yiyecekleri azaltmalısınız.
- Kiloluysanız sağlıklı ve yavaş bir şekilde kilonuzu azaltmaya çalışın. Bunu birdenbire yediklerinizden kısmak yerine, hareketinizi arttırmak şeklinde de yapabilirsiniz. Aerobik egzersiz yerine, yukarıda bahsedilen *çigong, tai çi, yoga* gibi egzersizlere yönelebi-

lirsiniz. Böylelikle içsel enerjiniz dengeleneceğinden, bedeniniz de doğal olarak ideal kilosuna erişecektir. Eğer ihtiyacınızdan fazla gıda tüketiyorsanız, bu isteğiniz de dengeye ulaşacaktır.

Hava Elementi Kişiliği

Özellikleri: Zekâ, merak, neşe ve neşe verme, canlandırma, fikir zenginliği.

Hava elementi az olan bir kişi, yeni fikirler üretmekte zorlanabilir. Kafa karışıklığı veya durağanlık yaşayabilir. Kendini "sıkışmış" hissedip çökme ve bezginlik deneyimleyebilir.

Hava elementi azlığı vücutta düşük bilinçlilik ve hücre ölümüne yol açabilir. Bunların gerçekleşmesi için tamamen havasız (oksijensiz) kalmanız da gerekmiyor maalesef... Yetişkinlerin çoğunun aldığı "sığ nefesler(!)" bu duruma yol açabiliyor.

Bir insanda hava elementi fazlaysa ilişkilerinde bağlanma sorunları yaşayabilir. Hatta duygularını hissedemez, kendisini "duygusuz" olarak niteleyebilir.

Bu kişilerin evleri, çalışma ortamları dağınık olabilir. Aynı anda birden fazla iş yaparlar. Bu durum zaman zaman yaratıcı projelere olanak verebileceği gibi, bazen de yapılanı sonuçlandıramama, organize olamama, unutkanlık, maymun iştahlılık vb. şeklinde kendini gösterebilir. Odaklanmakta ve meditasyon yapmakta zorlanırlar.

Dikkat eksikliğinden yakınan kişiler, genellikle hayal kurma aşamasında takılıp kalmış hava elementi kişileridir. Zihin ve hayal gücü aşırı aktifleşirse hayal gücünün kontrolünü kaybedebilir, kendilerine ait bir dünyada yaşamaya başlayabilirler. Kafa dağınıklığı, gerçekçi olmayan hedefler, hayallerden kurtulamama ve hatta ayrıksılık gibi durumlar gözlemlenebilir.

Hava Elementi Çalışmaları

Hava elementiyle kendinizi kutsayın

- Hava elementinin gücünün farkına varmak ve bu güce sahip olmak için derin nefesler alın. 2-3 dakikada bir derin nefes almayı alışkanlık haline getirmelisiniz. Bu nefes şekli, dönüşümleriniz sonucunda 7 çakraya ek olarak oluşmaya başlayan yeni çakralarınızın açılmasını da destekleyecektir.
- Cildinizdeki gözeneklerden nefes aldığınızı imgeleyin ve bunu hissedin. Banyo, cilt fırçalama, kese gibi tekniklerle cildinizin gözeneklerini açık tutun. Aromaterapi, kullanabileceğiniz bir diğer tekniktir. (Hanımların, ağır makyaj ve devamlı oje kullanımından kaçınmaları, yerinde olacaktır.)
- Tütsü yakın. Adaçayı, ardıç, üzerlik, sandal ağacı, sedir vb. çeşitli bitki ve ağaç kabuklarını kullanabilirsiniz.
- Rüzgarı dinleyin –uzun uzun... Dilerseniz rüzgarlı bir günde yürüyüş yapın.
- Havanın bilincinden, sizi desteklemesi, öğrenmeniz, hatırlamanız gerekenleri (hem gerçek/yüksek benliğinizi, hem de unutkanlık durumunda ihtiyaç duyduklarınızı) göstermesi ve hatırlatması için yardımını isteyin.

Hava elementini artırmak için:

- Hava elementinin tadı olan "tatlı'yı" artırabilirsiniz.
- Mavi bir ışık-su (sıvı ışık) çağlayanın altında durduğunuzu imgeleyin.
- Vücudunuzun içindeki hava elementini hissetmeye çalıştığınız meditasyonlar yapabilirsiniz.

Hava elementini azaltmak/dengelemek için:

- Tatlıyı çok tüketiyorsanız, azaltmalısınız.
- Organize olun, evinizi toparlayın, yapmanız gerekenleri listeleyip işlerinizi sıraya koyun. Gerçekçi hedefler belirleyin ve onları gerçekleştirmek için planlı bir şekilde işe koyulun.
- Kendinizi dağılmış, hayallere kapılmış bir şekilde bulursanız, hemen durup o anda düşündüklerinizi yazın. Bunu her ihtiyacınız olduğunda yapabilmek için yanınızda küçük bir not defteri ve kalem bulundurmanız faydalı olacaktır. Bu teknik, eğer güzel fikirler varsa onları unutmamanızı, eğer fantezilere dalıyorsanız da kendinizi toparlamanızı kolaylaştıracaktır.
- Zihninizi dinlendirin. Ne kadar zor gelirse gelsin, meditasyon yapın! Endişe etmeyin, *herkes* meditasyon yapabilir. Sadece, belki, sizin kısa sürelerle başlamanız gerekiyordur... 2-3 dakikayla bile başlayabilirsiniz. Meditasyonun size çok yardımı dokunacağından emin olabilirsiniz.

Eter Elementi Kişiliği

Özellikleri: Yetkinlik, tatmin, hoşnutluk, kendini sevme, mutluluk.

Eter elementi azlığında kişi kendisini bütünden ayrı hissedecektir. "Uyumsuz" olarak tanınan, istese veya ihtiyaç duysa da pek sosyal olamayan, diğerlerinin yanında sıkılan insanlar bu kategoriye girer.

Eter elementi fazlalığındaysa kişi kendini diğerlerinden üstün görebilir. Başkalarından daha fazla Kozmik olarak bağlantıda olduğunu düşünüp ukalalık sınırlarını zorlayabilir... Başkalarına onlara sormadan öğretmeye çalışan ve "her şeyin doğrusunu ben bilirim" tavrı sergileyen kişiler eter elementi fazlalığı yaşıyor olabilirler.

Eter elementi çalışmaları

Eter elementiyle kendinizi sevin...

Eter elementi şimdiye kadar öğrendiğiniz diğer dört elementten biraz daha farklı. Çok güçlü ve temel –aslında en temel- element olmasına rağmen dünya üzerinde kendisini diğer elementler gibi bariz bir şekilde ifade etmiyor. Sadece enerjisel olarak var oluyor. Bu yüzden onunla yaptığımız çalışmalar da biraz daha farklı oluyor doğal olarak...

Eter elementi güneş sistemi ve galaksiler de dahil olmak üzere her şeyi kapsar. Çin ve Hint Tıbbında bedenimizdeki sinirler, damarlar, kanallar ve meridyenler, bağırsak boşluğu ve gözenekler –kısacası bedenimizdeki boşluklar- eter elementinin yönetiminde kabul edilirler.

Dolayısıyla eter elementinin kendisini ifade şekli *boşluktur*. Temel bir elementtir; çünkü her şey aslında boşluktan doğar. Yeni şeyler oluşturabilmemiz, dönüşebilmemiz ve yeni sayfalar açabilmemiz için bazen boş kalmalı, bırakmalı ve durmalıyız. Tao'da buna "*yaratıcı boşluk*" adı verilir.

Hayatı otomatiğe takmış gibi mi yaşıyorsunuz? Her gün aynı rutinden sıkıldınız mı? Asıl önemlisi rutini anlamsız mı buluyorsunuz? Bir şeyler eksik gibi geliyor ama bulamıyor musunuz?...:

- Kendinize hiçbir şey yapmadan, telefona sosyal medyaya bile bakmadan geçireceğiniz "boş zamanlar" tanıyın.
- Bu zamanda ne yapmak istediğinizi bile düşünmeyin! Hayat size ne sunuyorsa o yönde gidin –en azından birkaç saatliğine...
- Boşluğun *sonsuz* huzurunu hissedin...

Benim *yaratıcı boşlukla* ilgili anım, bu kitabın doğmasına imkan verdiğinden benim için çok değerlidir. Nasıl bir şey olduğu hakkında biraz fikir vermesi için paylaşmak istiyorum sizlerle...:

"Benim Hikayem"de yaşadığım melek uyumlanmasını sizlere anlatmıştım. Uyumlanmanın öncesinde yaşadığım *boşluğu* da şimdi anlatmak istiyorum. ABD'den Türkiye'ye, Dikkat Eksikliği Hiperaktivite Bozukluğunun (DEHB) koçluğunu yapmak düşüncesiyle döndüm... Ve çalışmalarıma başladım. O zamanlar DEHB veya diğer yeni çağ hastalıklarının alternatif nedenleri olabileceği, dönüşüm sürecimizde doğal olarak var oldukları fikirleri henüz hiç kabul görmüyordu. Çalışmalarım istediğim şekilde ve hızda gitmiyordu! Pek çok merkez, pek çok firma denedim. Ama ya ben onlarla çalışmak istemiyordum, ya da onlar benim söylediklerimi tam olarak anlayamıyor ve destekleyemiyorlardı. Bu yoğun çalışma, koşturma ve çabalama bir seneden uzun devam etti!

2009'un Nisan ayıydı sanırım... Pes ettim! Uğraşıp durmaktan, laf anlatmaya çalışmaktan o kadar yorulmuştum ki birden her şeyi bırakmak istedim. Ve bıraktım da! Çok cesaret isteyen bir karardı açıkçası. Çünkü yapmayı hedeflediklerimi yapamamıştım bir türlü... Ama başka da çıkar yol göremiyordum. İstesem de istemesem de bırakmak zorunda kaldım aslında. Her şeyi bırakıp en azından bir süre kendime bakmaya karar verdim. Deniz kenarında çok sevdiğim yürüyüşler yapmaya başladım. Dans kursuna yazıldım... Ama en çok da bol bol dinlendim!...

Değerli girişimci ve yaşam koçu *Tony Robbins* –benim için eğitimci ve rehberlere ait çok önemli iki kıstas olan- *samimiyetini* ve *dürüstlüğünü* çok sevdiğim öğretmenlerdendir... Merak ettiğiniz her şeyin cevabının beyninizde saklı olduğunu anlatır. *"Bir şeyi bilemediniz mi, bunu beyninize sorun"* der. *"Ve bekleyin. Cevap eninde sonunda size gelecektir."*

Ve bu aradan sonra, Evrensel plana izin verdiğim için

eter elementi gücünü nihayet gösterebildi... Oluşturduğum boşluk, hiç tahmin etmediğim bir şekilde doldu. Ben kaderi planıma uygun olmayan şeyleri bıraktığımda, yaşam görevim kendisini ifade edebilecek yer buldu kendine. Ve melek uyumlanması başladı...

Eter elementini artırmak için:

- Enerji bedeninizi hissetmeye çalışın. Bunun için niyet edin ve dikkatinizi sakince enerji bedeninize verin. Uygun zamanda, gereken bilgi size akacaktır.
- Eter elementinin gücünü almak için sınırsız olduğunuzu hissedin –vücudunuzun atomları da dahil olmak üzere... Zaten öyle olduklarını da artık bilimsel araştırmalar sayesinde biliyoruz. Atomlarınız saliseler içinde ışık hızının da üzerindeki hızlarda, muazzam yörüngeler çizerek kainatlarda gezinip size geri dönüyorlar...
- Derin meditasyonlar yapın; zamandan ve mekandan bağımsızlaşın.

(Tabii sonrasında çok ama çok iyi bir şekilde topraklanmayı ihmal etmeyin. Meditasyonunuz ne kadar derin olursa topraklanmanız o kadar gereklidir ve "sağlam" olmalıdır. Aksi takdirde zaten bir illüzyon olan dünyamızda gerçekliğinizi iyice kaybedebilirsiniz!).

Eter elementini azaltmak için:

Eğer dünya hayatı ilginizi çekmiyorsa, aklınız fikriniz Kozmostaysa eter elementi dengeniz bozulmuş olabilir. (Bu durum, dünya programını bitirmiş olduğumuza dair olumlu bir gösterge olabilir. Ama o aşamaya önce dünyayı severek gelebilirsiniz.)

- *Bu dünyada* varlık bulduğunuzu hissedin. Her varlık şekli gibi bu da çok güzel ve kutsal...

- Yapmaktan hoşlandığınız şeyler yapın, hobiler bulun, sevdiğiniz insanları ziyarete gidin.
- Bedeninizi sevin! Onun kıymetini anlayın.

Su Elementi Kişiliği

Özellikleri: Duygu derinliği, empati, anlayış, sezgisellik.

Kişide su elementi eksikse, gerek kendi duyguları, gerekse başkalarının duyguları hakkındaki farkındalığı düşük olacaktır. Bu yüzden duygularının yönlendirmesiyle değil, alışkanlıklarının yönlendirmesiyle hareket edecektir. Yine aynı sebepten, duygularının esiri olabilir, özellikle de korkularının... Empati kuramaz ve duygular dünyasını gereksiz veya sıkıcı olarak yorumlayabilir.

Duyguları bu şekilde bastırmak, eninde sonunda psikolojik ve ruhsal hastalıklar olarak kendini gösterecektir. Depresyon, boşlukta hissetme, tıkanmışlık, hiçbir şeyden doyum ve zevk alamama ve takıntı gibi kısır döngüler görülebilir. Fiziksel fonksiyonlarla ilgili olarak ise, su eksikliği vücutta yabancı madde birikimlerine ve toksinlere neden olacaktır.

Su elementi fazlalığında, kişide içine kapanıklık ve ketumluk gözlemlenebilir. Normalde sakin olabilen kişi, tutarsız hissedecektir. Dışarıdan bakıldığında pek bir şey anlaşılmasa da kişi kendi içinde derin duygusal fırtınalar yaşıyor olabilir.

Ek olarak kişi kaprisli veya içten pazarlıklı olabilir. Gereksiz hassasiyetler ve alınganlıklar gösterebilir. Kabullenme ve akışa bırakma zorlukları yaşar.

Bu dengesizlik bazen de tam ters kutuptaki özellikleri canlandırır: Kişi benlik sınırlarını yitirir ve diğerlerine karşı tam bir teslimiyet gösterir. Kendini başkalarına adar ve bu yüzden bir süre sonra doyumsuzluklar, suçlama/suçluluk duyguları yaşayabilir.

Fiziksel olarak, su elementi fazlalığı vücutta ve hücrelerde şişkinlik yaratacaktır.

Su Elementi Çalışmaları

Su elementiyle kendinizi arındırın...

- Su elementinin mucizevi bir hafızası ve bilgi depolama kapasitesi vardır. Bu nedenle, ona yüklediğiniz duyguları ve enerjileri koruyacaktır. Su elementinin gücünü almak için su içerken *farkında olun,* ona iyi niyetler yükleyin. Sizi korkularınızdan arındırmasını, sağlık, güç ve cesaret vermesini isteyin. Toksinlerden arınmanıza yardımcı olmasına niyet edin. Bu arınma ve güçlenme çalışmasını özellikle sabahları kahvaltıdan önce yapmanız çok yararlıdır. Dolunay'da ay ışığını alacak şekilde dışarıya koyduğunuz bir bardak suyu, sabah kalkınca için.
- Banyo yapın, uygun mevsiminde denize girin... (Kimyasal maddelerle dolu yüzme havuzları yerine denizi tercih etmelisiniz.) Uygun mekânda değilseniz bunu hayalinizde canlandırın.

Rüyalarınızda serin sularda yüzmek de su elementiyle çalışmak için etkili ve aynı zamanda zevkli bir yöntemdir; yatmadan önce buna niyet edebilirsiniz. (Genel olarak tüm elementleri rüyalarınıza çağırıp, size güç vermelerini isteyebilirsiniz...)

- Su damlalarından oluşan bir koza içinde olduğunuzu ve bu damlaların sizi arındırdığını imgeleyin ve hissedin. Su damlaları tam gerekli noktalara giderek olumsuzlukları emecek, sizi çabuk ve etkili bir şekilde temizleyecektir.
- Suyun bilincinden, sizi desteklemesini ve temizlenmeniz gereken duygulardan ve toksinlerden arındırmasını isteyin.

Su elementini artırmak için:

- Su elementinin tadı olan "tuzlu"yu artırabilirsiniz. Tabii mineral, deniz ve/veya kaya tuzlarını tüketmelisiniz, "sofra tuzlarını" değil...
- Beyaz bir ışık çağlayanın altında durduğunuzu imgeleyin.
- Hayat sizi nereye çekerse oraya gidin... Hiç alışkanlığınız olmayan şeyler yapın veya alıştıklarınızın tam tersini de yapabilirsiniz. Hatta şimdi okumayı bırakarak, aklınıza ilk gelenlerden birini yapın! (Bunu yapmak için gereken cesaretin ve enerjinin içinizde olduğunu bilin).
- Ayrıca, vücudunuzun içindeki su elementini hissetmeye çalıştığınız meditasyonlar yapabilirsiniz.

Su elementini azaltmak/dengelemek için:

- Tuzlu gıdaları azaltmalısınız.
- Bugünü, "alınganlıklardan kurtulma günü" ilan edin ve önünüzdeki üç günü, hiçbir şeye alınmadan geçirmeye karar verin şimdi ve bunu uygulayın! Örneğin, alınmış olduğunuz ve belki de bu yüzden görüşmeyi kestiğiniz bir tanıdığınızı arayabilir, hatta onunla görüşebilirsiniz.

Küre

Küreyi temsil eden bir element yoksa da kitapta kullandığımız için bu kısma da dahil ediyorum... Bütün platonik şekilleri her bir köşeleri temas edebilecek şekilde bütünleyen şeklimizdir küre. Dolayısıyla bütünleme ve birleştirme görevindedir. Böylece kendinizi ve bu dünya üzerinde yapmanız gerekenleri bilmeniz mümkün olur.

Küre ile çalışırken kendinizi bilin...

Diğer tüm elementleri hissetmeye çalışın ve onları bilincinizde birleştirin. Bu birleşim sonucunda genişlediğinizi hissedebilirsiniz...

Ve kademe kademe o kadar geniş olun ki, en sonunda "*yok*" olun...

Yokluktan "Yeni bir Ben" ile çıkmaya niyet edin.

Ve bunu, bu kitapta anlatılan çalışmalarla gerçekleştirin...

BAŞ MELEK KARTLARINI NASIL KULLANACAKSINIZ?

Kartlarla çalışırken, içinizden geldiği sayıda kart çekebilirsiniz. Bir soruya cevap aradığımızda, hem durumun açıklığa kavuşması hem de bir çözüm önerilmesi için genellikle üç kart çekeriz.

1. Kart: Şu anda içinde bulunduğunuz durumu ve şu anki gerçeğinizi yansıtır.

2. Kart: Şu anki durumun altında yatanları gösterir ve ağırlıklı olarak ihtiyacınız olan renk ve mesajları temsil eder. Dolayısıyla bu kartı daha uzun süre çalışmanız gereklidir.

3. Kart: Olası sonuçları ve muhtemel hedefi gösterir. Dikkat etmeniz gereken çok önemli bir nokta, farkındalığımız genişlediğinde, bu kartın gösterdiği sonuçların da değişebileceğidir. Belki ilk iki baş melekle çalışırken, üçüncü kartın gösterdiği sonuçları ilerleteceksiniz...

Dikkat! Meleklerinize "evet" veya "hayır" ile cevaplanacak sorular sorarsanız, sizin özgür iradenize karışamayacaklarından sınırlı bilgi verebilirler veya sizin asıl öğrenmeniz gereken şeylerden bahsetmeye başlayabilirler. Bazı danışanlarım, sordukları soruyla ilgisiz gibi görünen cevaplar aldıklarında şaşırabiliyor. Aslında bu cevaplar onların en yüksek iyiliği içindir... Ve belki daha bile önemlisi, kendimizin karar vermesi gereken konularda bile onlara danışırsak, hem sezgilerimizi köreltmiş, hem de güçlenmemizi yavaşlatmış oluruz! Sizi güçlendirecek, ışıklandıracak sorular sorduğunuzda, meleklerinizle olan çalışmalarınız çok daha tatmin edici olur.

Çalışma Süreleri

Kartlarınızı çektikten sonra, önünüzdeki yaklaşık on günlük süre boyunca, iki veya üç gün birinci kartla, dört veya beş gün ikinci kartla, üç gün civarında ise üçüncü kartla çalışacaksınız. Bu süreler kesin sınırlarla çizilmemiştir; çalışma sürelerini ihtiyacınıza göre arttırabilir veya azaltabilirsiniz.

Benzer şekilde, eğer tek kart, iki kart veya üç'ten fazla kart çektiyseniz, renkleri çalışma sürelerini ihtiyacınıza göre belirleyebilirsiniz. Çalışmalarınız süresince aynı anda birden fazla baş melek mesajından yararlanmak isteyebilirsiniz; ancak aynı süre zarfında (iki renkli melekler ve gökkuşağı renkleri haricinde) 1'den fazla renk ile çalışmayı tercih etmeyiniz. Renklerin enerjileri birbirine karışabilir ve gereken yararı sağlayamayabilirsiniz.

Eğer çalışmalarınız sırasında aynı baş meleğin iki kartını birden seçerseniz, söz konusu baş meleğin enerjisine ve derslerine daha yoğun bir şekilde ihtiyacınız var demektir. Çalışmalarınızı normal programında sürdürün ve dolayısıyla bu baş melekle daha uzun ve yoğun çalışabilmiş olacaksınız.

Meleklerin renkleriyle daha önce de değindiğim gibi *Renk Terapisi Tekniklerini* kullanarak çalışacaksınız. Her kart için ortalama iki ayrı teknik yeterli olacaktır.

İsteğinize bağlı olarak, bazı kartlar için daha fazla, bazıları için daha az teknik kullanarak da çalışabilirsiniz. Dilerseniz, her seçilen kart için farklı teknikler uygulayabilir veya sevdiğiniz ve yararlı bulduğunuz teknikleri belirledikten sonra, ağırlıklı olarak bunları kullanmaya başlayabilirsiniz. Dilerseniz, seçtiğiniz renk terapisi tekniklerine melek mesajlarını da entegre edebilirsiniz.

Çalışma süreniz boyunca, renklerle yaptığınız çalışmalarınız sayesinde bu mesajları içselleştireceksiniz. Aynı zamanda, çalıştığınız renk, bu rengin meleğinin enerjisini, iyileştiriciliğini ve desteğini size sürekli taşıyacak. Bu süre zarfında çalıştığınız melekten bu doğrultuda dileklerde de bulunabilirsiniz... Meditasyonlar yapıyorsanız kart mesajlarını mantralar gibi de kullanabilirsiniz.

Benzer şekilde, kutsal geometrik şekillerin özelliklerini içselleştirmek ve bu şekillerle özdeşleştirilen gölge duygulardan kurtulmak için de meleklerinizden yardım isteyin.

Renk Terapisi Teknikleri

Seçilen Rengi Gündelik Hayatta Kullanmak: Seçilen rengin enerjisini, o renk kıyafetler giyerek ve aksesuarlar kullanarak almak hem kolay, hem de zevklidir. Bu, sıklıkla kullandığımız bir tekniktir. Benzer şekilde, o renkte eşyalar ve/veya dekorasyon malzemeleri de, söz konusu rengin enerjisini içselleştirmeniz için yardımcı olacaktır.

Ayrıca renkleri kullanmak için kendi yaratıcı yöntemlerinizi de bulabilirsiniz... Renkleri görmenizi sağlayacak her teknik kullanılabilir. Örneğin, çalıştığınız renkteki bir kağıt parçasını, üzerine çalışmanız gereken mesajları da yazarak, yanınızda taşıyabilir veya bir çerçeveye yerleştirebilirsiniz.

Renk Meditasyonları: Seçtiğiniz karttaki renkle çeşitli meditasyonlar yapabilirsiniz. Renk meditasyonu çok etkili bir yöntemdir. Rengin frekansını direk hissetmenizi sağlar. Örneğin, çalıştığınız rengin sizi bir sis veya bulut gibi, yavaş yavaş sarmaladığını düşünebilirsiniz. Veya o renkten bir koza hayal edip, bu kozanın içinde oturduğunuzu/yattığınızı imgeleyebilirsiniz. Vücudunuzu çalıştığınız renk ile her bir hücresine varıncaya kadar tamamen doldurmak, bir diğer çok etkili teknik olarak kullanılabilir

Çalıştığınız baş meleğin rengi, soğuk renklerdense (mavi, lacivert, mor) başınızın tepesinden (taç çakra), sıcak renklerdense (kırmızı, turuncu ve sarı) ayak tabanlarınızdan vücudunuza alın. Yeşili, başınızın tepesinden alabileceğiniz gibi, kalp bölgesinden de (kalp çakrası) vücudunuza girdiğini imgeleyebilirsiniz.

Su, bizi arındırdığı ve enerjimizi düzenlediği için kendi başına da şifa vericidir. Renk çalışmalarınızı su ile desteklediğinizde yararlarını arttırabilirsiniz. Çalışmanız gereken renkle yıkandığınızı veya banyo küvetinizde o renkteki suyun içinde oturduğunuzu ve sizi arındırdığını düşünebilirsiniz. Başınızdan aşağıya o renkte, şifalandırıcı bir su döküldüğünü, o renkte bir çağlayanın altında durduğunuzu ya da o renk bir duş aldığınızı hayal edebilirsiniz.

Renk Soluması: Her nefes alışınızla, çalıştığınız rengi içinize çektiğinizi hayal edin ve size ihtiyacınız olan şifayı ve melek enerjisini verdiğini hissedin. Etkili bir teknik olan renk soluma esnasında, soluduğunuz rengin yavaş yavaş tüm vücudunuza yayıldığını görün ve hissedin. Çalıştığınız melekten, rengin vücudunuzda gerekli olan bölgelere gitmesine yardım etmesini de isteyebilirsiniz.

Nefes verirken negatif duygu ve düşüncelerin veya hastalıkların, sizi gri/siyah bir bulut veya çalıştığınız rengin koyulaşmış haliyle terk ettiklerini imgeleyebilirsiniz. Bu tahmininizden daha etkili bir arınmadır. Bu tekniği seçerseniz, nefesinizi ağzınızdan vermek daha etkili olacaktır.

Mandala: Gözler enerjiyi almakta ve vermekte çok etkilidirler. Konuşurken birbirimizin gözlerine bakmamız, kelimelerin yetersiz kaldığı zamanlarda "gözlerimizle konuşmamız", gözyaşlarının gözlerimizden akması vb. bu yüzdendir. Benzer şekilde enerjinizin çoğunluğunu gözler yoluyla fazla okuyarak, bilgisayar kullanarak, uyumayarak vb. harcarsınız. *Melek mesajlarını okurken frekansın büyük çoğunluğunu da gözlerinizden almaktasınız.*

Mandala kısaca "enerji resmi" olarak tarif edilebilir. Seçtiğiniz renkle bir mandala resmedip, onu sıkça görebileceğiniz bir yere koymak, o rengin enerjisini yoğun bir şekilde almanızı sağlayacaktır. Tahmin edeceğiniz gibi bu tek renkli bir mandala olacaktır. Eğer farklı renkler ilave etmek isterseniz bunu asıl rengi bastırmayacak şekilde yapabilirsiniz.

Ayrıca, çalıştığınız baş meleğin mesajlarını mandalanızın üzerine yazabilirsiniz.

Mandalanız, size pozitif bir enerji veriyor ve sizde olumlu duygular uyandırıyorsa kullanmanız için uygundur. Ancak bazen, yaptığımız mandala, negatif duygu ve düşüncelerimizi resmettiğimiz bir "temizleme mandalasına" dönüşür. Eğer mandalanız sizde olumlu duygular uyandırmıyorsa veya çalıştığınız renkten bağımsız olarak siyah, kahverengi, gri ve/veya kırmızı (özellikle koyu kırmızı) gibi renkleri kullanma ihtiyacı hissettiyseniz büyük ihtimalle bir "temizlik mandalası" yaptınız... Böyle bir mandala, renk çalışmalarınız için uygun olmayacaktır. Bu mandalayı kullanmamanızı, hatta onu yakarak, negatif duygularınızdan temizlenmenizi tavsiye ederim.

Mandalanızı, çalışma süreniz boyunca mümkün olduğu kadar sık bir şekilde görebileceğiniz bir yere koyun. (Mandalanızı görmeniz gerektiğini unutmayın...) Hatta bilgisayarınıza veya cep telefonunuza ekran koruyucu olarak bile kullanabilirsiniz. Her zamanki gibi diğer yöntemler için yaratıcılığınızı harekete geçirin...

Solarize Edilmiş Sular ve Yağlar: Çalıştığınız rengin enerjisini, renkli kaplar içerisinde güneşte bırakacağınız sular ve yağlarla da çok etkili bir şekilde alabilirsiniz. Gereken renkte bir şişe veya kaba su veya yağ koyarak ağzını kapatın. Uygun bir kapak bulamazsanız kağıt havlu kullanabilirsiniz. Sonra güneş alan bir yere koyun. Çalıştığınız renkte şişe veya bardak bulamazsanız, bir cam kabın etrafına gereken renkte bir filtre sararak da solarizasyon yapabilirsiniz. Kabın geceleri de aynı yerde durarak ay ışığına maruz kalmasında bir sakınca yoktur.

Suları solarize etmek için en az sekiz saat, tercihen dört-beş gün gereklidir. Hatta yeşil, mavi ve mor sular hazırlayabilmek için yedi-sekiz gün solarizasyon daha uygun olacaktır. Su moleküllerinin rahat hareket edebilmesi için kabın en fazla dörtte üçü doldurulmalıdır. Güneşte bıraktığınız şişelerin arasında, renkleri farklı ise, en az şişenin boyu kadar bir açıklık bırakmanız gerekir ki, farklı renklerin enerjileri birbirlerini etkilemesin.

Solarizasyondan sonra sabah-öğle-akşam olmak üzere 10-20 ml (yaklaşık 1 yudum) hazırladığınız sudan için. Aç veya tok olmanızın bir önemi yoktur.

Yağlar için solarizasyon süresi çok daha uzundur; ortalama olarak 45 gün, kabın güneşte kalması gerekir. Sıcak renkler için keten tohumu yağı, yeşil ve soğuk renkler için hardal veya hindistancevizi yağı kullanabilirsiniz. Solarizasyon bittikten sonra, yağı günde iki veya üç kez, birer damla cildinize ve/veya eklem yerlerinize sürebilirsiniz.

Sıcak renklerle çalışırken, hem sular hem de yağlar için geçerli olmak üzere, önerilen dozajları aşmamanızı öneririm.

Kralın dokunuşu: Bu teknikte, ellerinizin çalışmanız gereken renk olduğunu hayal ediyor ve kendinize ellerinizle bu rengi veriyorsunuz. Ellerinizin, çalıştığınız renkle pırıl pırıl parladığını, yandığını imgeleyin ve dokunduğunuz yere bu enerjiyi verin.

Bu teknikte dikkat etmeniz gereken nokta, çalışacağınız rengi çok net bir şeklide imgeleyebilmek, hatta ellerinizin o renk olmasına izin vermektir. Bunu gerçekleştiremezseniz, zihinsel renk olan sarıyı yaratırsınız. Böylece çalışmanız gereken renkten farklı bir renkle çalışıp, istediğinizi sonucu alamazsınız. Çalıştığınız rengi canlandırmakta zorlanıyorsanız çalışmaya başlamadan o renk eşyalara, resimlere vb. göz atın; imgelemenizi kolaylaştıracaktır.

İçimizdeki Rengi Arama: Son olarak, klasik bir renk terapisi tekniği olarak bilinmeyen, ancak birden fazla baş melek anlatmış olduğu için kitaba aldığım çok iyi sonuç veren bir tekniği anlatmak istiyorum. Bu, içimizdeki renklerle ilgili olan ve hem teşhis, hem de tedavide kullandığımız çok değerli bir tekniktir.

Yapmanız gereken çalıştığınız rengi "vücudunuzda aramak". Bu rengi direkt vücudunuzda, örneğin iç organlarınızda veya daha geniş olarak, enerji sisteminizde arayabilirsiniz.

Rengi bulduktan sonra ilk önce onun, sizi nasıl hissettirdiğine bakmalısınız. Onu dikkatlice gözlemleyin... Bu esnada hislerinize, düşünce ve duygularınıza çok dikkat edin. Örneğin ani bir biçimde anılarınız zihninizde canlanabilir. Negatif düşünce ve duygu kalıplarınızı fark edebilirsiniz.

Diğer bir olasılık olarak çalıştığınız rengi, sisteminizde karaltılı ve kirlenmiş olarak görebilir, hissedebilirsiniz. Bu durumda, o rengi temizleyebilirseniz, çok değerli sonuçlar elde etmeniz mümkündür. Bunu, o rengin yavaş yavaş arındığını, parladığını hayalinizde canlandırarak yapabilirsiniz. Bu çalışmayı, nefesle beraber yapıp, söz konusu rengin nefes alırken parladığını, güçlendiğini verirken de karaltılarından temizlendiğini imgeleyerek yaparsanız çok daha güzel sonuçlar elde edebilirsiniz.

Son olasılık olarak ise çalıştığınız rengi vücudunuzda soluk, cansız bir şekilde görürseniz, o rengi parlatıp, canlandırma çalışması yapabilirsiniz. Yine nefesle, her nefes aldığınızda sanki bir körükle o renge üfleniyormuş gibi canlandığını görün/hissedin. Veya önünüzde o renkten bir bulut veya su –örneğin bir nehir- olduğunu farz edip, oradan sürekli size bu taze, canlı rengin aktığını imgeleyebilirsiniz.

Önemli Not:

Sıcak tonlarda bir renk ile çalışıyorsanız (kırmızı, turuncu veya sarı), bu renkler soğuk renklere kıyasla daha kuvvetli olduklarından, çalışma sürenize ve kullandığınız tekniklere dikkat etmelisiniz. Örneğin, kırmızı ile renk meditasyonu yapmak isterseniz bu rengi ayaklarınızın tabanlarından çekmeyi unutmayın ve iç organlarınızın (özellikle de kalp) üzerinde yoğun bir şekilde tutmayın. Sıcak renkler, özellikle kırmızı ve turuncu ile meditasyonlar veya renk soluma yapıyorsanız, en fazla üç gün çalışmak yeterli olacaktır.

Rengin enerjisini aldığınızı, enerjilendiğinizi, canlandığınızı ve/veya ısındığınızı hissettiğinizde, çalışmalarınızı sonlandırın. Sıcak renklerle çalışırken hislerinizi ve vücudunuzun size söylediklerini iyi bir şekilde dinlemelisiniz ki bu da beden farkındalığınızı geliştirici olacaktır.

BAŞ MELEKLER

Bu bölümde baş melekler, dörderli gruplar halinde kutsal geometrik şekillerin konularına göre sınıflandırılmıştır. Hangi konuyu çalışacağınızı baş melek kartlarıyla belirleyebileceğiniz gibi kutsal geometrik şeklin ve elementinin özelliklerine duyduğunuz ihtiyaca göre de belli bir gurubu çalışabilirsiniz.

"Bu dünya üzerindeki en iyi ve en güzel şeyler, görülemez ve hatta dokunulamazlar. Kalple hissedilmelidirler."

Helen Keller

PİRAMİT
BU HAYATINDA
YENİDEN DOĞMAYA HAZIRLAN!

BAŞ MELEK ŞEKİNA

"Ben dünyanın dişi ruhuyum! Beni henüz bilmeyenler yakında daha iyi öğrenecekler. Çünkü kendimi sizlere daha çok açacağım. Buna ihtiyacınız var. Benim öğretmenliğime ihtiyacınız var ve sizlere bilgelik vereceğim!"

"En önemlisi, kendiniz olmanız gerekliliğidir. Kendiniz olmanız ve bundan korkmamanız gerekliliğidir."

"Kendiniz olmak bazen zor gibi gözükebilir çünkü kafanızı karıştıran bir çok şey olabilir ama bu tek seçeneğinizdir! Başka bir şekilde olamazsınız!... Nasıl kendiniz olursunuz: Yüreğinizi takip ederek. Yüreğinizin ışığını takip ederek. Bu ışığı göremezseniz vay halinize! Çünkü o zaman ölüsünüzdür! Dedim ya; sadece biraz insan kabuğu. "Ve bunu hiç istemezsiniz. Hayattayken ölmeyi niye isteyesiniz ki? Bu çok aptalca olur. Bunun için yaratılmadınız! Bunun için burada değilsiniz! Yaşamak ve kendinizi gerçekleştirmek için buradasınız. Bunu unutmayın!"

"Başka nasıl kendiniz olursunuz?... Buna verilecek cevap yoktur! Sadece ve sadece kendi içinizi, kendi hislerinizi takip etmelisiniz. Başkalarının söyledikleri, başkalarının doğruları sizin için geçerli değildir."

"Bunu anneniz olarak söylüyorum. Bunu, sadece iyiliğinizi istediğim için söylüyorum. Buna inanın. Bana güvenin. Bir kendinize, bir de bana güvenin..."

"Size daha öğreteceklerim var. Bana soru sorun ve size cevap

vereyim. Benden, kendinizin (sadece kendinizin) öğrenmek istediklerinizi öğrenin. Size neye ihtiyacınız olduğunu ben söyleyemem, ben bilemem. Ancak siz bilebilirsiniz çünkü bu yolda sizler gidiyorsunuz, ben değil. Bu hayatı sizler yaşıyorsunuz... O yüzden ne istediğinizi bilin! Ve benden, o konuda yardımcı olmam, yol göstermem için yardım isteyin. Bir seçim yapmazsanız, size yardımcı olamam!"

"Sizi etkileyemem kendi düşüncelerimle ve bildiklerimle... Kendi yolunuzu, kendinizin çizmesi gerekir ki, buna muktedirsiniz. Sadece şimdiye kadar uykudaydınız ve bunu hatırlayamıyordunuz. Ama artık hatırlayanlarınız var ve hepiniz yakında hatırlayacaksınız: Her istediğinizi yapmaya muktedir olduğunuzu... Ve bu yaratım sürecinde ben size yardım edeceğim. Bunu seve seve yapacağım çünkü bu güzel ve zevkli oyunda neler yaratacağınızı merak ediyorum! Bu önceden kestirilemez. Hepiniz kendi içinizde farklı dünyalarsınız ve hepiniz kendi dünyanızı yaratacaksınız. Buna muktedirsiniz ve bu çok zevkli bir oluşumdur. Bu binlerce, milyonlarca, milyarlarca farklı, güzelim dünyayı görmek için sabırsızlanıyorum. İşe koyulun ve çok zevk alacaksınız."

"Benden yardım isterseniz, sizi bu hayatta nelerin beklediğini, bu hayatta neleri yapmaya muktedir olduğunuzu gösterebilirim. Benim imajımı, enerjimi görselleştirin ve bunun üzerine meditasyon yapın ve bu esnada size göstereceğim. Bana sorular sorun ve cevabini alacaksınız."

∞

"Gücünüzü toparlarsanız evrenin gidişatını değiştirebilirsiniz.

Bu konuda sürekli yardım alıyorsunuz. Umutsuzluğa kapılmak bir seçim olmamalıdır... Başarı, inanç ve istekle gelir. İçinizdeki gücü, insan olma ve yaratma gücünü açığa çıkararak gelir. Düşünce ve duygularınıza dikkat edin. Bunlar sizin yaratma şekillerinizdir. Her düşündüğünüz... Her düşündüğünüz önemlidir. Bunu sakın aklınızdan çıkartmayın."

"Her istediğinizi düşünebilmek gibi bir lükse sahip olduğunuzu sanmayın. Beyninizi eğitmek insan olarak sorumluluklarınızdan biridir. Bu tüm kozmosa karşı bir sorumluluktur. Bunu yerine getirmelisiniz.

Kozmostaki pek çok şey buna bağlıdır. Gücünüzü sorumlu bir şekilde kullanabilmek için benim gücümden yararlanın. Beni yanınıza çağırdığınızda gücümü ve sevgimi seve seve sizinle paylaşırım."

"Gül pembesi güçlüdür; sizler gibi... Ve bu gücü size öğretmek ister. Buna izin vermelisiniz. Başka şeylerle uğraştığınız, gül pembesinin gücünü göz ardı ettiğiniz sürece, bunu size öğretemem."

"İstekli ve açık fikirli olmalısınız. Daha önceki tüm düşünce kalıplarınızı bırakmaya istekli olmalısınız.

Bu cesaret gerektirir. Bu cesaret sizde var. Daha cesaretli hissetmeniz için yapmanız gereken bir şey yok, sadece içinizdeki cesareti açığa çıkarmanız lazım ve bunu yapmak için her türlü donanıma sahipsiniz. Her biriniz! Dilediğiniz an bu konuda bizlerden de yardım isteyebilirsiniz ve bunun için sizleri destekleriz."

∞

"Akıntılı bir deniz düşünün. Bu akıntıda gittiğinizi hayal edin. Çünkü hayatınız da zaten böyledir. Akıntının üstüne çıkmaya çabalıyorsunuz. Bir de akıntının altına inmeye cesaret etmeyi deneyin. Akıntının altındaki farklı dünyalar çabalamayı bıraktığınızda ve kabul ettiğinizde ortaya çıkar. Bu farklı dünyalarla büyülenirsiniz. Onları şimdiye kadar keşfedemediğinize hayıflanırsınız. Tüm dünyalar birbirinden güzel ve zevkli olabilir. Ancak farklı olanlar da sizler tarafından deneyimlenmeyi bekler"

∞

"Uzayın ışığını size getiriyorum, çünkü yakında daha fazla irtibata geçeceksiniz. İrtibata geçenleriniz var, ama bundan çekiniyorlar ve fazla bahsetmek istemiyorlar. Bunu konuşun... Herkes bilgilenmeli. Çünkü dediğim gibi yakında zaten daha çok ilişki içinde olacaksınız."

"Uzayda gitmeyi kayıkla gitmeye benzetebiliriz. Kayığa binersiniz ve kendinizi akışa bırakırsınız. Uzayda da kendinizi akışa bırakırsınız. Bunu yapmayı henüz bilmiyorsunuz ama kayıkla gitmekten pek bir farkı yoktur!"

"Farklı boyutlarınızın farkında olduğunuzda ve onların arasındaki bağı sağlamlaştırdığınızda, istediğiniz zaman istediğiniz boyutta olabilirsiniz. Bu bir seçimdir ve sadece size aittir. Bu, sizin dünyanızda uzay yolculuğu olarak tanımlanan bir şeydir. Boyutlar arası yolculuk, uzay yolculuğunun sadece bir çeşididir. Önce bununla başlamalısınız. Devamı ihtiyacınız olduğunda size verilecektir."

∞

"Işığıma odaklanın. Rüyalarınıza ışığımı çağırın. Meditasyonunuzu ışığımla, ışığım üzerine yapın; ve ne kadar güçlü olduğunuzu anlayacaksınız."

"Daha başka bir şey söylememe gerek yok, sevgili çocuklar. Sizler için olan sevgimi rengimde hissedin..."

Baş Melek Şekina

.....

Baş melek Şekina'nın rengi, içinde biraz *gül pembesi* de olan kırmızıdır.

Özgürlük

Şekina çok güçlü bir baş melektir ve mesajlarını okurken bile, bu gücünü/enerjisini hissedebilirsiniz. Hatta bazen sert bile gelebilir bazı mesajları. Ama bunun da bir amacı var:

Baş melek Şekina, **gücüne ve söylediklerine dikkat edilmesinin ve uygulanmasının ne kadar önemli olduğunu** hissettirmek için bunu yapar.

Özgürlük baş meleği Şekina, dişi enerjilidir. "Dişi ruh" olarak da bilinir. Özgürlük, adalet gibi kavramların neden hep dişi enerjiyle alakalandırıldığını hiç düşündünüz mü?... Çünkü bunlar evrensel kavramlardır ve Kozmosun nüvesi de dişildir.

Özgürlüğü, Birliğin bir parçası olduğumuzun farkındalığındayken, gerçek benliğimizi hayata geçirmek olarak tarif edebiliriz. Yani özgürlük aslında her istediğimizi keyfimize göre yapmak değildir... Diğer her şey gibi, bizler bu evrenin birer parçasıyız. Bu ortak oyundaki diğer tüm oyunculara karşı olan saygı ve sevgimizin bizi yönlendirmesine izin verirsek, "Birlik halinde" özgür oluruz!

Diğer bir deyişle tüm canlılara, tüm evrene ve kendimize karşı olan sorumluluğumuzu bilmek, özgürlüğümüzü getirecektir... Ki bu da, yani özgürlüğümüzü hayata geçirmek de, bir sorumluluğumuzdur. Sevgili baş melek Şekina'nın neden sıklıkla sorumluluktan bahsettiğine şaşmamak gerek...

Özgürlük konusundaki diğer bir çok önemli kıstası da şöyle açıklıyor baş melek Şekina: "*Başkalarının söyledikleri, başkalarının doğruları sizin için geçerli değildir.*" İçsel doğrumuz tarafından onaylanmayan bilgi, bizim için doğru bir bilgi olmayacaktır.

Şekina, özgürlük meleği olarak dişi enerjili olmasının, dünya üzerindeki dişi enerjinin (kadınlar, Dünya Ana) özgürlüğüne kavuşması için bir metafor olarak düşünülebileceğinden de bahsetmektedir. Dişi enerjinin özgürleşmesi tabii ki tüm insanlığı bir bütün olarak etkileyecektir. İnsanlık olarak özgürleşmemizin çok büyük öneminden ötürü, baş melek Şekina'nın enerjisi giderek daha fazla bizlerle olmaktadır...

Maya geleneği şamanlarından "*Margarita Nine*" kadınların özgürleşmesinin "gönül" sayesinde olacağını söyler. Erkekler, kadınlar sayesinde öz değere saygılı ve beklentisiz gerçek sevgiyi öğrendiklerinde –ki Margarita Nine'ye göre bu kadınların çok önemli bir misyonudur- kadınlara ve *Dünya Ana*'ya karşı olan davranışlarını değiştirebileceklerdir.

Baş melek Şekina, lütfen özgürleşmem için bana destek ol. "Eşsiz kendim" olabilmem için bana yol göster.

Bu noktada çok önemli iki konuya dikkatinizi çekmek isterim!

Birincisi, "her şeyin bir nedeni olduğu" bilgisidir. Kadınlar günümüzde dünyanın genelinde ezilen taraf maalesef. Peki, **neden?!**

Muhakkak ki bir nedeni var... Bu neden, sonuçta kadınları güçlendirecek, onların farkındalığını genişletecek, onları daha hoş görülü ve bilge yapacak. Bunu söylediğimde kadın öğrencilerimden bazıları isyan eder. "Ama bu kadarı da haksızlık" diyenler olur. "Bu kadar zor olmak zorunda mı?!" diyenler onlara katılır...

Doğru, kolay değil... Ama dünya üzerindeki gelişim ve tekamül de zorlukları aşmaya çalışarak oluyor. Demek ki kadınların güçlenmeye, kendilerini ifade etmeye, farkındalıklarını ve hoş görülerini Sevgiden vazgeçmeden, ondan ödün vermeden artırmaya ihtiyaçları var. Buna dünyanın ihtiyacı var! Demek kadınlar bu şekilde hem kendileri tekamül edecek hem de dünyayı tekamül ettirecek.

Ve tabii erkekler de yerlerinde saymayacaklar bu arada. Evrensel denge kanunu var ne de olsa... *Bir taraf yükseliyorsa, eninde sonunda illaki diğer taraf da yükselir.*

Uzun lafın kısası, kadınların akılda tutmaları gereken işte bu tekamüle ihtiyacımız olduğu kısmı... Bunu akılda tutabilirsek, erkeklere kızmadan, onları "kötü", "yanlış" vb. diye damgalamadan dönüşebiliriz; dönüştürebiliriz...

Size bu noktada milletçe hepimizi üzen Özgecan'ın vefatında babasının tutumunu hatırlatmak isterim dostlar. Kızının bir görev için geldiğini ve görevini başarıyla yaparak geri döndüğünü anlatmıştı! Ve bunu bir mesaj olarak aldığını da eklemişti... Özgecan'ı binlerce meleğin arasında bir melek olarak gördüğünü söylemişti! Bu şekilde Özgecan'ı öldüren kişiyi suçlamadan, olayı olduğu haliyle kabul edebildi. Ve binlerce insana çok zor derslerin sonucunda tekamül basamaklarının nasıl atlanabileceği konusunda müthiş bir örnek oldu!

Gelelim ikinci önemli noktaya...

Bildiğiniz bir şey olabilir bu ama uygulaması pek kolay değil. Bilenlerimiz bile boş bulunabiliyor çoğunlukla.... "Ben bunu beceriyorum" diyorsanız da lütfen mümkün olduğunca başkalarına anlatın, gördüğünüz yerde mümkün ve uygunsa düzeltin... Neyi mi?

Kullandığımız kelimeleri.

"Eğer isimler ve gerçekler birbirleri ile uyum içinde değilse, çatışma çıkacak demektir."

Jing Fa

Dünyanın çoğu ülkesinde kullanıldığı şekliyle dil, egoyu besleyen kalıplar ihtiva ediyor. Dilin, gerçekliğimizi sınırlayıcı etkilerinden özgürleşmek için neler yapabileceğimize bir göz atalım.

"Batı mantığına" uygun bir şekilde başkalarıyla iletişim kurmak için her ne kadar zaman kiplerini kullanmamız gerekse de, en azından bu kalıpların aslında bir illüzyonu tarif ettiklerini hatırlayın. Ego zamandan bağımsız olarak *var olamaz.*

Avustralya Aborijinleri gibi, zaman kiplerini kullanmayan, onun yerine sonsuz bir "şimdi'de" yaşayan kültürlerin konuşma tarzlarını incelemek, bakış açımızı genişletmek için yararlı olacaktır. Mesela Aborijinler, "üç sene önce" yerine, "üç bahar önce" gibi yapılar kullanırlar. Bir başka örnek ise, "olmak" fiilinin bulunmadığı bazı Kızılderili dilleridir. Bu dillerde kalıcılık ve kesinlik değil, **süreklilik** ve **oluş** önemlidir.

Tariflerle özdeşleşmek yerine, o an itibariyle bunların etkisinde olduğunuzu ifade eden cümleler kullanın. Örneğin, "depresyonum nüksetti" veya "moralsizim" yerine, "iyi değilim" veya "moralsiz hissediyorum" gibi.

Kavramları kategorilere ayıran kelimeleri kullanırken, bunların aslında bir sistemi tarif ettiğini ifade etmek -ya da en azından hatırlamak... Örneğin, iyileşme her zaman varlık bütünlüğümüzde meydana gelir. Sadece bedende veya sadece psikolojide değil... Tam da bu yüzden bedeniniz sağlıklıysa kendinizi psikolojik olarak da iyi hissedersiniz. Veya moraliniz iyiyse, kendinize daha iyi bakmak istersiniz...

Baş Melek Barakiel'i anlatırken renklerin ruhları olduğundan bahsediyorum. Aynı şey kelimeler için de geçerli. Kelimelerin de ruhları var ve sizi etkiliyorlar.

Dolayısıyla konuşurken olumsuz kelimeler seçmeyin. Negatif anlamda ve "karşı" olunduğuna, "kınandığına" dair kelimeleri ne kadar çok kullanırsak, o şeyi artırdığınızın farkına varın! Kısacası: Söz uç**MA**z.

Bu konu ülkemiz için *ayrıca* önemli! Bizler "göze göz, dişe diş" mantığında hareket edebiliyoruz maalesef. Yıllarca hapis yattıktan sonra bile, çıktığı gün kan davalısını öldürebiliyor mesela kişi. Kendisi istemese de aile baskısı yüzünden yapabiliyor bunu... Milletçe "öç alma ruh halinden" çıkabilmemiz için seçtiğimiz kelimelerin daha yapıcı olması büyük önem taşıyor.

Hatta son kitabımda medyadan, sosyal sorumluluk

projeleri veya kampanyalar üreten dostlardan da rica etmiştim; "Negatif anlamlı kelimler kullanmayın" diye... Örneğin *"Kadına şiddete hayır!"* yerine *"Kadın – erkek eşitliği", "Kadına saygı"* vb. sloganlar kullanmak çok ama çok daha yapıcı (!). Bir kez daha hep beraber tekrar etmiş olalım kelimelerin önemini... Bu cümleleri okuyan herkesin ortak temennisi olsun bu –ki ortak enerjimiz güçlensin!

Gücünü Bil!

Baş melek Şekina bizlere çok yakın bir enerjidir; her zaman yanımızdadır. Bir anne gibi bizleri gözetir ve yol gösterir. Çok yoğun olan gücünü, söylediklerini uygulamamızı ve sorumluluklarımızı yerine getirmemizi sağlamak için bizi motive etmede de kullanır. Baş melek Şekina'nın enerjisinin gücünü ve sevgisini hissetmeye çalışın. Dilerseniz, bunları hissedebilmenizi kolaylaştırması için ondan yardımını isteyebilirsiniz. Onu ne kadar iyi hissederseniz, o kadar motive olursunuz. Kendi gücünüzü ve sevginizi hayata geçirmeniz o kadar kolay ve çabuk olur.

İnsanların çok güçlü varlıklar olduklarından hep bahsediyoruz ve bunu bildiğimizi farz ediyoruz. Acaba gücümüzü gerçekten kullanabiliyor muyuz? Gücümüzü, bizler ve Evren için en iyi olacak şekilde harekete geçirebiliyor muyuz? *"Gül pembesi güçlüdür, sizler gibi... Başka şeylerle uğraştığınız, gül pembesinin gücünü göz ardı ettiğiniz sürece, bunu size öğretemem."* Bu mesajıyla, gücümüzün öneminin gerçekten farkına varmamız gerektiğine bir kez daha dikkatimizi çekiyor baş melek Şekina.

Çok güçlü bir baş melek olan Şekina aynı şeyi sizden bekler – doğal olarak... Melekler kendi uzmanlık konularında bizleri eğitirler. En iyi eğitme tekniği önce doğru örnek olmaktır. Sonra anlatılır, açıklanır. Bu süre zarfında öğrenciden çok fazla şey beklenmez, sadece öğrenmesi istenir.

Biraz daha sonraysa sınavlar gelmeye başlar. Sınavlar olmadan kendimizi anlayamayız. Dolayısıyla sınavlar yüzünden yakınmak yerine, onları zevkle ve şevkle yapıp, geçmek en akıllıcası olur... Şekina insanın güçlenmesini o kadar istiyor ve insanın içsel gücüne o kadar güveniyor ki hatırlarsanız "*Gücünüzü toparlarsanız evrenin gidişatını değiştirebilirsiniz*" diyor. Bu oldukça ilginç ve söylemeliyim ki aynı zamanda da ağır bir tespit.

Her şeyden önce buradan evrenin gidişatının değiştirilmesi gerektiğini anlıyoruz! Bir şeyler olması gerektiği gibi değil demek ki... (Yapmamız gerekenlerde geciktiğimiz için bize ek zamanlar tahsis edildiğini *Yükseliş Gönlün Şifası* kitabımda anlatmıştım. Bu yüzden bu kadar kaotik ve zorlu oluyor hayatlarımız...). Bu gerçekten de aciliyet gösteren bir durum. Baş Melek Şekina daha ne desin!...

Ek olarak insanın ne kadar güçlü bir varlık olabileceğini ama gücünü henüz toparlayamadığını da anlıyoruz. Mesajının devamında zaten ne yapmamız gerektiğinden bahsediyor baş melek Şekina...

> *"Gerçekten kim olduğunuzu anladığınız zaman, düşünceleriniz gerçeğe dönüşür. Şahsen ben, bir şeye ihtiyaç duyduğumda, bunu kendimden isterim. İşe yarıyor!..."*
>
> Margarita Nine

Düşüncelerimiz yoluyla içinde yaşadığımız "illüzyonu" oluşturuyoruz. Bu gerçek, aslında hayata karşı *ne kadar büyük bir sorumluluğumuz olduğunu,* bir kez daha bize hatırlatıyor!

Gücünüzü Bilmenin en iyi yolu bunun farkına varmaktır! Dolayısıyla farkındalıklı yaşamak, içinde bulunduğumuz hayat yolculuğunda bir gerek şart olarak karşımıza çıkıyor. Gün içinde sadece bir süreliğine farkında kalıp, sonra yine düşünce ve duygularımızın arasında kaybolursak, gücümüzü boşa harcamış olmaz mıyız?

Bu kitap meleklerle çalışmanın yöntemini anlatıyor olsa da en temel amacı Kendimizi Bilmede yardımcı olabilmektir. Siz, her arzu ettiğinizi oluşturacak kapasitedesiniz. Sadece henüz kullanamıyorsunuz... Bugün bilim insanları Tanrı parçacığını arıyorlar. Ama en iyisi belki de baş melek Şekina'dan içinizdeki Tanrı parçacığına ulaşmada yardımını istemektir. Ne dersiniz?...

"**Geçiş**" dediğimiz 5. Boyutta ilerlerken niyetlerimiz çok daha güçlü bir şekilde oluşuyorlar. Ve daha da güçlenmeye ve çabuklaşmaya devam edecekler. *Program* böyle! Yeter ki uygulayabilelim...

"Baş melek Şekina lütfen içsel gücümün farkına varıp, içimdeki Tanrı parçacığının bilgeliğini hayata geçirebilmem için bana yardım et."

Diğer Uzmanlık Alanları

Baş melek Şekina'nın çok sevdiğim ve ilginç bulduğum bir başka mesajı da uzay yolculuklarıyla ilgili olanı! Uzay yolculuklarında en önemli konulardan biri yakıt biliyorsunuz. Bu yüzden uzay gemileri ve uydular bir an evvel yörüngeye oturtuluyor, ki yakıt harcamasınlar. Ama yakıt kullanarak uzayda gitmek aslında oldukça ilkel ve verimsiz bir yöntem!

Yeni bilimsel araştırmalarda gezegenlerin yer çekimleri kullanılarak yapılabilecek yolculuklar araştırılıyor. Bir diğer bahsedilen nokta da uzay yolculuğu yapacakların **bilinci.** Evet, yanlış okumadınız. Gemide olan insanların uzay yolculuğunu bilinçleri ve konsantrasyonlarıyla destekleyeceklerinden, hatta mümkün kılacaklarından bahsediliyor. Benzer şekilde farklı boyutlara dair farkındalığın artması da ilişkiyi güçlendiriyor.

Bilincin tekamülü her zaman öne çıkıyor gördüğünüz gibi...

Şekina *"Uzayda da kendinizi akışa bırakırsınız"* derken işte bütün bunları kast ediyordu. Meleklerin Seninle Konuşuyor'un ilk baskılarında bilimsel veriler daha yeterli değildi ve bu şekilde açıklayamamıştım. Ama artık daha net görebiliyoruz bu mesajın anlamını...

Bizim bilgimiz ve anlayışımız arttıkça verilen bilgileri daha doğru deşifre edebiliyor, anlamlandırabiliyoruz. Bu yüzden öğrenmenin, anlamaya çalışmanın sonu yok. Çünkü Şekina'nın uzayla ilgili mesajının sonunda dediği gibi biz anlayabildikçe bilgi akacak: "*Devamı ihtiyacınız olduğunda size verilecektir.*"

Şifacı baş meleklerden olan Şekina, aynı zamanda bizi bütüncül olarak iyileştirir. Bunu, bütüncül sistemimizi düzenleyerek ve sistemimize armoni getirerek yapar.

Ayrıca, "Birlik" ve "koşulsuz sevgi" meleğidir ki bu şifa vermekle de çok yakından ilişkilidir. Koşulsuz sevgi, karşımızdakinin öz ışığını fark edebilmek ve öz ışığının mükemmelliği yüzünden, Bir'liğin sevgisini hissetmek demektir. Melekler bizler için koşulsuz sevgi duyarlar. Çünkü egoları yoktur. Dolayısıyla ego oyunlarına kapılmadan herkesin öz ışığının farkına varabilirler.

Bizler de birbirimizin öz ışığının farkında olduğumuzda, birbirimiz için koşulsuz bir sevgi duyarız.

Ancak, bunu dünyevi boyutta yorumlarken dikkatli olmalıyız. Koşulsuz sevgiyi, ego devrede olduğu halde, sonsuz özveri göstermek veya şartlar ne olursa olsun sevgi vermeye çalışmak olarak yorumlamamalıyız.

Bu gibi durumlarda –kalbimizde koşulsuz sevgi hissetsek bile– nötr kalmaya çalışmak daha yapıcı olacaktır... Bu uygulama, ego *davranışının* şifalanmasını sağlayarak herkes için yararlı olacaktır.

İçinde bulunduğumuz dönemde enerjiler genellikle bir alışveriş halindeler. İlerleyen dönemlerde ise daha ziyade "olma halini" öğreneceğiz.

Olma halinde herhangi bir düşünce, olumlu veya olumsuz bir yargı yok. Sadece olan her neyse onu kabul var. Herhangi bir yargı yoksa "olan", tabir-i caizse olduğuyla kalır! Böylece durum dışarıdan daha fazla beslenemez ve yalnız kendi enerjisiyle "olma haline" geçer. Olma halindeyse negatiflik daha fazla yaşayamaz.

Bu hal, ilişkilerde kendisini şöyle gösterir: **Aşırı duygulanımlardan ve enerji alışverişi ihtiyacından özgürleşmiş, "tam bütünlük" hali.** Daha ne olsun?!

Özgürlük meleği, bizleri hakkaniyetli ve adaletli olmamız konusunda da destekler. Bizleri öz ışığımıza yönlendirerek, yani kendimizi bilmemize yardım ederek şifalandırır. Birlik içinde ve beraberce özgürleşmemize yardım eder...

Kendimizi ve dünyamızı yaratmak için "binlerce, milyonlarca, milyarlarca" olasılığımız vardır ve yapıcı olanları hayata geçirmek sadece bizim elimizdedir. Yaratı süreci her dakika, bir saniye durmaksızın işler ve yaptığımız bilinç seviyemize göre şekillenir...

Bu işlemi, bilgisayarlı sınav sistemine benzetiyorum. Bu uygulamada, sınavın zorluğu bizim verdiğimiz cevaplara bağlı olarak değişmekte; şayet bir soruya doğru cevap vermişsek, bir sonraki soru biraz daha zor olmaktadır. Doğru cevaplarsak puanımız daha fazla artıyor. Doğru cevap veremezsek, tahmin edebileceğiniz gibi bir sonraki soru biraz daha kolaylaşmakta ve daha az tatminkâr bir seviyeyi temsil etmekte.

Hayatımız boyunca yaptığımız seçimlerle, hangi anlayış seviyesinde yaşayacağımızı kendimiz belirleriz: Ya gerçek benliğimizi yaşayamadığımız bir düzlemde sınırlı bir farkındalıkla ya da Birlik bilincine yaklaştığımız daha geniş bir farkındalıkla yaşarız.

Hayat sabit değildir. Onu sürekli değiştiririz ve bunun ne kadar bilincinde olursak, sorumluluğumuzun o kadar farkına varırız. Ve "oyun", bir o kadar zevkli hale gelir! Bu bölümü bitirirken baş melek Şekina'nın sözlerine tekrar kulak verelim: "*... Ve bu yaratım sürecinde ben size yardım edeceğim. Bunu seve seve yapacağım, çünkü bu güzel ve zevkli oyunda neler yaratacağınızı merak ediyorum!*"

BAŞ MELEK TABRİS

"Canlılık başarabileceğiniz bir şeydir. Başarmaya ihtiyaç duyduğunuz bir şeydir. Size dışarıdan verilmez, zaten içinizdedir. Gerçek çözüm, önce canlılığı içinizde bulmak ve sonra da onu aktive etmektir. Bunu yapabilmek için içinize bakın. İçinize odaklanın."

"Ve ben sizi seviyorum... Bunu benim sevgimi hissederek yapabilirsiniz; benim sevgimin, içinizdeki sıcaklığını bularak. Benim rengim, sıcak turuncum, size gitmeniz gereken yolu gösterir. Bunu unutmayın!"

"Rengime konsantre olun. Ona gerçekten bakın, gerçekten bakın ve onu hissedin. Sevgimi hissedin. Sevgimin içinizdeki sıcaklığını bulun. Vücudunuzda bu şekilde hisseden yeri bulun; aynı frekanstaki yeri bulun. Rengimin sizi oraya götürmesine izin verin. İşte, bu yer sizdeki canlılık kaynağıdır. Herkeste farklıdır."

"Bu yerden beslenin, onun size enerji vermesine izin verin. Sadece bırakın ve olsun. Bu yeterlidir. Bu yerdeki enerjinin -ki bu kozmostan gelir- içinizde akmasına izin verin. İçinizde ılık bir enerji olarak akmasına izin verin. Bunu hissedin. Bunu içinizde hissedin ve size rehberlik etmesine izin verin."

"Bu enerjiyi vücudunuzda her yere yaymaya çalışın. Onu daha da büyütün, daha da ışıtın ve enerjilendirin. Onu vücudunuzun her köşesinde hissetmeye çalışın. Bu güzeldir. Bu sizi ısıtır ve iyi hissetmenizi sağlar. Ayrıca, kendiniz hakkında bilmediğiniz şeyleri de öğretir. Bundan yararlanın. Size olan sevgisini hissedin ve onu sevin. Sevin, onu çok sevin. Rengimi kalbiniz sevgiden dolup taşana kadar sevin. O zaman anlayacaksınız. Gerçek sevginin ne olduğunu bileceksiniz ve bu çok güzeldir. O zaman çok mutlu hissedeceksiniz. Bana inanın ve güvenin."

"Sizin için en iyisini istiyorum. Hepimiz istiyoruz. Bize inanın ve lütfen size söylediğimiz şeyleri takip edin. Bunları uygulamanız gerekir! Bu kitap bir hikaye kitabı değil; bu bir çalışma kitabıdır. Bu söylediklerimizi okuyup geçmek yeterli olmayacaktır. Bunları uyguladığınızdan emin olun."

"Belirli bir süre, her mesajı ve rengi çalışın. Ama bütün mesajları aynı anda okumaya veya söylenenlerin hepsini birden yapmaya kalkmayın. Bu enerjinizi dağıtır. Gereksiz bir şekilde yorulursunuz. Bunları yavaş yavaş yapın. Ancak her gün yapmanız gereklidir. Onları zaten yapmak isteyeceksiniz, çünkü çok eğlenceliler. Benim rengimle üç gün çalışın. Bu yeterli olacaktır. Üç günden sonra, içinize bakın ve eğer enerjim; turuncu enerjim yeterli ise, başka bir renkle çalışmaya başlayabilirsiniz."

"Sizi seviyorum. Sevgiyle gidin…"

∞

"Canlılık (ilkbahar canlılığı gibi)... Canınızın kıymetini bilin. O bir hediyedir. Bunu her gün, şükranla ve sevgiyle kabul edin..."

"Yenilenme: Sürekli olarak yenileniyorsunuz. Özellikle bu günlerde. Bunu iyi kullanın. Bunun farkında olun!"

"Ruhsallık için çırpınmaya gerek yoktur. Merkezlenin. Dünya ile olan bağınızın farkında olun… Bu hem merkezinizi korumak, hem de dünyayı saymak ve ona hak ettiği gibi davranmak demektir."

∞

"Saf turuncu… Güneşin saflığı... Işıktan başka hiçbir şey olmayan Güneşin yakıcı ışığı gibi olun . Güneş her gereksiz duyguyu ve düşünceyi yakar ve sadece saf olan kalır. Sizler güneş gibisiniz. Ve bunu biliyorsunuz. Buna uygun davranın. Tanrılara yaraşır şekilde davranın! Çünkü öylesiniz… Küçük düşünceler, küçük duygular, küçük davranışlar… hepsini atın. Sanki bir güneşmişsiniz gibi onları yakın. Bunu yapmaya muktedirsiniz! Bunu yaparsanız sadece ışığınız kalacak ve güzel olacaksınız. Sadece kendiniz olacaksınız; güneş gibi!"

"Güneşi sevin ve karakterine dikkat edin. Size öğretecektir. Doğadaki her şey harika öğretmenlerdir. Onları dinleyin ve onlara saygı duyun. Saygı duyulmayı hak ediyorlar."

"Çiçek tohumdan çıkar ve tek ilgilendiği şey çiçek açmaktır. Tek düşündüğü şey çiçek açmaktır… Başka şeylerle ilgilenmez ve başka şeylere takılmaz. Siz takılıyorsunuz! Ama artık böyle bir lüksünüz yok. Sorumluluğunuzu üstlenme zamanınız geldi."

"Daireler: Her şey kendine döner…"

"Bu dünya üzerindeki hayat bir daire gibidir. Ne başlangıcı ne de sonu vardır. Hiçbir yere gitmiyorsunuz, hiçbir yerden gelmediniz. Sadece burası var, olan her şey burada, bütün sahip olduğunuz bu… Bunu kabullenin ve çabalamayı bırakın. Değerli vaktinizi heba ediyorsunuz. Hikâyelere takılmayın: Nereden geliyoruz? Nereye gidiyoruz? Öldükten sonra ne olacak?... Olan ile yaşayın ve mutlu olun ve tatminkâr olun. Çünkü bu tek yoldur."

"İnsanlar önemsiz şeyler üzerinde çok fazla düşünüyorlar. Sadeleşin! Zamanınızı iyi kullanın. Televizyon dizilerini izlemeyi bırakın. Beyinlerinize tembelleşmeyi öğretiyorsunuz! Önceliklerinizi belirleyin."

"Özgür iradenizi kullanın, bu çok önemlidir. Değerini bilin, çünkü bir zamanlar ona sahip olmak için çok çalıştınız!..."

"Çarçur ettiğiniz enerji ile yeni dünyalar yaratabilirsiniz. Bunu bir düşünün! Yeni dünyalar yaratmaya odaklanın ve bu olacaktır. Her şey hayalini kurduğunuz ve dilediğiniz gibi olacaktır. Bu garantidir. Diğerlerine bakıp moralinizi bozmayın. Moralinizi yüksek tutun. Bu, yeni dünyalar yaratmak için ihtiyaç duyduğunuz tek şeydir."

"Dünyasal hararete kendinizi kaptırmayın. (Örneğin; yılbaşı alışverişleri gibi). Bu tip faaliyetler, ruh halinizi suni bir şekilde yükseltir ki bu da geri düşmesine neden olur. Ruh halinizi her zaman yüksek tutun. Çünkü düşük olması için bir nedeniniz yoktur. Kozmos sizi her zaman destekler!"

∞

"Kozmos saftır ve sakindir. Yapmış olmak için bir şeyler yapmaz. Kozmosun çocukları olarak sizler de aynı şekilde yapmalısınız. Bütün faaliyetleriniz içinizden gelmeli. Karnınızın içinden; bütün hislerinizin birleşiminden. Eğer bir şey yaparken sezgilerinizi hissedemezseniz, onu yapmayın! Sizi yanıltır."

"Başkaları yaptığı için bir şeyleri yapmayın. Birbirinizi çok fazla taklit ediyorsunuz! Bu cansız bir davranıştır. Kendinizi bilin, çünkü bu bir hazinedir: Yaratıcılığın, eğlencenin ve ışığın hazinesi. Havai fişekler gibidir ve buna hepiniz sahipsiniz dostlarım. Hepiniz sahipsiniz!

O yüzden, bir başkasının sahip olduklarına bakıp onu kıskanmayın veya moralinizi bozmayın..."

"Sevgimle kalın..."

Baş Melek Tabris

.....

Tabris'in rengi canlı bir turuncudur.

Özgür İrade ve Kader

Fark ettiniz mi, bazı insanlar bazı konularda çok şanslı olur. Çalışmasalar da, uğraşmasalar da şansları o konularda hep yaver gider. Örneğin, ellerini nereye atsalar bereket akar onlara. Ablam ne mutlu ona ki, böyle bir kişidir... Bir keresinde şöyle dediğini hatırlıyorum: *"Üniversitedeyken bile o kadar iyi para kazanıyordum ki nasıl harcayacağımı bilemiyordum. Her yere taksiyle gider olmuştum!..."* Veya çocukları çok başarılı olup, onları el üstünde tutarlar. Veya el becerileri müthiş gelişmiştir, o konuda *zekidirler* vb.

Bazen de tam tersi olur. Mesela bazımız ilişkileri konusunda, bazımız iş alanında zorlanır. Bazımızın hayatı sürekli hasta bakmakla geçer. Bazımız sürekli başkalarının ardını toparlamak zorundadır... Örneğin, bir arkadaşım bir gün bezgin bir ifadeyle şöyle demişti: *"Ne zaman bir taşınma olsa, bütün işler benim üstüme kalıyor. Hepsini tek başına yapmak zorunda kalıyorum!"*

İşte ben kaderi buradan yola çıkarak tanımlıyorum... Kader, kozmik tekamül programımıza göre yaşamamız gereken hayatı tanımlıyor.

Kader-i planınızda bitiremediğimiz konular, dersler varsa bunlara illaki takılıyoruz. Çok çalışabilir, o konuyu çok irdeleyip, başarılı olan başkalarından çok daha iyi bilebilirsiniz örneğin... Ama başınıza sürekli olmadık şeyler gelir. Bir başkası sizinkinden çok daha az çabayla ve vakitle hallediverirken, siz çok doğru şekillerde çalışsanız bile bir yerlerde bir şeyler ters gider. Demek ki henüz o konuyu diğeri gibi hal edememişsinizdir.

Kader sadece zorlukları tarif etmez. Eğer siz daha önce bir konuyu mükemmelleştirmiş ve bilgisini adeta *hücrelerinize kaydetmişseniz,* tereyağından kıl çeker gibi olur o konudaki işleriniz.

Kader-i plan bu yüzden zorludur ve değiştirmesi de zordur. Kader sizin evrenle yaptığınız anlaşma gibi... Bu yüzden değişmesi de yine evrene bağlı. Siz örneğin karmanızı değiştirebilirsiniz, onu temizleyip, o konudaki dersinizi kapatabilirsiniz. Ancak kader-i planınızı tamamen kapatabilmeniz evrenin de onayını gerektirir.

Tabii bunu *kadercilik* gibi kesinlikle algılamamız lazım. Yani, "Aman bu da kaderimde var. Ne yapsam boş!" deyip bırakmak olmaz. Değiştirmesi ne kadar zor veya yavaş olsa da, çalışmayı bırakmak gibi bir lüks yok dostlar!...

Bu noktada Özgür İradeyi nereye koyacağız, ona bir bakalım?...

Şimdiye kadar "Ne istersem şekillendiririm, her şey sadece bana bağlı" diye düşünmüş olabilirsiniz. Bence bu düşünce tarzı ve bunu anlatan öğretiler de eğitim programının bir parçasıydı (!). Ama iş orada bitmiyor... Peki, neden son senelerde insanlar bolca buna çalıştı. Çünkü insanın kendi içsel gücünün ve kendine güveninin farkına varması gerekiyordu. Aksi takdirde kendi varlık nedeni yanlış ve eksik yorumlayıp, moralini bozabilirdi. Morali bozulan insan ne yapar? Pes edip, köşesine çekilmeye meyleder, değil mi? Ama bunu yapamayız. Hele bu zamanlarda hiç yapamayız. "Okulu" bitirmeye bu kadar yakınken olmaz!...

Artık kendimize daha fazla güvendiğimize, daha olgun olduğumuza göre gerçekleri –daha doğrusu gerçeğe daha yakınları!...- konuşmanın zamanı.

İnsanın gücü dahilinde sadece onun olan tek bir şey var aslında: Sorumluluk. Hayatınıza karşı sadece ve sadece siz sorumlusunuz. Başka kimse değil! *"Beni sinirlendirdin, bak ağzıma geleni söyledim!"* veya *"Paramı vermedi ben de bütün tanıdıklarına yaptığını anlattım!"* gibi bir mantık yok.

"Elektrikler kesildi çalışamadım" sendromu diyorum ben buna. Neyse ki artık kurtulduk ondan...

Ama her şeyi şekillendirme ve oluşturma konusunda o kadar da özgür değiliz dostlar. Çünkü kader-i planımızda ne varsa ona bağlı kalmak durumundayız. Çok sevdiğim bir yazar olan Guy Finley'in de söylediği gibi *"Özgürlük sınırlarla ifade bulur."*

Ama şekillendirebileceğimiz bir şey var tabii ki: Seçimlerimiz. Her ne kadar hayatımızın teması (kader-i planı) belirlenmiş olsa da, hayatımızı seçimlerimiz yoluyla özellikli hale getiririz ve somutlaştırırız. Yaşamamız gereken yolu takip ederken, onu nasıl yaşayacağız, ne zaman, nerede ne yapacağız gibi seçimleri biz yaparız. Diğer bir deyişle **kaderinizi gerçekleştirip, gerçekleştirmemek size bağlı!**

Özgür irademizi kader çerçevesinde kullanabilme noktasına gelmek bile bir liyakat meselesi anlaşılıyor ki... Çünkü baş melek Tabrisin de net bir şekilde söylediği gibi "(Özgür iradenizin) *Değerini bilin, çünkü bir zamanlar ona sahip olmak için çok çalıştınız!..."*

Özgür irade "İnsan gibi İnsan" olma yolunda bize verilen en değerli hediyelerden...

Baş melek Tabris, lütfen özgür irademi, kader-i planım doğrultusunda en hayırlı şekilde kullanabilmem için yol göster.

Bazen, birbirine karşıt iki şey arasında seçim yapmak zorundaymış gibi hissedebilirsiniz. Bu gibi durumlarda tabir-i caizse sıkışırsanız, baş melek Tabris'ten farklı ve yaratıcı olasılıkları görmenize yardım etmesini isteyebilirsiniz.

"Tartışmacıların fikirleriyle birbirlerini ikna etmeyi başardığı bir münakaşaya daha hiç tanık olmadım."

Thomas Jefferson

Kozmosta (ve dolayısıyla hayatta) çatışma yoktur. O yüzden iki karşıt şey arasında seçim yapmak zorunda hissederseniz daha başlangıçta çatışmayı bırakın! Bir üst seviyeye (olayı daha geniş bir perspektiften görebildiğiniz bir noktaya) çıkmayı deneyin. Bunu nasıl yapacağınızı düşünmeyin bile. Sadece niyet edin. Ve kendinize güvenin! Bilincinizin genişlemesine izin verin... Farklı ve yaratıcı olasılıklar, çatışmayı sonlandırıcı olanlardır.

Seçimlerimizi yaparken sadece düşünme melekesini kullanmak yerine, hislerimizi takip ederek ve içsel doğrumuzu gözeterek seçim yapmak, hem çok daha kolay, hem de çok daha zevklidir. Bilimsel araştırmalar, hislerin her zaman düşüncelerden önce geldiğini göstermektedir.

Örneğin, bir karar verme aşamasında, nasıl bir seçimin bizim için doğru olacağını düşünmeden de, bunu hislerimiz yoluyla biliyoruz aslında. Sadece çoğu zaman farkında değiliz! Bilim insanları düşünce sürecinin kararımızı verdikten sonra devreye girdiğini söylüyorlar; o da *verdiğimiz kararı haklı çıkartmak için (!)...*

Canlılık

Baş melek Tabris, güneş gibi sıcak enerjisiyle, çok "canlı" bir baş melektir. Bizim canlılık kaynağımızın da içimizde olduğunu öğretir. Canlılığınızı uyandırmak için Tabris'in mesajında anlattığı gibi turuncusuyla çalışabilirsiniz. Ayrıca "*Renk Terapisi Teknikleri*" bölümünde anlattığım "*İçimizdeki Rengi Arama*" meditasyonu size büyük fayda sağlayacaktır.

Bu meditasyonda dikkat edilmesi gereken nokta, gereğinden fazla turuncuyla çalışırsak, sistemimizi fazlaca yükleyebileceğimizdir. Bu yüzden, bu meditasyonu yaparken nasıl hissettiğinize dikkat edin. Hiçbir aşamada kendinizi huzursuz ve/veya sıkıntılı hissetmemelisiniz. Yeteri kadar canlandığınızı, enerjinizin arttığını hissettiğiniz zaman, turuncuyla çalışmayı bırakın. Ne zaman ihtiyaç duyarsanız yeniden başlayabilirsiniz. (Baş melek Tabris'in anlattığı *Canlılık Meditasyonu* da dahil olmak üzere bu kitaptaki meditasyonları, özellikle ilk başlarda, kaydederek uygularsanız daha akıcı ve kolay şekilde ilerleyebilirsiniz.)

İnsanlar olarak bizler, doğal olarak uzun ve sağlıklı yaşamlar yaşayabilecek kapasitede canlılarız. Kendi kendimizi toksik yiyecekler, kirli hava, yanlış duygu ve düşünce kalıpları gibi koşullarla sabote etmesek, çok daha yüksek enerjili hayatlar yaşayabiliriz. Son dönemde, bu konuda giderek artan bir farkındalık ve çaba gözlemleyebiliyoruz. Ancak hala, çoğu zaman içsel potansiyelimizi görmezden gelebiliyoruz. Daha çok, dışarıdan bazı kaynaklarla sağlıklı ve uzun bir yaşam yaratmaya uğraşıyoruz.

Baş melek Tabris, canlı ve enerjik hissetmemiz için, vitaminler gibi takviyeler almanın, çok fazla egzersiz yapmanın suni çözümler olduğundan bahseder. Bu vitaminlerin ve takviyelerin bize yardımı olacaktır. Ancak asıl kaynak kendimizde saklıdır.

Sağlıklı duygu ve düşüncelere sahip olmadığınızda, içsel potansiyelinizin ve içinizdeki canlılığın farkına varıp kullanamadığınızda, yapılan takviyelerin çok fazla bir etkisi olmayacaktır. Olsa bile onlara **bağımlı** bir şekilde yaşamanız gerekecektir!

En sağlıklısı, zihniniz tarafından olduğu kadar, hisleriniz tarafından da yönlendirilen bir egzersiz ve beslenme şeklini uygulamak olacaktır.

Egzersiz yaparken, vücudunuzdaki enerji akımının bilincinde olmaya çalışırsanız çok daha fazla fayda görürsünüz. Örneğin, jogging yapıyorsunuz veya spor salonuna gidiyorsunuz diyelim. Benim gözlemlediğim kadarıyla, herkes ya kulaklığından, ya da hoparlörlerden bangır bangır müzik dinliyor. Olmadı bir şeyler seyrediyor. Bedeninde olan aktivitelerin hiçbirinin farkında değil!

Halbuki bedeninize konsantre olarak, hissettiklerinize dikkatinizi vererek egzersizinizi yaparsanız normalde 40 dakikada aldığınız faydayı 20-25 dakikada almanız mümkündür. "Nasıl??" diyorsanız, deneyiniz!...

Diğer Uzmanlık Alanları

Güneş sadece güneştir. Sadece olur. *"Küçük düşünceleri, küçük duyguları, küçük davranışları"* yoktur... Güneş gibi olabilirseniz, aslında sadece olabilirseniz, sizin de küçük düşünceleriniz, küçük duygularınız olmaz. Ne kadar güzel ve Sevgi dolu bir mesaj!...

Sevgili Tabris, sadece olmak ve tek ilgilendiğimin -çiçeklerin açması gibi- sadece kendim olmak olabilmesi için lütfen bana destek ol.

"Nereden geldik", "nereye gidiyoruz" gibi varoluşçu

konular, çoğumuzun merak ettiği ve cevap bulmaya çalıştığı sorulardır. Ve bence çok da güzeldirler. Baş melek Tabris "takılmayın" derken dünya hayatınıza sahip çıkmanız gerektiğini anlatmaya çalışıyor. Böylesi, onun tabiriyle "hikâyelerin" an'da yaşamamızı engelleyebileceğini belirtiyor. Sonuçta hayat en iyi öğretmendir ve her an ona sahip çıkmanızı bekler. Aksi takdirde bir bakmışsınız siz daha nasıl olduğunu anlayamadan sizi bırakıp gitmiş!...

Her baş melek o an ihtiyacınız olan mesajı verdiği için eğer Tabris ile çalışıyorsanız, enerjinizi felsefi konularla fazlaca dağıttığınızı söylüyor olabilir. İhtiyaç duyuyorsanız, bu gibi konuları araştırabilirsiniz. Ancak anahtar, an'da ve bizzat yaşanılan hayattadır.

Son olarak *"Televizyon dizilerini izlemeyi bırakın. Beyinlerinize tembelleşmeyi öğretiyorsunuz!"* mesajının ne kadar doğru olduğunu düşündüğümü söylemeden geçemeyeceğim dostlar! Benim gözlemlediğim kadarıyla bu programlar ego duygularını ciddi şekilde körüklüyor maalesef. Ya sonu gelemeyen drama ve çaresizlik, ya çekişmeler, ya da öfke, hırs hakim duygu olarak yaşanıyor... Bir arkadaşımın sözünü hatırlıyorum: "Televizyon seyretme Nirvana'ya ulaşırsın" demişti!... Bence hiç de haksız değil, ne dersiniz?... Düşünsenize ""*Çarçur ettiğiniz enerji ile yeni dünyalar* bile *yaratabilirsiniz."* (!!).

BAŞ MELEK URİEL

"Işıklı çocuklarım, ışığınız bol olsun. Işığınızı kesmeyin. Işığınızın önünü açın... Işığınızın önünün açılması için bizden yardım isteyin. Işık güçlüdür ve dolayısıyla siz de güçlüsünüz. Gücünüzün farkına varın ve onu doğru kullanın. Yapıcı olmayan düşüncelerle değil, kalbinizin ta içinden gücünüzü kullanmanız gerekir."

∞

"Mucizeler beklemeyin. Mucizeleri ancak Allah yaratır. Sizin gücünüz hayatınızı yaratmak içindir; daha yavaş işler. Güçler farklı farklıdır. Sizinki bunun içindir. Yaratmak güç gerektirir. Gücünüzü biriktirin, boşuna harcamayın gündelik işlerle, endişelerle koşuşturmacalarla. Odaklanın, gücünüzün farkında olun ve onu doğru kullanın. Hep beraber bunu yaparsanız bir basamak atlayacaksınız ve bu hoşunuza gidecek."

"Sesleri de izleyin, sadece ışığı değil. Kulaklarınızı açın. Evrensel mesajları duyun. Duyduklarınız hayal ürünü değildir. Onlara dikkat edin ve uygulayın. Kısacası, frekanslara dikkat edin..."

"Mesajları duymak çok kolaydır. O kadar kolaydır ki es geçersiniz. Hâlbuki onlar size gönderilen evrensel mesajlardır... Evrenle temas kurmak bu kadar kolaydır ve evren bu kadar yakındır. Tek yapmanız gereken açık olmak ve gereksiz yüklerden kaçınmaktır. Saf olduğunuzda, saf (ışık) sizi bulur. Bu kadar basittir."

"Sizler, Tanrı'nın güzel çocukları, basitliği göz ardı ediyorsunuz. Komplike şeylerde gerçeği arıyorsunuz. Halbuki gerçek tam önünüzde. Sadeleşin ve gereksizlikleri bırakın. O zaman, doğayla ilişkiniz de olması gerektiği gibi olur; yani saygı ve sevgi çerçevesinde. Olması gereken budur!"

"Gerçek gözünüzün önünde. Dokunun!"

"Gerçeği hissedin! Bu söylediklerimi yavaş yavaş uygulayın. Hazmedin. Okuyup geçmeyin!... Ve yararını hissedin."

"Sevgiler..."

∞

"Sarı ışığım yüreğinize ferahlık ve parlaklık veriyor. Bunu fark etmeye çalışın. Fark ettikçe parlaklığı artar ve sizin de mutluluğunuz artar. Bu sizin ve benim birlikte oynadığımız küçük, güzel bir oyun gibidir. Sizlerle bu oyunu oynamayı çok seviyorum. Sizin bilgeliğiniz de bana geçiyor bu oyunlar esnasında ve bu çok zevkli ve ilahi bir şeydir. Bunu anlamanızı istiyorum..."

"Bunun nasıl bir şey olduğunu anlamak için benden yardım isteyin ve fikirlerimi size göndereyim. Böylece ne kadar yakın olduğumuzu, kardeşler gibi olduğumuzu daha iyi anlayabilirsiniz. Bunu anlamanız önemli. Bunu anlamanız önemli..."

"Bunu anlamak kendiniz hakkında pek çok şeyi fark etmenize yarayacak ve bu sayede, yaşadığınız hayat daha insan hayatına yaraşacak şekilde olacak. Bunu hak ediyorsunuz, hepiniz. Ve bunu, tam anlamıyla idrak etmenizi hepimiz gönülden istiyoruz ve sizi bu yolda destekliyoruz. Bu sizin doğal halinizdir ve çok güzel, saygın bir şeydir.

Kendinizi fark edin Sevgililer.

Çok sevgilisiniz, bunu unutmayın..."

∞

"Bu aralar kafalarınızın karışması belki de normal, ama lütfen korkuya izin vermeyin. Etrafınızda olanlar, söylenenler ne olursa olsun bizlerin sevgisinin ve desteğinin her zaman sizlerle olduğunu lütfen unutmayın sevgililer."

"İyi yol kat ediyorsunuz. Etrafınıza bakıp, olanlar yüzünden moralinizi bozmayın. Bunlar son çırpınışlardır. Arkası temiz bir kağıt gibi açılacak, merak etmeyin. Bundan emin olabilirsiniz. Kalbinizi temiz bir kağıt gibi tutun ve bu açılış daha da çabuk olacaktır. Bizlerin sevgisinin, ne kadar çok farkına varırsanız, kalbinizin temiz bir kağıt gibi açılması o kadar çabuk olacaktır. Zamanınızı iyi değerlendirin, bu fırsatları kaçırmayın."

∞

"Kendinizin tamamen farkına vardığınızda, bu yaşadıklarınızın sadece bazı anılar olduğunu anlayacaksınız! Ve o zaman, gerçek yaşam yaratınıza başlayacaksınız. Zihninizdeki/kalbinizdeki karaltıları ışığımla temizlememi isteyin benden. Böylece bizleri daha iyi anlayacaksınız. Bizlerle bir olacaksınız. Daha doğrusu, bizlerle bir olduğunuzu fark edeceksiniz."

"Sizleri bekliyoruz. Bir an evvel gelip, bizlerle kalp kalbe durmanızı istiyoruz. Bu zor bir şey değildir. İsteyin... Sevginin ateşi, genel olarak insanları (birbirine) bağlayıcıdır. Bir'liğe götüren yoldur. Sevgiyi hissetmeyen kalp uykudadır."

Işıklı Kalp Baş Melek Uriel

.....

Zihinsel bir baş melek olan Uriel'in rengi çok ışıklı bir sarıdır.

İlahi Zihin

Uriel bize yeni fikirler, sorularımıza cevaplar, buluşlar ve ilhamlar verir, yaratıcılığımızı arttırır. Parlak sarı ışığıyla yolumuzu aydınlatır. Geleceğe dair öngörü kazanmamızı sağlayarak, hangi yöne gideceğimize karar vermemizde yardımcı olur.

Melekler genel olarak bizden çok daha geniş bir perspektife sahiptirler ve çok güçlü bir baş melek olan Uriel, geniş ve ışıklı görüşü sayesinde yolumuzu çizmemizde bize kolaylıkla yardımcı olur.

Meleklerin zamandan bağımsız olmaları da bu geniş perspektife sahip olabilmelerini çok destekleyen bir unsurdur. Çünkü olaylara, dünyamızda işleyen lineer (sebep-sonuç işleyişi) zaman perspektifinden bakmadığınızda, her şeyi dairevi bir planda görebilirsiniz. Bu da çok daha bütüncül bir anlayışı getirecektir.

Entelektüel bir faaliyet yapıyorsanız, işiniz için bir proje üzerinde çalışıyorsanız, önemli bir toplantıya katılacaksanız veya öğrenciyseniz ve bir sınava hazırlanıyorsanız, baş melek Uriel'den size yaratıcı ve yararlı fikirler, çözümler vermesini isteyebilirsiniz.

Bir konu hakkında, aniden gelen anlayışlar ve birdenbire yaşadığımız farkındalıklar, baş melek Uriel'in bize yardım ediyor olduğunun göstergesidir. Daha bile önemlisi onun da yardımıyla ilahi zihinle uyumlu olduğumuzun kanıtıdır...

Önemli: Uriel'den yaratıcılık, ilham gibi konularda yardım istediğinizde, birkaç saniyeliğine kendi düşüncelerinizi susturun. Ve ilahi zihnin, zihninize akmasına izin verin...

Baş melek Uriel, lütfen zamansızlığı anlayabilmem ve ilahi zihne uyumlu düşünceler üretebilmem için bana yardımcı ol.

Barış

Bu kart ilk başta kabul etmesi biraz zor bir kart gibi gözükebilir. Çünkü genellikle düşündüğünüz veya çalıştığınız her neyse pek de muhtemel olmadığını ve değiştirmeniz gerektiğini gösterir. Tekamülünüzde hızlı adımlarla ancak sürekli değişerek ilerleyeceğinizi hatırlayın dostlar!...

Çok ışıklı ve kuvvetli bir enerji olan Uriel, aynı zamanda barış ve dinginlik baş meleğidir. Düşük frekanslı titreşimleri dönüştürür ve acılarımızı ve hayal kırıklıklarımızı "Sevginin ateşi" ile ışıklandırır. Böylece;

acılar hoşgörüye...
öfke anlayışa...
üzüntü mantığa...
hayal kırıklıkları fırsatlara...
anlayışsızlık empatiye...
acelecilik ise sabra dönüşür.

İpucu: "Neden"leri anlayabilmek farkındalık ve huzur getirir. Böylece, bu duyguları ve olayları daha kolay bir şekilde dönüştürebilir ve altlarında yatan Sevgiyi görebilirsiniz...

Baş melek Uriel, lütfen yaşadığım zor durumların en temeldeki nedenlerini anlayabilmeme yardım et.

Aynı zamanda edebiyatla da ilgili bir baş melek olan Uriel, ilahi ilhamlar vererek ve anlayışımızı arttırarak, kozmik farkındalığımızın gelişmesine yardım eder. Parlak ışığıyla egonun duygu ve düşüncelerini aydınlatarak, kendimizi tam ve mükemmel olan gerçek halimizle görmemize yardımcı olur. Barış duyguları ve dinginlik yaratmasının diğer bir yoludur bu - hem içimizde, hem de dışımızda...

Edebiyat, yazarlık ve özellikle de şiir alanında üretkenseniz veya olmayı hedefliyor ve bunun için çalışıyorsanız, baş melek Uriel'den kendinize özgü yaratıcılığınızı açığa çıkarmak konusunda yardım isteyebilirsiniz.

Diğer Uzmanlık Alanları

"Kendinizin tamamen farkına vardığınızda, bu yaşadıklarınızın sadece bazı anılar olduğunu anlayacaksınız!" Zaman kavramının yaşadığımız dünyaya ait olduğunu biliyoruz. Dolayısıyla zaman dünyanın "simülasyon programına" dahil.

Zaman gerçek bir olgu değil... O halde yaşadıklarımız belki bir boyuttan bakıldığında zaten olmuş şeyler. Baş melek Uriel "anı" derken işte bunu kast ediyor. Bir simülasyon programında* amaç programı bir an evvel en iyi dereceyle bitirmektir. O yüzden amaçtan şaşmamak, biraz sonra anlatacağım gibi "gündelik işlerle güç harcamamak" ve tekamül için çalışmak gerekli! Yaşadıklarımız zaten "gerçeklikten" uzaksa niye takılmalı, niye öfkelenmeli, niye üzülmeli veya hırs yapmalı?!...

İşte bunların hepsini "kendimizin tamamen farkına vardığımızda" anlıyor olacağız. O zaman simülasyon programı sis gibi dağılacak. Filmlerde olduğu gibi gerçek zannedip korktuğumuz canavarın aslında bir hologram (3 boyutlu yansıma görüntüsü) olduğunu anlayacağız. Ve hakikat alemlerindeki yaşamlarımız başlayacak!...

Baş melek Uriel, Sevginin ateşiyle içsel çalışmalarımızı sindirebilmemizi ve hayatımıza geçirebilmemizi sağlar. Öğrendiklerimizi uygulayamazsak, inanın çalışmalarımızın hiç bir faydası olmayacaktır! Diğer bir deyişle farkındalıklarımızı, öğrendiklerimizi "topraklamamız" gerekir. Dünyaya indirmemiz gerekir... Karşınıza çıkan insanlarla olan ilişkilerinizi, önemli önemsiz demeden yaşadığınız *her bir* olayı, durumu, derslerinizi uygulamak için birer fırsat olarak görün.

Başarılı bir şekilde içselleştirebildiğiniz çalışmalar başkalarını da olumlu olarak etkileyecek ve motive edecektir.

Sevgili baş melek Uriel, yaşadıklarımdan gerekli dersleri çıkarmama yardımcı ol lütfen...

Işığıyla sizi aydınlatması ve en büyük gizem olan kendinizi tanımanıza yardım etmesi için Uriel'den rehberliğini isteyebilirsiniz.

Baş melek Uriel'in, gücümüzü biriktirmemiz, gündelik işlerle boşuna harcamamamız gerektiğini söylediği mesajın çok önemli olduğunu düşünüyorum. Çünkü enerjime dikkat etmeyişimin sonuçlarını birebir tecrübe ettim! .

Eskiden önüme çıkan her şeyi yapabileceğimi, aynı anda pek çok şey öğrenebileceğimi düşünür, merakımı cezbeden her şeyle uğraşırdım. (Bu çok tipik bir İndigo karakteridir bu arada...).

Sonra sonra enerjinin de sonlu bir şey olduğunu fark etmeye başladım (!). Daha da önemlisi önceliklerimi belirlemezsem başladığım çoğu şeyin yarım kaldığını, onları bir işe yaratamadığımı fark ettim. "Enerji planlamasını" öğrenmek zorunda kaldım. Ve en önemlisi benim için değerli şeylerin aslında bu hayata geliş sebebim olduğunu fark ettim! Bunu anladığımda merak ettiğim veya yapmak istediğim birçok şey de önemini yitirdi...

Gündelik işlerle, diğer bir deyişle *laf olsun* diye yaptıklarımızla veya bizi eğlendirdiğini zannettiğimiz gereksiz ego alışkanlıklarıyla meşgul olduğumuzda, gücümüzü, çok değerli enerjimizi ve vaktimizi harcıyoruz! Böylece kendi kendimizi düşük farkındalık seviyelerine hapsedebiliyoruz. Aşağıdaki deyişi lütfen iyice içselleştirin...

"Biz güneşin çocuklarıyız.
Doğamız parlamaktır."
Toltek deyişi

BAŞ MELEK BARAKİEL

"Kırmızının gücünün sizinle olmasını dileyin. Bunu sessizce, hissederek yapın ve nasıl olabileceğini, sonucunu hiç düşünmeyin. Ben size en uygun kırmızıyı gönderirim ve bu size, hayatınızı kendinize özgü bir şekilde yaratmanız için yardım eder."

∞

"Şans sevgidir; doğaya duyulan sevgi, kozmosa duyulan sevgi, kendinize duyduğunuz sevgi, çocuğunuza duyduğunuz sevgi, kedinize, köpeğinize duyduğunuz sevgi"

"Sizler çok şanslısınız... Ama bunu tam olarak fark edemiyorsunuz. Daha dikkatli olmak ve sorumluluklarınızı bilmek durumundasınız ve böylece başaracaksınız. Bu konuda hiç şüpheniz olmasın; ancak çalışmanız gerekli. Haydi bakalım sevgililer! Sizi seviyoruz ve sizden çok güzel şeyler bekliyoruz. Ve başaracaksınız, çünkü başarmak zorundasınız. Bu işler böyle olur. Bunu anlamalısınız. İnsan olma şansınızı kullanın!"

"Sorumluluk anahtardır sevgili arkadaşlarım. Sizleri kırmızım gibi canlı bir şekilde seviyorum. Bunu unutmayın."

"Zorunluluğu hissedin. Zorunluluğu hissedin."

"Uyanın. Uyanın."

"Üzücü: Hayatlarınızı nasıl harcadığınızı görmeniz gerekli. Hayatlarınızı boşa harcamak için yaratılmadınız. Bir sonraki safhaya geçmeniz gerekli. Ah, sevgili çocuklarım!"

"Üzüntü duymayın. Kendiniz için üzülmeyin. Sadece çalışın. Bunu yapın! Kafanızı toparlayın, işinizi gücünüzü toparlayın ve hep beraber çok başarılı olacağız. Zamanı geldi, canlarım!"

∞

"İçsel doğrunuzu sadece siz, kendiniz bulabilirsiniz. Onu bulmanıza yardım ediyorum."

"Eğer çalışmalarınız esnasında yorgun düşerseniz, maviyle dinlenebilirsiniz. Renklerin ruhları vardır; renklere daha yakın olun ve size öğretirler. Bunun keyfini çıkarın!"

∞

"Korunma, meleklerin size verdiği bir şeydir. İhtiyacınız olduğundan değil; ancak ihtiyacınız olduğunu düşündüğünüzden... Bunu bizden istersiniz ve biz de veririz. Aslında buna ihtiyacınız yoktur. Çünkü kozmos tarafından zaten her zaman korunmaktasınız. Korunma konusunda endişeleriniz olmasın ve kendiniz olmaktan sakın korkmayın! Kalbinizin en derinlerindeki 'siz' olun ve o zaman kozmos gülecek ve mutlu olacak, sevgili çocuklarım."

∞

"Size çocuklarım diyorum; çünkü çocuklar gibi korkuyorsunuz, korunmaya ihtiyacınız olduğunu düşünüyorsunuz. Şu veya bu sebepten başaramayacağınızdan endişeleniyorsunuz. Dünyada çok fazla korku var. Aslında bu çok gereksiz. Endişe sizi hiçbir yere götürmez. Çıkmaz sokak gibidir. Endişelenmeye başladığınızda, aynı yerde dönüp durmaya başlarsınız. Hareket ediyor gibi görünürsünüz, ama bu tam bir kısır döngüdür."

"Gerçek kırmızının ne olduğunu anlamalısınız. Gerçek kırmızı hayat için duyulan tutkudur: Her günü, sanki son gününüzmüş gibi dolu dolu yaşamaktır. Bunu yaparsanız, geriye dönüp bakmanıza ya da geleceğiniz hakkında planlar yapmaya ihtiyaç duymazsınız. Hiç duymazsınız... Kırmızı düşünün, kırmızı

yiyin, kırmızı okuyun ve kırmızıyı anlayın. Kendinizi kırmızının içine gömün, böylece enerjisini anlayacaksınız."

∞

"Sevgili çocuklar, büyüyeceksiniz. Büyümelisiniz... Büyümenizin zamanı geldi... Ve sizi seviyoruz."

Baş Melek Barakiel

.....

Baş Melek Barakiel'in rengi kırmızıdır.

İyi Talih

Barakiel çok enerji doludur; ne var ki enerjisi yorucu veya agresif değildir. Renginin kırmızı olmasının nedeni, çok canlı, yaratıcı ve üretici bir enerjiye sahip olmasıdır.

Canlı enerjisi nedeniyle, her an her yerde olabilir. Sürekli, şimşek misali oradan oraya giderek, çalışıp durur!

Baş Melek Barakiel'in çok kuvvetli bir de ışığı vardır. Kırmızı meleğin kalbinden sarı ışık ışınları çıkar ve bu da onun bilgeliğini ve insanları aydınlatmadaki gücünü temsil eder. Sevginin, kozmostaki tek yönlendirici kuvvet olduğunu biliyoruz/hissediyoruz... Baş Melek Barakiel bizi yönlendirebilir, bize rehberlik edebilir, çünkü bizleri koşulsuz bir sevgiyle sever.

İyi Talih, çıktığı zaman hepimizi en mutlu eden kartlardan... Bunun ilk nedeni tabii ki soruya olumlu bir cevap teşkil ediyor oluşu. Ama bence çok önemli bir nedeni daha var. O da Barakiel'in iyi talihi açıklama şeklinde saklı:

Barakiel bize şansın, iyi talihin ve şanslı olmanın ne anlama geldiğini anlatır. *"İnsan olma şansınızı kullanın"* derken, baş melek Barakiel insan olduğumuz için zaten şanslı olduğumuzu belirtir.

Şans, dışımızdan bir yerlerden gelen, bir takım olaylar sonucunda ve/veya bazı kişiler tarafından bize verilen bir şey değildir. Zaten içimizdedir... Daha doğrusu bizim *mantığımız* ve *vicdanımız* doğrultusunda oluşturabileceğimiz bir durumdur şans...

Demek ki İyi Talih kartını çektiğinizde sadece olumlu bir mesaj almakla kalmıyorsunuz. Yaptığınız seçimlerin de doğru yolda olduğunu anlamış oluyorsunuz. Mantığınızı ve vicdanınızı doğru bir şekilde kullanmışsınız... Tebrikler!

Bilge bir melek olan Barakiel, insan olma şansımızı fark ederek, uygulayabilmemiz için bize bilgelik verir.

İnsan, çok yaratıcı ve çok güçlü bir varlıktır ve işte bu "şans"tır. Yaratıcılık yeteneği, insanlara verilmiş kozmik bir hediyedir diyebiliriz...

Ancak yaratıcı ve güçlü olmamız, diğer canlılardan üstün olduğumuz veya her istediğimizi yapabileceğimiz anlamına tabii ki gelmemektedir. İçinde yaşadığımız bu zevkli kozmik oyunda her varlık, oyunun *eşsiz ve eşit* bir oyuncusudur.

Bunu, takım oyunlarında tüm oyuncuların, takımın başarısı için vazgeçilmez olmasına benzetebiliriz... Bu olgunun farkına varmak ve tabii ki uygulamak iyi talih olarak, hayatımızda kendini gösterir.

Ayrıca, içsel doğrumuza göre hareket ederek kozmosla uyumlu olmakla kozmosun tüm yapıcı özellikleri ve enerjileriyle desteklenmiş oluruz. Böylelikle, iyi talihi hayatımızda yaratırız... Diğer bir deyişle, hayatımızda iyi şans ve iyi talih yaratmak için uğraşmak, çabalamaktan ziyade kozmosun akışına uymak yeterli olur...

Baş melek Barakiel, lütfen bana bilgelik ver. Özümün bilgeliğini açmama yardımcı ol.

"İnsan olma şansımı" yapıcı şekillerde kullanabilmem için detsek ol...

Olasılıklar

Baş melek Barakiel, şimşek ve yıldırımlarla ilgili baş melektir, aynı zamanda. Işığıyla, kalplerimizi ve zihinlerimizi bir şimşek misali aydınlatarak, gerek bireysel, gerek kozmik farkındalığımızı arttırır. İnsan olma sorumluluğunun ne kadar önemli olduğundan bahseden meleklerdendir.

Bilge baş melek Barakiel, mesajlarında bizi biz yapan içsel doğrumuzu sadece kendimizin bulabileceğinden bahsetmektedir. Başka kimse, bunu bizim için yapamaz. Bu süreçte, yol göstericilerimiz ve öğretmenlerimiz olabilir, ancak onlar sadece bir yere kadar yardım edebilirler. İçsel doğrumuzu bulmak için kendi içimize dönmemiz gereklidir. Onu keşfederek potansiyelimizi hayata geçirmek çok önemli bir sorumluluğumuzdur.

Potansiyelinizi tam olarak gerçekleştiremediğinizi düşünüyorsanız, baş melek Barakiel'den, size bilgeliğiyle yol göstermesini, sizi ışığıyla aydınlatmasını isteyebilirsiniz.

Barakiel aynı zamanda espritüel bir baş melektir! Esprili tarzı bizleri aydınlatmada çok etkili bir yöntem olarak kendini gösterir. Zevk aldığımız şeyleri/dersleri çok çabuk öğreniriz. Ayrıca mizah, egonun kalıplarını, kısa süreliğine de olsa kırabilen bir güce sahiptir. Dolayısıyla, olayları daha geniş perspektiften görebilmemize yardımcı olur.

Hiç ağlarken, güldünüz mü?? Cevabınız "Evet"se ilahi komedinin egonun kalıplarını nasıl yıktığını büyük ihtimalle deneyimlemişsiniz demektir...

Olasılıklar kartı belli bir durumda farklı olasılıklar görmeniz gerektiğini haber vermek için sizinle buluşur...

Baş melek Barakiel'den, olayları geniş perspektiften görerek, olasılıklarınızı fark etmenize yardımcı olmasını isteyin.

Bunu yaparken, sizin için en uygun, kolay ve komik yöntemleri kullanmasını da isteyebilirsiniz...

Diğer Uzmanlık Alanları

İçsel doğrunuzu bulmakla ilgili mesajlarını ilettiği esnada Barakiel'in enerjisi, içsel doğrumuzu sadece kendimizin bulabileceğimizi anlatmaya çalıştığından, içe dönük bir karakterdeydi. Başka hiç kimse veya varlık içsel doğrumuzu bizim yerimize bulamaz. Bu süreçte, yol göstericilerimiz ve öğretmenlerimiz olabilir ancak onlar sadece bir yere kadar yardımcı olabilirler.

Ve içsel doğrumuzu bulmak için kendi içimize dönmemiz gereklidir.

Barakiel, kalplerimizi açarak Bir'in tarifi zor sevgisini hissetmemize yardımcı olur. Yanlış duygu ve düşünce kalıplarından bizi arındırarak, kendimiz için olduğu kadar, bu dünya üzerinde olan her varlık ve dünyanın kendisi için de sevgi hissetmemize yardım eder.

Baş melek Barakiel, lütfen Sevgi Bilincinde olmam ve kalmam için yardım et.

Baş melek Barakiel Kozmos tarafından her zaman korunduğumuzu söylemektedir. Sevgiyle destekleme ve güven kozmosun karakteristiklerindendir.

"Kırmızı düşünün, kırmızı yiyin, kırmızı okuyun ve kırmızıyı anlayın." Kırmızı rengin enerjisini anlayabilmemiz için bahsedilen bu faaliyetleri, "renk meditasyonları" olarak yapabileceğimiz gibi, bizzat uygulama yoluyla da yapabiliriz.

Örneğin, kırmızı yemek demek, kırmızı renkli sebzeler ve meyveler yemek olabilir. Kırmızı okuyun derken, bu renge bakmamız ve enerjisini hissetmeye çalışmamız tavsiye ediliyor. Bu uygulamalarda, "*Renk Terapisi Teknikleri*" bölümünde anlatılan yöntemleri kullanabilirsiniz. Kırmızının enerjisini tanıyarak, baş melek Barakiel'in fark etmemizi istediği gibi, hayat için duyulan tutkunun, nasıl bir şey olduğunu daha iyi anlayabiliriz.

Bu şekilde "*Renklerin ruhları vardır*" cümlesini de daha iyi anlayabilirsiniz sanıyorum... Bu nokta benim için çok önemli. Çünkü renkler frekans taşıyıcıları olarak çok değerli bilgilere sahiptirler. Nasıl mı?

Kozmos sonsuz çeşitlilikteki frekanslardan oluşmuş bir bütünlük. Her frekansın da bir rengi ve sesi olduğuna göre renkler ve sesler bizim frekansları anlayabilmemizde çok değerli araçlar... Her bir renk, ait olduğu frekansın *temsilcisidir.* O frekanstaki, belli bir bilgiyi içerir aslında. Bunu "o renk" olarak ifade eder. Ve siz o renge konsantre olduğunuzda o frekansa ait bilgiyi alabilirsiniz!

Renkler bu yüzden şifada ve bütüncül terapilerde insanlık tarihi boyunca hep kullanılmıştır. Psikolojik araştırmalarda da renk testleri çok doğru sonuçlar verdiğinden sıkça danışılır. (Son kitabımda bahsettiğim "Ötesine Geçmek" tekniğinde, farklı boyutlardan bilgi almak için renkleri kullanmanızı önermem de bu sebeptendir).

Renklerle çalışmak aynı zamanda çok da zevklidir. Renksiz bir hayat düşünebiliyor musunuz??... Sadece gözler değil, bütün beden renklerin enerjisini algılar. Bu yüzden gözleri görmeyen insanlar bile resim yapabiliyor ve bizi hayretler içinde bırakabiliyor!

Not: Kozmosun sonsuzluğunda duyamadığımız sesler ve göremediğimiz renkler de mevcut. Bilgiye açıldıkça ve beynimiz farklı frekansları işleyebilecek kapasiteye geldikçe, farklı farklı renkleri ve sesleri de algılayabiliyor olacağız! Nasıl heyecan verici bir maceradır bu!...

Renkler, melekleri algılayabilmemizde de bize çok yardımcı. Eğitimlerimizde melekleri algılamak için yaptığımız renkli çizimler herkesin çok zevk aldığı bir yöntem. Ve işe yarıyor! Sevgili Elaine'in şimdi paylaşacağım meleklerle ilgili tecrübelerinden biri de renklerin gücüne bir başka örnek...

"Meleklerle yaşadığım en dramatik deneyim Barakiel ile oldu. Bir gece, uyumadan önce nefes çalıştım ve Sevgi ve ışık alırken, karanlık ve negatif duyguları da dışarı verdim. Allah'a hayatımla ilgili yardımcı olmak üzere meleklerini bana göndermesi için dua ettim. Ertesi sabah güçlü bir sesin ismimi söylemesiyle birden uyandım! Yatak odamın yanındaki banyonun sanki tamamen kırmızı grafon kağıdıyla kaplanmış gibi kıpkırmızı olduğunu ve ışıl ışıl parladığını gördüm. Barakiel'in mesajı şöyleydi: 'Her zaman kendin için daha mutlu bir hayat yaratman mümkündür. Sana birçok değişik yolla yardım ediyorum...' Çok mutlu olmuş ve kendimi harika hissetmiştim!"

KÜP

BİRLİK TEK VAR OLUŞ ŞEKLİDİR

BAŞ MELEK CEBRAİL

"Gönderdiğim sevgiyi içinize çekin, derin derin...

Bu Dünya Ana'nın size duyduğu, her gün, her an size gönderdiği sevgisiyle aynıdır. Bunun kıymetini bilmelisiniz, her gün hatırlamalısınız. Henüz bunu yapmıyorsunuz...

Her gün, üstüne bastığınız toprağın sıcak sevgisini hissetmeye çalışın. Onun kıymetini ancak böyle anlayacaksınız!

Kışa girdiğiniz bu dönemlerde, onun sevgisi size daha çok destek olacaktır. Derin ve en güvenilir bir şekilde desteklendiğinizi hissedebilirsiniz bu sayede.

Toprağın ılık sevgisi, annenizin sevgisini hatırlatır. Yuvanızın kıymetini bilin...

Ona kızmayın bu olanlar (doğal afetler) yüzünden.

Elinize bir avuç toprak aldığınızda hissettiklerinize bakın...

Dünya Ana için hissettiğiniz, duyduğunuz sevgi sizi aynı zamanda "topraklayacaktır." Bu, içinde bulunduğunuz dönemde pek çok açıdan önemli...

Ayaklarınızı yere sağlam basın! Desteği hissedin.

Onun sevgisine karşılık versin sevginiz; kalbinizden onun kalbine ılık bir yol gibi, su gibi aksın...

Bu kalpler buluşmasını kutlayın sevgili dostlar!..."

∞

"İstediğiniz her şeyi yaratabilirsiniz. Yaratma yeteneğiniz parlak turuncu bir çiçektir. O bir armağandır. Fanteziler yaratarak onu boşa harcamayın."

"Gücünüzün farkına varın. Uzun zamandır size bunu anlatmak için uğraşıyorum. Gücünüz basit bir şey değildir. Her olasılığı gerçek kılma kapasitesi vardır."

"Sizleri sıcak, şefkatli ışığımla sarıyorum. Onu hissetmeye çalışın! Kalbinizde bir sıcaklık/ılıklık, sevgi, hoşluk ve mutluluk hissederseniz, sizinle olduğumu anlayabilirsiniz. Tam oracıkta olduğumu hissedin. Beraber, kalplerimizdeki sonsuz sevginin keyfini çıkarabiliriz... Eğer her zaman sizinle olmamı, sizinle kalmamı isterseniz, bundan ötürü mutlu olurum. Çünkü yüreğimde sevgiden başka hiçbir şey yoktur. Hislerinizi açmanız önemlidir. Bizleri ancak öyle algılayabilirsiniz. Hislerinizi açmam için benden yardım etmemi isteyin. Bunu seve seve yaparım. Sizleri çok seviyorum. Tanrı'ya emanet olun. Tanrı'da olun."

∞

"Merhamet ve şefkat benim özelliklerimdendir. Şefkatli olun. Bu kolaydır. Şefkatli olabilmeniz için benden yardım isteyin. Kalbinize rahatlık getirebilirim. Rahatlık yani rahat ve huzurlu bir kalp, hiçbir şey yapmamak değildir. Diğer kişinin bakış açısını anlamak demektir. Bunun için kişi rahat olmalıdır. Başkalarını ancak kalp huzuruyla anlayabilirsiniz. Kendi dertlerinize, tasalarınıza takılı kalırsanız, bir başkasını düşünemezsiniz. Onunla empati kuramazsınız."

∞

"Toprağı elinize alın ve onun size duyduğu şefkati hissedin. Sizi ne kadar seviyor, görüyor musunuz? Toprak benim kardeşlerimdendir ve ona çok yakından bağlıyım. Toprakla haşır neşir

olmak, benimle haşır neşir olmak demektir. Toprağın çiçekleri, size benden mesajlar taşır. Çiçekleri elinize aldığınızda ve kokularını duyduğunuzda, içiniz sevgi ve şefkatle dolduğunda, beni düşünün. Benimle, o zaman daha yakın olabilirsiniz. Daha yakından temasa geçebiliriz. Benimle konuşmak istediğinizde, yanınızda çiçekler varsa, enerjiniz yükselir ve konuşmak hem daha kolay, hem de daha zevkli olur."

"Her çiçeği çok severim, özellikle benim rengimdekileri. Hepsi kalbimi daha da açar ve beni sizlere yakınlaştırır. Çünkü sizler de dünyanın diğer çiçeklerisiniz. Çiçekler gibi hür ve kendinize özgü, biricik olarak açın! Kendi özelliklerinize göre 'olun!' Ve sizi çok seviyorum, seviyoruz..."

"Kendi renklerinizi bulun ve bunlardan hiçbir zaman ödün vermeyin. Siz, kendi, asıl halinizde çok değerlisiniz. Bunu unutmayın! Kendinizin olmayan bir takım özellikleri, başkaları için üzerinize almayın. Bu kalbinizi kırar. Kalbinizi kırmayın... Kalbiniz her kırıldığında, dünyada bir çiçek ölür ve bu üzücü bir şeydir."

"Çiçeklerinizin kalbinizdeki kıymetini bilin ve onları yüceltin. Ve hep beraber yüceleceksiniz. Böyle olunca; her bir insan kendi olunca, çok seveceksiniz ve hayattan çok zevk alacaksınız. Ve zaten aslında olan bu, ancak bazılarınızın henüz gözleri kapalı. Onları açalım; çiçeklerle... Onlar da çiçekler gibi açılmalılar. Bunu hak ediyorlar. Herkes eder. İstisnası yoktur. İstisnası olduğunu düşünenleriniz varsa çok ama çok yanılırlar. Bunun tek sebebi korkudur. Başkasını, kendiniz kadar, hatta daha bile çok sevemiyorsanız bunun tek sebebi korkudur!..."

"Korkmayın çocuklarım, bu gereksiz bir duygudur. Evrende korku yoktur. Bunu sakın unutmayın ve o yüzden içiniz çok ama çok rahat olsun. Olmayan bir şey sizi nasıl rahatsız edebilir!... Bu duygu sadece kafanızdadır. Başka hiçbir yerde yoktur. Hiçbir yerde yoktur. Bunu sakın unutmayın! Bu çok ama çok önemli bir bilgidir. Ve bunu anladığınız an, çok şanslısınız. Bunu anladığınız an, çok yol kat ettiniz."

∞

"Bebekler ve melekler aynı şeydir! Çocuklarınızdan öğrenin. Onlar yetişkinlerden daha bilgeler. Onları daha iyi anlayabilmek için enerjilerine uyumlu olmanız, akort olmanız gerekir."

∞

"Size sıcaklık vermesi için daha fazla turuncuya ihtiyacınız var. Hepiniz genellikle korku dolu olduğunuz için, bazen üşüyorsunuz. Fark etmeseniz bile içiniz üşür! Benim turuncumsu bakırıma sığının ve emin olun ki sizi seviyor. Onun sevgisiyle ısınacaksınız/ışıyacaksınız ve sarıldığınızı hissedeceksiniz. Kalplerinizi benim turuncumla iyileştirin. Ve sizi sevdiğinden emin olun..."

"Sizleri çok seviyoruz. Ve sizler de bizi çok seviyorsunuz. Nasıl sevmeyesiniz; çünkü zaten aynıyız. Farkında olmasanız bile bu böyle. Ve bizleri çok seviyorsunuz..."

"Kozmostaki sevgi, çok büyük öneminden dolayı hepimizin farkına varmamız ve bilincinde olmamız gereken bir şeydir. Her şey sevgidir ve başka hiçbir şey değildir. Bu evren sevgi üzerine kurulmuş bir oyun bahçesidir. Sevin ve oynayın. Severek oynayın..."

∞

"2011 sadece bir kapı değildir. O bir geçiş dönemidir. Geçiş döneminin başlangıcıdır. Şu anda uzun bir geçiş döneminde bulunmaktasınız. Bu dönem bazılarınızın zorlu, bazılarınızın da giderek mutlu ve tatminkar yaşayacağı bir dönemdir. Bu dönem yeryüzü üzerindeki Cennet veya Cehennemdir. Cenneti yaşamak hepinizin ve hepimizin arzusudur -sizler için.. Ancak cehennem sizler için çok negatif bir anlam taşımaktadır ki, bugün bunun üzerinde konuşacağız. Çünkü neyi negatif olarak yargılarsanız onun tuzağına kapılacağınızı biliyorsunuz..."

"Tuzaklar sizler için sevgili dostlar. Çocukken oyun oynarken düştüğünüzde, 'Aman Tanrım, çok kötü bir şey yaptım!' diye korkuyor muydunuz?

Olsa olsa canınız acıyordu.

Ve sonra ayağa kalkıyordunuz. Unutmayın, Cehennem korkusu, onu getirecektir. Bu her çeşit korku için geçerlidir."

"Kalplerinizden korkuyu atın diyoruz. Ve siz de "Nasıl yapacağız?..." diyorsunuz! Sizi anlıyoruz.

Ancak siz de bizi anlamalısınız! Şimdiye kadar alışık olduğunuz kalıplardan daha geniş düşünmeye başlamalısınız.

Bu genişlik ki size Cenneti getirecektir. Cennetin enerjisi yanı başınızdadır. Sadece ona ayarlanmanız gereklidir.

Bunun için sizlere yardım ediyoruz. Bizim desteğimizi isteyin ve el ele Cennetin kırlarında yürüyeceğimiz zamanlar çok yakındadır. Hatta şimdi, buradadır. Sadece onu sizlerin Dünya zamanında gerçekleştirmeniz için biraz plan ve boyut aşaması gerekmektedir.

Her zaman sizlerle olan "sevgili kalp"

Baş Melek Cebrail

.....

Baş melek Cebrail sıcacık bir bakır rengindedir.

Sevgi

Sevgi en büyük, hatta tek şifacıdır. Baş melek Cebrail'in Sevgiden ne kadar çok bahsettiğini önceki paragraflarda okudunuz... Bütün melekler bizi severler ama bu konuya en çok vurgu yapan baş melek Cebrail'dir. Eğer benim tabirimle bir "hayat oyununa" iştirak ediyorsak, zevk almamız gerekmez mi? Ve bu da ancak *"severek oynayınca"* mümkündür...

Baş melek Cebrail etrafımızda gördüğümüz her şeyin; bu dünyadaki *her şeyin* sevgi temelli olduğunu her zaman hatırlamamızı ister. Cebrail, insanlar için duyduğu büyük sevgiyi bize her zaman hissettirir. Onun sıcak, tatlı bakır rengini düşündüğümüz zaman bile, onun bizlere duyduğu bu büyük sevgiyi duyumsayabiliriz.

Baş melek Cebrail, lütfen Bir'in sevgisini hissetmeme yardımcı ol, kalbimi bu sevgiyle doldurmamı destekle.

"Kalplerinizi benim turuncumla iyileştirin" Bu meleğin turuncumsu bakır rengiyle, *"Renk Terapisi Teknikleri"* bölümünde anlatılan teknikleri kullanarak çalışabilirsiniz. Özellikle de renk meditasyonları ve renk soluma tekniklerine yoğunlaşmanızı öneririm...

Şimdi size her hatırladığımda içimi huşu ile dolduran bir anımdan bahsetmek istiyorum. Melekler gerek gördüklerinde, insan kılığında da bizlerle irtibat kurabiliyorlar. Bunu genellikle acil durumlarda veya ölüm-kalım meselelerinde yaparlar.

Seneler önce İtalya'ya müzik eğitimi almaya gitmiştim. Yeni bir dil, yeni bir çevre, yeni ve oldukça zor bir okul ve tipik öğrencilik hayatı derken, çok sıkıntılı günler geçiriyordum. Bir sabah, yorgun ve mutsuz bir şekilde okuldan dönüyordum. Sokağın bomboş olduğunu hatırlıyorum… "On karış surat" önüme bakarak yürürken, bir sesin bana "Bugün muhteşem bir gün geçirmenizi dilerim!..." dediğini duydum. Kafamı kaldırıp baktığımda minyon, siyahî bir erkek gördüm.

İtalya'da insanlar, ülkemizdeki gibi, sokakta yürürken birbirlerine selam vermezler -meydanlarda kızlara laf atan delikanlılar haricinde! O yüzden, bırakın birinin sokakta benimle konuşmasını, bu kişi kuvvetli bir sesle, çok güzel bir dilekte bulunuyordu. Adeta beni ürkütmek istemezmiş gibi bana bakmıyordu bile. Sadece başını hafifçe bana doğru çevirmişti ama yüzünde kocaman, çok sevecen bir gülümseme vardı. Öyle ki, sıkıntılı düşüncelerimin sarmalından bir anlığına kurtulup, gülümsemeyi becerdim ve ona teşekkür ettim. Bu güzel olay sayesinde rahatlamış hissettim kendimi. Tabii bir o kadar da şaşırmıştım. Hatta dönüp arkama bakmak istedim; nedense bir türlü yapamadım…

İşin bana ilginç gelen bir başka yönü, üzerinden 14-15 sene geçmesine rağmen bu basit gibi görünen olayı hiçbir zaman unutmamam. Bugün bile, o adamı bir yerlerde görsem tanıyacağıma eminim… Ne zaman bu olayı hatırlasam içim şefkatle dolar. Uzunca bir süre, "Ne kadar iyi bir insanmış…" diye düşündüm bu kişi için. Ne var ki meleklerle ilgili çalışmalarıma başladığımda, bu adamın beni o gün olumsuz düşüncelerimin girdabından kurtarmaya gelmiş bir melek olduğunu kesin bir şeklide hissettim... O zamanlar, farkındalık düzeyim düşük olduğundan, bu melek bana insan olarak görünme gerekliliğini hissetmişti. Çünkü başka türlü onu büyük ihtimalle algılayamayacaktım...

Benzer bir başka çok ilginç örneği sevgili dost *Halil Bey* de yaşamış… Çocukken dedesini kaybetmiş. Dedesi vefat ettikten birkaç gün sonra, mezarı kaplayan pembe bir ışıkla birlikte mezarına nur indiğini görmüş… Ve o gün kendine şu soruyu sormuş: *"Dedem acaba böyle bir şeyi hak etmek için ne yaptı?"* Ve bu soruyu öyle merak etmiş ki, bir gün öğrenmeyi kafasına koymuş…

Düşünmüş taşınmış, işin içinden çıkamamış. Bir iki aile büyüğüne sorar gibi olmuş ama onlar da bir cevap verememişler. Zaten olayı, psikolojisi bozuldu zannederler diye herkese de anlatamamış (!).

Gel zaman git zaman… Seneler sonra dedesinin mezarının yanında bir başka mezar açılırken, bir şekilde dedesinin na'şı ortaya çıkmış. Bakmışlar ki kefeni hiç bozulmamış, hala sapasağlam! Bunun üzerine beraber geldikleri hoca, Halil Bey daha hiçbir şey anlatmadan, çocukken vardığı kanaati onaylamış!: "Dedenizin mezarına nur inmiş." Bunun üzerine Halil Bey hocaya senelerdir kafasını meşgul eden soruyu sorma fırsatını bulmuş. Hoca da işlerini bitirdikten sonra bir çay içmeyi teklif etmiş kendisine...

Edirne'de geçen olayda, en yakında olan zanaatkarlara ait bir çarşıya gidilmiş. Çarşının ikinci katındaki bir çay ocağına oturup çaylarını içmişler. Ve Halil Hocanın –evet, *tesadüfe* bakın ki hocanın da adı Halil'miş!!- yorumu şu olmuş: *"Hayatında öyle bir şey yaparsın ki Cenneti hak edersin. Ve öyle bir şey yaparsın ki Cehennemi hak edersin..."*

Halil Bey ayrılırlarken hocayla tekrar görüşmek, sohbet etmek için izin istemiş. *"Tabii..."* demiş Halil Hoca. *"Beni burada herkes tanır, çok rahat bulursunuz."* Yine de işi garantiye almak istediği için telefon numarasını da almış Halil Bey ve ayrılmışlar.

Bir süre sonra Halil Bey hocayı aramak istemiş ama ulaşamamış. Telefon şirketinden böyle bir numara kullanılmadığı mesajını almış defalarca... Yılmamış şirketin genel merkezine gitmiş. Orada söylenen böyle bir numaranın şirket kayıtlarına hiçbir zaman girmediği olmuş. Bunun üzerine Halil Bey çay içtikleri yere gidip sormaya karar vermiş. Aramış taramış, öyle bir çay ocağı yok. İkinci kattaki dükkanların hepsi ardiye ve depo... Esnafa sormuş onlar da bilmiyor. Hatta bir tanesi demiş ki "30 senedir burada çalışıyorum, bir çay ocağına hiç rastlamadım..."

Bu sefer aklına gelen her yerde soruşturmaya başlamış ama ne çarşıda, ne de Edirne'de hocayı tanıyan tek bir kimse bulamamış!... Günler geçtikçe, Halil Bey, Halil Hoca'nın aklını hep kurcalamış olan sorusuna cevap vermek üzere onunla buluşmuş bir görevli olduğuna kanaat getirmiş...

Halil Bey anısını şöyle bitiriyor. "Cevabını almamızın bizim için yararlı olacağı soruların cevabı bir gün muhakkak bize gelir..."

Baş melek Cebrail'in mesajlarında topraktan bahsettiği dikkatinizi çekmiştir... Toprağa, yani dünyaya olan Sevgisini hissetmeye çalışın siz de lütfen. Çünkü bu şekilde çok iyi topraklanacağınızı söylüyor meleğiniz.

Ve "Yükseliş" için topraklanma şart... Çünkü ancak *dünyanın enerjisinin desteğiyle* kundalininizi yükseltebilirsiniz -ki yükselişin bir anlmı da kundalininin yükselmesidir. O yüzden topraklı kalmaya her zaman özen gösterin.

Bu aynı zamanda sizin "akıllı ve mantıklı" olabilmenizi de sağlayacaktır.

"Bir parça toprağı elinize alın" ve onun size olan Sevgisini fark edin.

Bunu bir meditasyon çalışması olarak yapabilirsiniz ve çok da fayda sağlarsınız... Sevgi'li çalışmalar...

Eşitiz!

İçsel gücünüzün ne kadar büyük bir oluşturma kapasitesi olduğunu daha önce de duydunuz. Bunu biliyorsunuz artık... Ama doğru bir şekilde uygulayabiliyor musunuz? Lütfen bunu dürüst bir şekilde kendinize sorun...

Bu doğrultuda geçmeniz gereken ilk basamak *güven.* Neye mi? Önce Kozmos'a.

Kozmosa her ne oluyorsa olsun hayırlı olduğunu bilecek kadar güvenebiliyor musunuz?

Daha da önemlisi, her kararınızı onun eline bırakacak güveniyor musunuz?

Sonraysa kendinize güveneceksiniz. Güveni burada, tamamen "Kozmosa akortlu olarak gücünüzü kullanabilmeye olan güven" olarak kullanıyorum.

Bu noktada en yücesinden, en acemisine her varlığın, eşit değerde olduğunu da fark edeceksiniz.

"İnsan olmanın gücü", insanlara herhangi bir üstünlük payesi vermemektedir. Bu dünya üzerinde yaşayan her varlık tek/eşsiz ve değer olarak birbirine eşittir.

Diğer canlılardan üstün olduğumuzu düşünmek, *gücümüzü harekete geçirmek değil, "güç kullanmak" olacaktır.*

Çok güçlü bir baş melek olan Cebrail, büyük bir gerçekleştirme gücüne sahip olan bizlere, çok güçlü varlıklar olduğumuzu bir kez daha hatırlatır. Sahip olduğumuz bu değerli armağanı Cebrail'in sözleriyle "fanteziler yaratarak boşa harcamak" büyük bir kayıp olacaktır. Bizler, sevgi odaklı yaratıları hayata geçirmek için buradayız... Ve Sevgi odaklı yaratıları hayata geçirmede Kozmosla ortaklaşa çalışmak en yapıcı, kolay ve zevkli yöntemdir.

Eğer Kozmosla tam olarak akort halinde olamadığınızı hissediyorsanız dileklerinizi "**Hem benim, hem de evren için iyi olacak şekilde gerçekleşsin**" diyerek dileyin.

Kendinizi güçsüz mü hissediyorsunuz? Olaylarla başa çıkamadığınızı mı düşünüyorsunuz? Problemlerden, daha doğrusu "problem" olarak gördüğünüz olaylardan ötürü dağıldınız mı? Baş melek Cebrail'den, size gücünüzü hatırlatmasını isteyin.

Diğer Uzmanlık Alanları

Baş melek Cebrail mesajlarının en sonunda okuduğunuz mesajını 2011 senesi için vermişti. Ancak ben yine de dahil etmek istedim çünkü içinden geçmekte olduğumuz süreç hakkındaki bilgisi hala güncelliğini koruyor. Açıkçası bu mesajı dahil ettiğim için mutlu mu olayım, yoksa üzüleyim mi pek bilemedim dostlar. Çünkü hala tarif ettiği zorlukları yaşıyoruz, onları bitirememişiz demek ki hala!...

Yine de çok güzel bir mesaj ve üzerinde düşünmeyi kesinlikle hak ediyor...

Bir kere korkuların ne kadar "zihinsel" olduğuna ve dolayısıyla sadece düşüncede olduklarına dikkatimizi bir kez daha çekiyor. En çok sevdiğim kısımlardan biri de "Cennetin enerjisinin yanı başımızda" oluşu. Zaten *Yükseldiğinizi, zaten ol'duğunuzu, zaten şifalandığınızı, zaten vardığınızı* hatırlatıyor!

Hep öyleydiniz.

Hiç kaybolmadınız -aslında...

Ama zaman denilen illüzyon gözlerimizi bağlıyorken bunu unutuyoruz işte!

"Geçiş" olarak nitelendirdiğim 5. Boyutu ise belki çoktan bitirdik, ne dersiniz?... En azından buna niyet edelim bence (!).

"Ben aslında Şebnem planıyım / düzlemiyim.

Farklı boyutlarda da olabilen bir plan...

Tek değilim. Bir alanım.

O yüzden bir yerden de "geçemem..."

Zaten her yerdeyim.

Baş melek Cebrail'in mesajlarında çiçekleri kullanması hep çok hoşuma gitmiştir... Çiçeklerle, özellikle de güllerle haşır neşir olduğunuzda, onları kokladığınızda bilin ki baş melek Cebrail'in frekansındasınız, *Sevgi Bilinci*nin frekansındasınız!

Cebrail, haberleşme ve iletişim baş meleğidir.

Gerek Bir'le ve kozmosun sevgi dolu enerjileriyle, gerekse diğer insanlarla kolay ve sağlıklı iletişim kurmamızı sağlar. Meleklere bir soru sorduğumuzda, bize en sıklıkla cevap verenlerdendir. İletişim kabiliyetimizi iyileştirerek, düşüncelerimizi ve duygularımızı net ve yapıcı bir şekilde karşı tarafa iletmemiz için yardım eder. Etkili ve yapıcı iletişim kurmanız gereken bir durumdaysanız veya bunu gerektiren bir meslek sahibiyseniz (ebeveyn, öğretmen, psikoterapist, yazar, rehber, lider, CEO vb.) baş melek Cebrail'den yardımını isteyebilirsiniz.

Baş melek Cebrail, aynı zamanda gördüğünüz rüyaları doğru bir şekilde yorumlayabilmenizi sağlar.

Rüyalar önemlidir; bu şekilde irtibata geçer, farklı boyutların bilgisini alırsınız. Rüyalar mesaj alma, problemli konuları bilince taşıma, bilinçaltını temizleme, evrenden, meleklerden öğrenme, şifa alma/verme gibi pek çok konuda yardımcımızdırlar. Dolayısıyla her çeşit rüyanın doğru bir şekilde yorumlanması önemlidir.

Hem sadece insanlar değil, *tüm canlı madde* rüya görür. İlginç değil mi?...

Küçükken okuduğum bir kitaptaki hikayeyi hala hatırlıyorum: Bir limandaki tahta parçası artık yaşlanmıştır... Neden orada olduğunu hatırlayamaz ve çok merak eder. Ve bunun rüyalarını görmeye başlar. Yavaş yavaş hafızasının sisi aydınlanır ve bir zamanlar bir tekne olduğunu hatırlar. Tekne eskiyip artık iş göremez hale gelince sahibi tekneden kalan tahtaları diğer sağlam tekneleri bağlamak için kullanmaya başlamıştır... İşte size bir tahta parçasından geçmiş yaşam şifası (!)...

Efsaneleri, mitolojiyi, peri masallarını seviyorsanız belki de o boyutlara dair bir bilgiye sahipsiniz... Bir bilgi hayal edilebiliyorsa gerçek olup olmadığına kim karar verebilir... Ne de olsa zaten bir hayal dünyasında yaşıyoruz. İster *illüzyon* deyin, ister *rüya (maya)*, ister *simülasyon...*

Baş melek Cebrail lütfen rüyalarımı hatırlamama ve onları doğru şekillerde yorumlamama yardım et. Teşekkür ederim...

Cebrail, anne ve çocuklara yardım eder ve onları gözetir. Çocuk sahibi olmak isteyenlere yol gösterir. Ayrıca, yardımını istediğimiz takdirde, evlat edinme konularında da, sürecin uyumlu bir şekilde ilerlemesini sağlayacaktır.

Cebrail, İçsel Çocuğumuza da yardım eder. İçimizdeki çocuğu beslememek, neşemizi, yaratıcılığımızı, hayata karşı olan tutkumuzu ve heyecanımızı kaybetmek gibi ağır sonuçlar doğurabilir. Burada "içimizdeki çocuk" kavramıyla, meraklı, "oyunu" başka bir deyişle hayatın "hafifliğini" fark edebilen, yaptıklarından zevk alan ve esnek olabilen tarafımız kast edilmektedir. (Youtube kanalımda İçsel

Çocuk Meditasyonlarını bulabilirsiniz).

En son ne zaman oyun oynadınız, sırf zevk olsun diye bir şeyler yaptınız, sadece kendinize zaman ayırdınız?!...

Baş melek Cebrail'den, içinizdeki çocuğu fark etmeniz ve onu canlandırmanız için yardım etmesini isteyebilirsiniz.

"Işık Çağı Çocukları" kitabında Cebrail'in çocuklarla ilgili verdiği bilgiden yararlanmıştım: *"Bebekler ve melekler aynı şeydir! Çocuklarınızdan öğrenin. Onlar yetişkinlerden daha bilgeler. Onları daha iyi anlayabilmek için enerjilerine uyumlu olmanız, akort olmanız gerekir."*

Gerçekten de yeni çocuklar her alanda bizden çok daha fazla bilgiye sahipler. Enerji dünyasına da bizden çok daha yakınlar. Aslında sizler de öyleydiniz çocukken. Meleklerle oynuyor, sezgilerinizi kullanarak mesajlar alıyordunuz. Ama ortak kabule uyup veya uydurulup sezgilerinizi kapattınız!...

O kadar çok danışanım *"Ben de küçükken hissederdim böyle şeyleri ama sonradan kapattım"* tarzında yorumlarda bulunuyor ki size anlatamam... Çoğu kişi ya korktuğundan, ya anne babası istemediğinden, ya da çok fazla hissetmekten yorulduğu için kendini kapatıyor.

- Korkuyorsan **bilgi azlığın** var demektir. Öğren, bilgilen! İlgi alanlarının dışındakiler de dahil olmak üzere…
- Anne babalar, lütfen çocuğunuzu sezgileriyle ilgili korkutmayın (!!). Çocuğunuzu seviyorsanız bunu yapmayın. Çünkü böylece pek çok şeyin yanında, çocuğunuzun savunma mekanizmasına da zarar veriyorsunuz.

Sezgiler pusulamızdır.

Çocuğunuz kendisine zarar verebilecek durum veya kişilerden sezgileri yoluyla kendini koruyabilir.

Önemli kararlarını sezgilerini kullanarak doğru bir şekilde alabilir.

Kendisi için neyin doğru, neyin yanlış olduğunu böylece fark edip hayatını yönlendirebilir.

- Sizi yoran sezgileriniz değildir dostlar; onları *yönetemeyişinizdir.* Eğer size aslında ihtiyacınız olmayan bilgiler veriyorsa veya olur olmaz yerlerde düşünce sisteminizi durduruyorsa sezgilerinize hakim değilsiniz demektir. Ne zaman, ne kadar bilgi almak istediğinizi belirleyen siz olmalısınız.

Sezgilerinizi siz yönetin, sezgiler sizi yönetmesin…

Neyse ki çoğunuz sonradan sezgilerinin ne kadar gerekli olduğunu fark edip tekrar onları canlandırmaya çalışıyor… Ama hiç kapatmamış olduğunuzu düşünün. Maddi manevi pek çok kayıptan kurtulurdunuz!

İşte şimdi –madem bu satırları okuyorsunuz- yeni çocukları sizin yaşadığınız kayıpları yaşamamaları için desteklemek gibi bir sorumluluğuz olabilir belki de! Ne dersiniz?...

Benim yüksek frekanslarından ötürü *Işık Çağı Çocukları* adını verdiğim yeni kuşaklar hepimizden çok ama çok farklılar. Onların getirdikleri bilgiyi ve Sevgiyi hayata geçirmemiz bizim kurtuluşumuz! Bunu şimdiye kadar yapabilmiş olsaydık çok daha güzel hayatları şu anda yaşıyor olurduk diye düşünüyorum. O yüzden yeni kuşaklarla çalışan insanların hepsine büyük saygım var. Mümkün olduğu kadar çok danışanın, eğitimcinin, anne baba veya akrabanın ve ilgilinin yeni çocuklar hakkında bilinçlenmesinin hayati olduğuna inanıyorum!... (Işık çağı çocukları hakkındaki makalelere *sebnemozkan.com* adresinden ulaşabilirsiniz.)

BAŞ MELEK METATRON

"Deniz ferahlık verir. Denizlerinizi koruyun. Eğer her ülke, etrafındaki denizi korursa, bu denizlerin korunması için yeterli olacaktır. Denizleri ülkelerarası ulaşım için kullanın. Uçaklar havayı kirletiyorlar. Gelecekte, deniz ulaşımı daha önemli hale gelecek. Deniz ulaşımı daha hızlı, daha ekonomik olacak ve bu yüzden daha çok tercih edilir hale gelecek."

∞

"Çok karmaşık bir enerji var şu anda dünyada. Bunun çözülmesi için çalışıyorum. Bana yardım edin. Bunu niyetlerinizi saflaştırarak yapabilirsiniz. İşleri karmaşıklaştırmayın. Sade bir şekilde düşünmeyi öğrenmeniz gerek."

"Bir şeye karar verdiğinizde, o yönde gidin. Doğru olmayan yolu seçmiş olsanız bile, biz işlerinizin yolunda gitmesine ve doğru yolu/yönü bulmanıza yardım ederiz.

Ama bir gün burada, bir gün orada olursanız, biz size nasıl yol göstereceğimizi anlamıyoruz. Hatalarınız olsa bile biraz istikrar gerekli. Bu içsel çalışmalarınız için de geçerli. Bir gün bir yöntem, diğer gün başka yöntem size yardımcı olmaz. Bir yöntemin içsel gücünü anlamalısınız önce. Ki o yöntem vasıtasıyla sizinle kontak kurabilelim.

Hiçbir yerde derinlik yok. Bu bugünün insanlarının en büyük problemi. Anlamak için derinlik gereklidir."

"Benim rengimde deniz köpüğünün altında mor vardır. Yukarıda hareketli gözüken şey, altta dingin ve anlaşılırdır. Hareket isterseniz hareket, dinginlik isterseniz dinginlik olması gibi. Siz de rengimden örnek alın. Bu, hareketsiz kalın demek değildir. Ama hareketin bir anlamı, içsel gücü ve içeriği olmalıdır. Yoksa sizi hiçbir yere götürmez. Hareket edersiniz, ama aslında yerinizde sayıyorsunuzdur. Anladınız mı? Bunu iyice anlayın ve işlerinize öyle başlayın. Ne kadar çabuk istediğiniz yere vardığınızı

görüp şaşıracaksınız. Ama aslında şaşırmaya da hiç gerek yok, çünkü şeylerin işleyişi işte böyledir…"

"Morun altındaki ışık olmazsa mor bir anlam ifade etmez. O ışığa ancak sakinleşince varılır. Işığım hazır bekliyor, sizin gelip onu almanız için. Bunun için hareketin içinde dinginlik olması gerekir. Yani hareket etseniz bile, nereye gittiğinizin farkında olun. Kaybolmanızı engelleyecek bir plan program yapın . Plan program çok kısa bir süre için olabilir. Yine de size rehberlik eder. Başta bu size sıkıcı gibi gelebilir. Çünkü dünyadaki enerji şu anda çok dağınık. Ama bir yere varmak isteyenler bunu yapmalıdır."

"Disiplin, sevgi ve istek eşliğinde olur. O yere varma isteğiniz bırakın sizi yönlendirsin, size disiplin versin. Bunu sevgiyle yapın. Sevgisiz hiçbir şey yapmayın. Çünkü olmaz, gerçekleşmez. Gerçekleşse de içi boş olur ve kısa sürede yok olur. Siz de, nerede hata yaptım diye düşünürsünüz. Sonra da başka şeyleri suçlarsınız ve işler iyice karışır. Bu yoldan gitmeyin, çünkü sizi hiçbir yere götürmeyecektir..."

∞

"İnsanlara haberlerim var. Bunun için ta yukarılardan geldim. Dünyanıza gelmek her zaman benim için bir zevktir. Sizlerle konuşmak bir şereftir.

Ancak bu günlerde oradan oraya koşuşturan yaramaz çocuklar gibisiniz. Daha fazla hızlanmayın! İçinizdeki sakinlik size rehberlik etsin, bırakın… Onu bulun ve o sizin yavaşlamanızı sağlayacaktır. Hızlanarak hiçbir yere varamazsınız. Bu, bizi sizlerden uzaklaştırıyor! Sakin kalın. Kalmamanız için hiçbir sebep yok. Korkmanız için hiçbir sebep yok. Her şey olması gerektiği gibi olacak, meraklanmayın. Bizler bunu sağlayacağız ve yeni enerjili çocuklar da bize yardım ediyor. Sadece bunun olmasına izin verin. İzin verin…"

∞

"Zaman uçucudur. İnsan, sevgi kalıcıdır. Sevgiye konsantre olarak yaşarsanız, zamana gerek duymazsınız.

Zaman sizin için bir oyun haline gelir. Hayat oyununun bir parçası haline gelir. Ve sadece bir oyun olarak kalır.

Gerçeklik taşımaz ve sizi bağlamaz!

Zaman uçucudur..."

∞

"Morun yakınlığı: Ben sizlere zannettiğinizden daha yakınım ama beni bilmiyorsunuz. Henüz yeterince tanımıyorsunuz... Bütün melekler size yardımcı olmak istiyoruz. Bizleri daha sık çağırın. İşlerinizde yardım etmemizi isteyin. Bizler sadece ve sadece iyiliğinizi isteriz ve en yüksek iyiliğinizi gerçekleştirmek için çalışırız."

"Size sağlık, açıklık ve iyilik vermemi isteyin. Kalbinizi, zihninizi ve enerjinizi düzenlememi isteyin. Ve sizlerle beraber olmaktan büyük zevk duyacağım. Potansiyelinizi gerçekleştirebilmeniz için enerji vereceğim ve yardımcı olacağım..."

∞

Metatron'dan anne-babalara:

"Çocuklarınızın bilgeliklerine saygı duyun. Bunu anlamaya çalışın. Evinizin içinde bilgelik kaynağı olan bir pınar olduğunu düşünün. İşte çocuklarınız böyledir... İzin verirseniz, tüm aileniz ve daha birçokları bundan beslenir."

"Hepinizi sevgiyle destekliyorum."

Baş Melek Metatron

.....

Baş melek Metatron'un rengi derin, koyuca bir mordur. Magenta ışıklıdır.

Bolluk

Baş melek Metatron, ihtiyacımız olduğunda enerjimizi düzenler ve arttırır. Bunu çoğunlukla, çakralarımızı açarak ve temizleyerek yapar. Kendinizi yorgun, enerjisiz, moralsiz hissediyorsanız, kafanız dağınıksa ve yapmak istediklerinize yoğunlaşamıyorsanız, baş melek Metatron'dan, enerjinizi ve çakralarınızı düzenlemesini isteyebilirsiniz. Çakralarınız açıldığında ve düzenlendiğinde otomatikman sezgileriniz ve duru-algılarınız da uyanacaktır. Baş melek Metatron enerjimizi dengelerken, vücudumuzdaki Yin (dişi) ve Yang (erkek) enerjileri de dengeler.

Enerjinizin düzenlenmesi ve dengelenmesi otomatik olarak bolluğu da getirecektir. Çünkü bolluk ve bereket akışta olmakla yakından ilişkilidir. Baş melek Metatron bollukla ilgili baş meleklerdendir. Bolluk sadece maddi kaynaklar değil, ihtiyacımız olan fikirler, fırsatlar ve destek olarak da kendini gösterir. Hayatımızı rahat, sıkıntısız ve mutlu yaşayabilmemiz için Kozmos ve melekler her zaman bize destek olurlar. Bizzat baş melek Metatron'un küpüyle yapılan çalışmalar, bu kutsal geometrik şeklin gücüyle bolluğun ve diğer isteklerimizin gerçekleşmesinde değerli bir yardımcımızdır.

"Kutsal Geometrik Şekiller" bölümünde anlatılan Metatron'un küpünün içinde oturduğunuzu imgeleyin. Baş melek Metatron'dan Kozmosun "bolluk ifadelerini" hissetmenize yardımcı olmasını isteyebilirsiniz.

Evrenin frekansı sonsuza ayarlı olduğu için zaten kendisi bolluktur...

Baş melek Metatron, bu farkındalığı anlayabilmemize yardımcı olur. Enerjimizi düzenlemek ve arttırmak yoluyla ve yapmamız gerekenler için motivasyonumuzu arttırarak başarılı olmamıza yardım eder. Ve bu şekilde bolluğu hayatımıza çekmemizi desteklemiş olur.

Yeni Çocuklar (Işık Çağı Çocukları)

Kitabın önceki versiyonunda "Dünyamız gerçekten değişip-dönüşüyor" diyerek başlamışım bu bölüme... Artık dönüşümümüzde kritik bir noktadayız. Aciliyeti daha fazla hissediyoruz ve sürecin etkilerini yaşamlarımızda daha fazla deneyimliyoruz. "Işık Çağı Çocukları" bu dönüşümün gerçekleşmesini bizzat oluşturmak ve hızlandırmak için buradalar. Ve onların enerjilerine ve bilgilerine daha da fazla ihtiyaç duyuyoruz!...

Yeni paradigmanın insanını sekiz grupta inceliyorum. Bu gruplar X, Y ve Z Kuşağı olarak da bilinen grupları kapsıyor.[7] En yeni kuşak Alfa Kuşağı da 2014'te doğmaya başlayan en yeni grubumuz Elmas Işık Çocukları temsil ediyor. Bakalım ilerleyen senelerde hangi yeni ve daha da güçlü grupla tanışma şansına erişeceğiz...

İndigo Çocuklar/Gençler/Yetişkinler
Melek Çocuklar ve Dünya Melekleri (yetişkinler)
Kristal Gocuklar ve gençler
Gökkuşağı Çocuklar ve Gençler
Yıldız Çocuklar/Gençler ve Yıldız Tohumları (yetişkinler)
Altın Çocuklar
Yunus Çocuklar ve Hassas Sezgili İnsanlar (yetişkinler)
Elmas Işık Çocuklar

7- X, Y ve Z Kuşakları adıyla yeni paradigmanın insanını Yükseliş Gönlün Şifası'nda anlatıyorum.

Not: Bu noktada kimseyi özelliklerinden ötürü sınıflandırmaya çalışmadığımızı söylemeliyim. Bu grupların amacı sadece kendimizi daha iyi tanımak. Çünkü ister çocuk olun, ister yetişkin yeni paradigmanın insanı, gruplardan birine muhakkak giriyor.

Çocuklar, hayatlarının ilk iki senesinde çoğunlukla Delta Beyin Frekansında olurlar. Aşağı yukarı altı yaşına kadar da ağırlıklı olarak Delta ve Teta Beyin Frekansında faaliyet gösterirler. Bu iki frekansın yetişkinlerin büyük ölçüde kullandığı frekans olan Betadan farkı, uykulu, meditatif ve hipnozvari frekanslar olmalarıdır.

Dolayısıyla çocuklar, yetişkinler dünyasında karşılaştıkları olayları, olguları hipnoz altındaymışçasına derin bir şekilde öğrenirler. Yetişkin hayatımızın %96'sını, ilk altı-yedi senede öğrendiğimiz kurgulara ve yaratımlara göre şekillendirmekteyiz. Kısacası, "ilk yedi senede neysek, sonra da oyuz!" Kendimizi değiştirmek tabii ki her zaman elimizdedir. Ancak "hipnotize olduğumuz" kalıpların dışında başka bir hayat olduğunu fark edebilmek bile uzun zaman alabilmektedir. Sonrasında bu kalıplardan kurtulmak da çok büyük çaba ve emek gerektirir.

Günümüzde, çoğu çocuk ve genç, dünyayı bizden daha değişik yorumladıkları, bir takım hassasiyetleri olduğu ve/veya sezgileri ve algıları gelişmiş olduğu için farklı yorumlanarak, hasta muamelesi görmektedirler. Yanlış olarak teşhis edildikleri durumların başında *Dikkat Eksikliği Hiperaktivite Bozukluğu (DEHB)* ve *Otizm* geliyor. Bu noktada ebeveynlere, doktorlara ve öğretmenlere büyük bir sorumluluk düşmektedir. Çocuklarımızın gerçekten zorlukları mı var, yoksa kendilerine has özellikleri yüzünden mi hasta olarak damgalanıyorlar? Bu konunun derinlemesine incelenmesi ve araştırılması gerekmektedir.

Çocuklarımızı kendi bildiklerimize göre yetiştirmeye çalıştığımız zaman onları kendi kopyalarımız haline getirmekteyiz. Onların özelliklerini görmediğimiz, yeteneklerini değerlendirmediğimizde yavaş yavaş "kapanmaya" başlamaktadırlar. Halbuki onların bizlere ve dünyamıza verebilecekleri sayısız katkı ve güzellik vardır.

> "Bütün çocuklar birer dahi olarak doğar; her 10.000 çocuktan 9999'u yetişkinler tarafından hızla, arzusu dışında bu dahilikten arındırılır."
>
> Buckminster Fuller

Baş melek Metatron, çocuğuma ona en uygun desteği ve yönlendirmeyi verebilmem için lütfen bana yol göster.

(Aynı dileği öğretmenler de öğrencileri için yapabilirler…)

Evet, maalesef her anne baba çocuklarına karşı gerektiği kadar anlayışlı davranamıyor… Ama bunun yanı sıra çocuklarını -olması gerektiği gibi- bir bilge kişi olarak gören ve onların anlattıklarını dinlemeye, uygulamaya çalışan anne babalar da var. İsmine *Emel* diyeceğim bir tanıdığım bunlardan biri!

Seneler önce kendi spiritüel çalışma merkezini kurmayı planlarken ve özellikle de çocuklarla çalışmalar yapmayı düşünürken o zaman dört yaşlarında olan kızına fikrini sürekli sormuş. Kızından hep aynı cevabı almış: *"Yaparsın, yaparsın… Ben sana güveniyorum!"* Yakın zamanda senelerdir planladığı merkezini nihayet açtı ve kızının öngördüğü gibi başarılı bir şekilde de yürütüyor...

Baş melek Metatron, tüm çocukları gözetir. Özellikle de hassas, sezgisel ve algısal yetenekleri gelişmiş çocuklara yardımcı olur. Bu özelliklere sahip çocuklara yardım eden yetişkinlere de yol gösterir, rehberlik eder. Genel olarak tüm çocuklara, farkındalıklarını ve anlayışlarını geliştirmeleri için de yardımcı olur. Çünkü hepimizin olduğu gibi çocuklar da meleklerin desteğine ihtiyaç duyarlar. Bilhassa Yüksek Hassasiyetli olanlar.

Merve ve kızı Damla meleklerin desteğine ihtiyaç duyanlardandı. Damla oldukça zor bir buluğ çağı geçirdi. Bu süreçte anne ve babasının ayrılmış olması, annesinin yoğun iş temposu ve ilgili bir anne olduğu halde kızıyla zaman geçirmekte zorlanması işleri daha da zorlaştırdı. Onları zorlayan diğer bir nokta da Merve ve Damla'nın enerji ve dolayısıyla da Grup olarak birbirlerinden çok farklı olmalarıydı.

Merve, Gökkuşağı enerjisine sahip güçlü ve dayanıklı bir kadın. Yapmak istedikleri konusunda çalışıyor ve eninde sonunda onları başarıyor. Sevgili Damla ise fazlasıyla Yüksek Hassasiyetli bir çocuk. Etrafındaki enerjilere karşı bu kadar duyarlı olması ruh halini aşırı değişken hale getiriyor. Duygularıyla ve dolayısıyla hayatla başa çıkamıyor...

Farklı terapiler denedikten sonra Merve benimle çalışmak istedi. Enerji çalışmaları Damla için en uygunu olacaktı ama o bu çalışmaları maalesef istemedi. O yüzden süreci kendi haline bırakmak zorunda kaldık. Biliyorsunuz kişi izin vermedikçe hiç kimse bir şey yapamaz... Bu örneği bazı Işık Çağı Çocuklarının dünyaya uyum sağlamada gerçekten zorlandıklarını göstermek için anlatmak istedim. Onlar çok değerliler ve bizler için önemliler ama hepsi maalesef bunu fark edemiyor. Buna benzer örnekleri deneyimleyen eğitimcilerimiz de olabiliyor. Ama ne olursa olsun çalışmaya devam ediyoruz tabii ki. Biliyoruz ki dönüşümü kabul eden tek bir kişi bile dünyayı değiştirebilir. *Bir deniz yıldızı, bir deniz yıldızıdır...*

Baş melek Metatron'un anlattığına göre yapmamız gereken en önemli şey çocukların "ışıklarını" korumaktır. Bunun için baş melek Metatron anne-babalara, çocuklarının iç seslerini takip etmelerine izin vermelerini, melekleri, rehberleri ve hayali arkadaşları ile oynamalarını desteklemelerini, varsa kardeşleriyle olan ilişkilerde her zaman adaletli davranmalarını ve onlara her zaman yeteneklerinin eşsiz ve çok değerli olduğunu hissettirmelerini önermektedir.

Çağımızın çocuklarını daha iyi anlayabilmek, onların gerçek potansiyellerini görebilmek ve öğrettiklerini anlayabilmek için baş melek Metatron'dan yardım isteyebilirsiniz.

Işık Çağı Çocuklarının bilgisine dikkatinizi koymanızı sizlerden rica ediyorum. Çünkü böylece onların daha fazla anlaşılmasını ve dünyamıza daha yüksek boyutlardan gelebilmelerini desteklemiş olacaksınız!

Diğer Uzmanlık Alanları

Yazmak ve kayıt tutmak ile ilgili bir mesleğiniz varsa veya bu özellikleri hayatınızda daha fazla kullanmak istiyorsanız, baş melek Metatron'dan işlerinize yardım etmesini ve sizi bu konularda desteklemesini isteyebilirsiniz.

Baş melek Metatron, bizler için çok değerli olan enerjimizi ve vaktimizi verimli bir şekilde kullanabilmemiz için önceliklerimizi belirlememiz gerektiğini anlatan meleklerdendir. Onun sözleriyle, "*Binlerce işin arasında boğulma*"nın günümüz insanının bir hastalığı olduğunu, dolayısıyla, huzurlu ve mutlu olabilmemiz için öncelikli işlerimizi belirleyerek, onlara odaklanmamız gerektiğini belirtmektedir. Böylelikle meleklerin yol göstericiliğinden daha etkili bir şekilde yararlanabiliriz. Ve yine bir günümüz hastalığı olan *zamansızlıktan* muaf tutabiliriz kendimizi...

Baş melek Metatron'dan önceliklerinizi belirlemenize, enerjinizi ve zamanınızı en uygun şekilde kullanmanıza yardım etmesini isteyebilirsiniz.

Baş melek Metatron'un çok önemli yeteneklerinden biri de zaman bükmedir. Bizim de aynı yeteneğe sahip olduğumuzu anlatır ve bunu öğretir. *Zaman bükme*, zamanı istediğimiz gibi hızlandırmak veya yavaşlatmaktır. Bu konuda şu küçük egzersizi deneyebilirsiniz: Bir yere yetişeceksiniz ancak geç kalıyorsunuz diyelim. Sakin kalın ve oraya zamanında varacağınıza inanın. Buna niyet edin. Saate bakmayın, zamanında yetişip yetişemeyeceğinizi merak etmeyin, yolu takip etmeye çalışmayın ve neler olabileceğine bir bakın...

Zamanı, illüzyonik karakterinden dolayı bükebildiğimizi söyleyebiliriz. Zaman aslında sadece bir varsayımdır. Zaman sadece zihnimizde vardır. Zamanı, var olan bir şeymiş gibi algılıyoruz, çünkü onu ölçüyoruz –veya ölçtüğümüzü zannediyoruz.

Zamanı ölçmek, bir yerden bir yere giderken geçen süre gibi, gözlemlediğimiz olaylara dayanmaktadır. Ölçtüğümüz için, daha somut hale gelmekte ve zamana göre şekillenen bir gerçeklik yaratılmış olmaktadır.

Bu noktada biraz düşünelim: Zaman nedir gerçekten?... Beraber küçük bir deney yapalım:

Durun ve zamanı algılamaya çalışın. Saatinize bakın, saniyelerin geçtiğini görün. Peki, bir şey değişiyor mu? Saniyeler geçtikçe, gerçekten değişen bir şey var mı? "On saniye daha yaşlandım" diye akıl yürütebilirsiniz veya "şöyle oldu, böyle oldu" diye açıklayabilirsiniz... Ancak gerçekten hissettiğiniz bir değişiklik oluyor mu?

Zamanı, geçmişten geleceğe doğru giden, eşit aralıklı, sabit ve yönü değişemeyecek bir olgu olarak kabul etmişiz. Ne var ki bu olguyu biz yarattığımız için, zaman her birimiz için göreceli olmaktadır. Örneğin, hoşlandığımız faaliyetleri yaparken zaman su gibi akıp gider; üç saat, yarım saatmiş gibi geçebilir. Veya sıkıldığımızda on dakika, saatler sürebilir! Beş sene önceki bir anımız, daha dün olmuş gibi gelebilir veya geçen haftayı tamamen kaybedebiliriz...

Einstein, geçmiş, şimdiki ve gelecek zaman ayrımının, bir yanılsamadan ibaret olduğunu ifade etmişti.[8] Kuantum fizikçisi *Fred Alan Wolf,* "geleceğin hatırlanabileceğini"[9] an-

8- http://rescomp.stanford.edu/~cheshire/EinsteinQuotes.html

9Wolf, F. A. (2004). *The Yoga of Time Travel: How the Mind Can Defeat Time.* Quest Books latmaktadır. Zamanın aslında bir yanılsama olduğunu, Hinduizm'in kutsal kitabı *Bhagavad Gita*'dan bir alıntı ile biraz daha açıklamaya çalışalım:

Prens Arjuna, arkadaşlarına ve akrabalarına karşı savaşa girmek üzeredir ve bu yüzden kendisini çok üzgün ve çaresiz hissetmektedir. Nihayet arabacısından medet umarak, ona dert yanar. Tesadüfe bakın ki, arabacı Krishna'dan başkası değildir!

Böylece Krishna, Arjuna'ya "zamansız", "mekânsız" ve "sonsuz" olanı anlatmaya başlar... Ona geçmiş ve gelecekteki yaşamlarından yüzlerce, hatta binlerce farklı Krishna gösterir ve bütün bu yaşamların, aslında o an'da olmakta olduğunu söyler. Yaşadığımız an'dan başka bir zaman yoktur...

Sevgili *Deniz Tarhan*'ın bilge yorumundan da faydalanabiliriz bu noktada!: *"Birçok ben var farklı boyutlarda veya geçmişten gelen... Hepsinin toplamı şu anki benim. Şu anki ben ise bütün bunları dengelemeye çalışan kişi"*

Baş melek Metatron'dan şimdi, şu anda, an'ın farkına varmanız için yardım etmesini isteyin.
Derin birkaç nefes alın ve sakinleşin. Sonsuz olanın dinginliğini hissedin...

Şimdi neden işleri bu kadar karmaşıklaştırdığımızı bir anlamaya çalışalım: Zamanı neden ölçmeye başlamışız?...

Zamanı ölçmek istemişiz, çünkü gerçekliğimizi "somutlaştırmak" bize güven vermiş. Güven arayışı kozmik akıştan koptuğumuzda bir ihtiyaç olarak karşımıza çıkmıştır. Korkan insan, kendini güvenceye almaya çabalar. Şu halde diyebiliriz ki zamanı, Kozmostan ayrıldığımızda, kendimizi unuttuğumuzda ölçme ihtiyacı hissetmişiz...

Şimdi de, zamanın (mesafe) ile ilişkisine bir göz atalım. 20. yüzyılın başlarına kadar zaman ve uzay iki ayrı kavram olarak ele alınıyordu. Ancak Einstein'ın ortaya koyduğu teoriler ile başlayan süreçte, aslında bu iki kavramın ayrılamayacak kadar birbiriyle alakalı olduğu fark edildi ve dilimize yeni bir kelime ilave edildi: Uzay/zaman.

Mesafeyi, zamanı kullanarak ölçmekteyiz: "A noktasından, B noktasına ne kadar zamanda gidilir" deriz. Böylece mesafe kavramı ortaya çıkmış olur...

Şayet zaman bir illüzyonsa, o halde mesafe diye bir kavram olabilir mi? Mesafenin varlığını, bir yanılsamaya dayanarak kabul etmişsek eğer, bu durumda mesafe kavramını da, illüzyonun bir parçası olarak yorumlamamız gerekmez mi?

Eğer mesafe diye bir şey yoksa her an "şu an" (içinde bulunduğumuz an), dolayısıyla her mekân da "bu mekân" (içinde bulunduğumuz mekân) değil midir?

Bu durumda, geçmiş ve gelecek kavramları anlamlarını yitirmez mi?

Bulunmak isteyeceğimiz tek zaman ve yer, "*şu an*" ve "*burası*" olmalıdır.

Tam bu anda ne hissediyorsunuz?...

Geçmiş ve gelecek kalmadığında, negatif hiçbir duygu oluşmaz, çünkü *oluşamaz!...*

Baş melek Metatron'dan zamanın doğasını anlayabilmeniz için size rehberlik etmesini isteyin.

"Geçmiş günü beyhude yere yâd etme,
Gelmemiş bir an için de feryad etme,
Geçmiş gelecek masal bunlar hep,
Eğlenmene bak ömrünü berbad etme."
Ömer Hayyam

BAŞ MELEK ARİEL

"Aslanları seyredin ve onlardan öğrenin. Eğer onları doğal çevrelerinde göremiyorsanız belgeseller seyredin. Birbirlerine karşı ne kadar şefkatli olduklarını ve doğa ile ne kadar uyum içinde olduklarını fark edin. Bize sevgi ve ihtimamla, gitmemiz gereken yolu gösterirler. Doğayı sevin ve ondan öğrenin. Kozmosun isleyişini sağlayan tek kuvvet sevgidir."

"Melekler size "doğruyu" öğretmezler, sadece takip etmeniz gereken yolu gösterirler ki kendi içsel doğrunuzu bulabilesiniz.

∞

"Cesaret kolaydır ve aynı zamanda da değildir... Eğer korkularınızı kalbinizden çıkarıp atamazsanız kolay değildir. Korkuları kalbinizden atmak aslında çok çabuk yapılabilir. Sadece bırakmanız gerekir. Bırakın! Bırakın gitsin...

"Bırakabilmek çok önemlidir. Bırakmak yapmanız gereken tek şeydir. Korkuları kalbinizde tutup sonra da cesaretli olmaya çalışmak işe yaramaz. Cesaretli olmaya çalışıyorsanız, kendinizi zorluyorsunuz demektir. Kozmosta zorlama/güç kullanma diye bir şey yoktur. Kendinizi zorluyorsanız, eninde sonunda pes edeceksiniz demektir."

"Benden kalbinizdeki korkuları temizlememi isteyin ki böylece kalbiniz orijinal pembeliğine kavuşsun. Korkularınızdan kurtulduğunuz zaman kendinizi çok daha "hafif" hissedeceksiniz. Korkularınızı bıraktığınız zaman hayatınızın bir daha geri dönülemez bir şekilde değişeceğinden endişelenmeyin. Çok daha hafif ve mutlu olacaksınız, buna hiç şüphe yok. Bunu yapabilirsiniz, ve aslında kalbinizde bunu yapabileceğinizi hissediyorsunuz!..."

"Benim rengim sanki yumuşak ve hafif bir renk gibi gelebilir. Ne var ki kalbinizin en kuytu köşesine kadar girer ve kalbinizi tüm korku ve endişelerden temizler. O yüzden rengimi kullanın. Kullanmaktan çekinmeyin. Kalbinizi rengimle, sanki ona pembe

bir duş aldırıyormuş gibi temizleyin ve ne kadar iyi hissettiğinizi fark edip şaşıracaksınız. Başarılı olup olmayacağınızı veya başarırsanız sonucun nasıl olacağını veya nasıl hissedeceğinizi merak etmeyin. Nefes verirken tüm bu kaygılardan kurtulun!

Yalnızca bana güvenin. Bana güvenin ve her şey iyi olacak. Bu konuda hiçbir şüpheniz olmasın

"Sizleri seviyorum."

∞

"Akışa bırakırsanız cesaretinizi daha verimli bir şekilde kullanabilirsiniz. Akışa bırakmak için sadece tanıdığınızı zannettiğiniz şeylere tırnaklarınızla tutunmaktan vazgeçin, yeterli olur. Tırnaklar, bildik şeyin içine geçer ve onunla bir olur zamanla. Bu şey, bize aitmiş gibi hissettirmeye başlar. Ancak öyle değildir. Bu farkı anlamak zordur. O yüzden bizlerden yardım istemeniz iyi olur."

"Sizler cesaretin ne olduğunu biliyorsunuz. Sadece bunu biraz daha düşünerek uygulamanız gerekli. Heyecanlanmadan, coşmadan ve daha programlı olarak cesaretinizi gösterebilirseniz bu sizi bir yere götürür, bir işe yarar. Aksi takdirde, olduğunuz yerde sayarsınız. Cesaretinize rehberlik etmemi isteyin. Ve buna izin verin!"

∞

"Saf kalbin ışığını takip edin sevgililer. Saf kalbinizi ortaya çıkartmak için çok fazla vaktiniz kalmadı. Bu dönüşümleri kaçıranlar sonradan daha fazla emek ve zaman harcamak durumunda olacaklar. O yüzden bu dönüşümlerin farkında olun. Yapmanız gereken en önemli şey farkında olmaktır. Gerisini bizlere ve evrenin ışıklı elçilerine bırakın. Ama dönüştüğünüzün, farklılaştığınızın, huylarınızın, alışkanlıklarınızın değiştiğinin farkında olun. Bunları önemseyin ve takip edin."

"'Takip edin' deme amacım, yeni özelliklerinizi ve anlayışınızı hayata geçirmeniz, uygulamaya çalışmanızdır. Böylelikle bunlar havada kalmayacak ve sizin vasıtanızla topraklanacaklardır."

"Bu yapmanız gereken önemli bir görevdir. Lütfen dikkat edin sevgililer."

"Sizleri sevgiyle destekliyoruz. Yolunuz açık ve ışıklı olsun!..."

Baş Melek Ariel

.....

Baş melek Ariel'in rengi açık bir pembedir.

Cesaret

Dünyamızda yumuşak ve naif bir enerji olarak algılanan pembe renk sizi yanıltmasın. Çünkü baş melek Ariel cesaret baş meleğidir. Bizlere de cesaretli olmayı öğretir. Bunu öğretirken aslında içimizde var olan cesareti açığa çıkarmamıza yardımcı olur. Ve bunu Sevgi ve şefkatle yapar. Doğal programımızda var olmayan, sonradan öğrendiğimiz korkulardan ve endişelerden arındığımızda, hepimiz, hayatımızda yapmamız gerekenler konusunda kararlı ve cesaretli olabilecek yapıya zaten sahibizdir.

Baş melek Ariel, lütfen özümdeki cesaretin farkına varmama ve kendim için doğru bir şekilde kullanabilmeme destek ol.

Ariel, bir dişi aslan misali, cesaretinizi ve kendi doğrunuzu bulabilmeniz için tatlı-sert bir şekilde davranır. Bazen işler istediğiniz gibi gitmeyebilir ve bu durumdan ötürü rahatsız olup, üzülebilirsiniz. Ama bir kez daha hatırlayalım ki her şey Sevgiden ve her şey Sevgiyle gelir. Ariel'in derslerini öğrenmemekte ısrar edersek, anlamamız için "tırnaklarını biraz daha gösterecektir..."

> "Güç ve güveni hep kendi dışımda aradım ama bunlar insanın içinden gelir; her zaman oradadırlar."
>
> Anna Freud

Danışanlarım bir saniye önce çaresiz ve umutsuz hissederken, Cesaret kartını çeker çekmez güç ve güvenle dolduklarından bahsederler. Çok doğrudur! Bu kartı ne zaman çekerseniz, temkinli ama korkusuz olarak ilerlemeniz gereken yolda gidebileceğinizi, önünüzde hiçbir engel olmadığını fark edin ve yolunuza devam edin.

Baş melek Ariel'den korkularınızı kolaylıkla kalbinizden çıkarıp atmanız için desteğini ve bilgeliğini isteyin. (Bunu istedikten sonra kalp bölgenizi pembe renkli olarak imgelemek çalışmanın etkisini güçlendirir).

Kararlı Ol!

"En kötü karar kararsızlıktan iyidir" sözü gerçekten de doğru. Çünkü hayatta her halükarda gerekli olan şey harekettir. Hareket etmek, "yaşıyor olma" ibarelerinden biri ne de olsa...

Baktınız olmuyor kararınızı değiştirebilirsiniz. Çalışmak yaratıcılığınızı, sebatınızı, dayanıklılığınızı, çözüm bulma kapasitenizi ve vicdanınızı artırır! İlerlemenin tarifidir aslında bu!...

Baş melek Ariel'in sembolü aslandır. Bir şey yapmaya karar verdiğimiz zaman tereddüt göstermeden ve geriye bakmadan işe koyulmamız gerektiğini anlatır. Bir aslan gibi...

Eğer ihtiyaç duyuyorsanız gerektiği kadar bekleyebilirsiniz tabii ki... Ancak bir kez kararınızı verdiğinizde kesin bir şekilde davranmanız gerekir. Bu davranış şekli, yapmaya karar verdiğimiz şeyin enerjisini güçlendirir. Ve hem kendiniz, hem de diğerleri için daha çabuk ve iyi sonuçlar almanızı sağlar.

Kararlı davranmanız gereken bir durumdasınız ama endişeleriniz mi var?

Yapmanız gerekenleri biliyor ama onları sürekli erteliyor musunuz?...

Bu gibi durumlarda, açık pembe auralı baş melek Ariel'den yardım isteyebilir ve onun güçlü ve aynı zamanda şefkatli enerjisini daha iyi anlayabilmek için rengiyle çalışabilirsiniz.

Sosyal medyada bir çalışmamız olmuştu... Bizzat kendimizi (!) masaya yatırmış ve varoluşçu soruların en önemlisini sormuştuk kendimize: "Ben kimim?" Sorması da cevaplaması da kolay olmayan bir soru bu... Ama *Nurten Hanım* için kararını verdikten sonra daha bir kolaylaşmış gibi görünüyor! *"Kim olduğumu bilip onu en üst kalitesiyle devam ettirmek en önemlisi... Öğrenip de egosuna yenilmemek dileğiyle artık hazırım bu sorunun cevabını kılavuzumuz sayesinde hatırlamaya!"*

Diğer Uzmanlık Alanları

Baş melek Ariel, Dünya Anayı ve üzerinde yaşayan canlıları koruyan ve gözeten baş melektir aynı zamanda. Tüm hayvanlar için büyük bir sevgi ve şefkat duyar. O, üzerinde yaşadığımız dünyaya da derinden bağlıdır.

Baş melek Ariel'den, özellikle ihtiyaç duyduğumuz bu zamanlarda dünyamıza ve üzerinde yaşayan canlılara yardım etmesini ve onları gözetmesini isteyebilirsiniz. Baş melek Ariel, lütfen dünyamız genelinde bu farkındalığa ulaşabilmemiz için evren için hayırlı olacak şekilde destek ol.

Baş melek Ariel, aynı şefkati ve sevgiyi bizler için de duyar. Bizleri hiçbir zaman, hatalarımız veya başarısızlıklarımızdan dolayı yargılamaz veya suçlamaz. Çünkü zaten hata ve başarısızlık, dilimize yerleşmiş "farkındalığı düşük" kelimelerdir. Hata veya başarısızlık yoktur, sadece öğrenilecek dersler vardır –bildiğiniz gibi... Baş melek Ariel, böylesi durumlarda, eğer üzgün hissedersek, bizi sevgisi ve şefkatiyle iyileştirir.

Ariel, ısıtıcı enerjisi ile size destek olur. Depresif hissettiğiniz, hatta üşüdüğünüz zaman zaman rengini imgeleyin; yardımcı olacaktır!

Baş melek Ariel, aynı zamanda da güçlü bir gerçekleştirme meleğidir. Dileğiniz, en basit -ve doğru- tarifiyle, *içsel doğrunuzla Kozmos arasında bir bağ* niteliğinde olmalıdır.

Ariel, içsel doğrumuza göre belirlediğimiz ve kalpten istediğimiz şeylerin gerçekleşmesi için bize yardım eder. Gerçekleşmesini dilediğiniz şey hakkında takıntı, hırs, hak görme gibi duygulara kapılmadan çalışırsanız bu "bağın" enerjisinden yararlanabilirsiniz. İsteğinizin gerçekleşeceğine olan tam inançla ve olumlu kalarak (pozitif düşünerek değil ama olumlu kalarak) üzerinize düşenleri yaparsanız, gerçekleştirme yeteneğinizi hayata geçirmiş olursunuz.

Baş melek Ariel, meleklerin bize herhangi bir *"gerçeği/doğruyu"* öğretmeye çalışmadıklarını söyler. Çünkü zaten evrenimizde sabit bir "gerçek" yoktur. Hepimiz kendi gerçeğimizi, kendi içsel doğrumuza göre yaratırız. Kurgulamacı Psikoloji okuluna göre, bu dünya üzerinde ne kadar kültür varsa, o kadar psikolojik hastalık tarifi (kurgusu) vardır. Benzer şekilde, modern bilim de, bu dünya üzerinde ne kadar insan varsa, o kadar gerçeklik kurgusu olduğunu göstermektedir.

Bunu eğitimlerimde bir koza çizerek anlatmaya çalışıyorum: Her birimiz doğduğumuz andan itibaren bize öğretilen "veri iplikçikleriyle", kendi gerçeklik kozamızı örmekteyiz... Önemli olan, hayatımızı tamamen bize özgü bir şekilde gerçekleştirebilmektir: Kozamızın içinde, kendine has renkleri olan bir kelebeğe dönüşebilmektir...

"Hayat ışıklı bir haledir. Yarı saydam bir zarf...

Ve en baştan beri bizi sarmalar."

VirginiaWoolf

Baş melek Ariel gerçekleştirme gücüyle ilgili olarak, bereketimizle ilgili konularda da bize rehberlik eder. Bu konular hakkında konuşurken baş melek Ariel'in rengi, gül pembesine döner... O, bizlerin evrenin bolluk ve bereketini deneyimlemesine yardım eder. Bu da en sağlıklı şekilde içsel doğrumuzu hayata geçirdiğimiz faaliyetler/işler sayesinde olacaktır.

Para, kimyasal reaksiyonların gerçekleşmesini kolaylaştıran katalizörler misali, olayların gerçekleşmesini kolaylaştıran bir enerji şeklidir. İçinde bulunduğumuz dönem itibariyle hala geçerli olan bu değiş tokuş aracına, çok fazla korku ve güvensizlik yüklenmiş durumda... Halbuki içsel doğrumuzun farkında olduğumuzda, bir bütünlük ve tamlık hissiyatı içinde oluruz. Bu hissiyat, "bütün ve tam" bir hayatı da yaratacaktır zaten... Bu konuda Kozmosun işleyişine tamamen güvenebilirsiniz. Hiçbir endişe taşımadan, %100 güvenebildiğinizde, ihtiyaçlarınızın karşılandığına da tanık olursunuz.

Baş melek Ariel bereketle alakalı zorluklarımı sana göndermeme izin ver. Konuyla ilgili korku, endişe ve şüphelerimi dönüştürmeme lütfen yardımcı ol.

Zorluklarla ve sıkıntılarla karşılaşmamızın nedeni, sahte benliğin (örneğin; korkular, öz-değerin farkında olamamak, takıntılar, imajlar/roller vb.) bizi engellemesidir. İçsel doğrumuz, bize her zaman tam ve kendi kendimize yeterli olduğumuzu, Birlik Bilinci tarafından desteklendiğimizi hissettirir. Yetersiz olduğumuz, bu yüzden de sürekli dışımızdaki kaynaklardan yararlanmamız gerektiği fikrini dayatan sahte benliğin yanlış düşünce kalıplarıdır.

Finansal sıkıntılardan kurtulmak için yetersiz olduğunuz düşüncesinden arınmak iyi bir başlangıç olacaktır. Böylece bir taşla iki kuş vurmuş olursunuz. İlk olarak, hayatınıza bolluğu çekersiniz ve tüm gereksinimleriniz karşılanır. Egosal ihtiyaçlarınız azaldığında gereksiz fazlalıklardan da sadeleşebilirsiniz. Çünkü bolluk, aynı şeyden üç taneye birden sahip olmak demek de değildir!

İpucu 1: Bereketiniz hayatı ne derece dolu dolu yaşayabildiğinizle de yakından alakalıdır.

İpucu 2: Aslında etrafınızda ne kadar çok kaynağınız olduğunu fark edin: Soluduğunuz hava, etrafınızdaki güzellikler, ağaçlar, hayvanlar, parklar... Hiçbir ücret ödemeyeceğiniz, size sunulmuş olan başka kaynakları düşünün şimdi. Bütün bu bolluk sizin için! Keyfini çıkarın...

Baş melek Ariel, hayatımı her şekilde ve her anda zevkle ve şevkle yaşayabilmem için yol göster lütfen...

BAŞ MELEK ANAEL

"Rahatlayın. Bazen yavaşlamamız ve dinlenmemiz gerekir. Eğer endişelenir ve huzursuzlanırsanız, dünya da sizinle beraber endişelenir ve huzursuzlanır. Her zaman hatırlamanız gereken kelimeler: Sevgi, huzur ve sakinlik."

"Sevgi tek yoldur. Bunu anladığınızdan emin olmalıyım. Ve başka bir yol da yoktur. Bunu anladığınızdan da emin olmalıyım!"

"Gökyüzü... Gökyüzüne ve bulutlara bakın. Onların endişelerinizi alıp götürdüğünü düşünün. Endişelerden kurtulmak bu kadar kolaydır aslında. Eğer onları bize havale ederseniz kolaydır."

"Endişelerinizden nasıl kurtulacağınızı pek bilemiyorsunuz. Endişe etmek durdurulmaz, 'üzerinden atlanır.' Aynı şeyi bütün ego duyguları ile yapın. Olayları mantık çerçevesine oturtmaya çalışmayın veya pozitif düşünce ile her şeyin iyi olacağına kendinizi inandırmayın. Bunları yapmayın. Sadece üzerlerinden atlayın ve sonra geri dönüp bakmayın. Bu ego duyguları benim yardımımla iyileşecekler. Onları iyileştirmem için yardımımı isteyin."

"Öğrendiğiniz bu dersler hakkında gümüş gibi olun. Parlak ve güçlü... Ve size öğrettiklerimi unutmayın. Benim size öğrettiğim şeyleri kullanın ve hayatınıza uygulayın. Bu, sizin bu dersleri iyi bir şekilde öğrenebilmeniz için tek yoldur. Size söylediğim şeyler bu kitabın sayfalarında kalmamalıdır! Bunu size ben de, diğer melekler de çok anlattı. Artık bunu uygulamaktan başka yapmanız gereken bir şey yok ve bunu yapacaksınız. Biliyorum ve size güvenim tam."

∞

"Gümüş bir şimşek misali, yaptığınız şeylerde kesin ve net olun. Benim ışığım size rehberlik edecek. Hepinizin, elinizden gelenin en iyisini, çabuk bir şekilde yapmanız gerek. Zamanı geldi."

"Gümüş güçlüdür. Gümüş gibi olun; sert ve ne yapacağını bilen. Oradan oraya yalpalamayın. Vakit kaybetmeyin. Vakit çok değerli, özellikle şimdi. Bunu bir çok defa tekrarlayacağım sizin için çünkü bu çok önemli. Bunu anladığınızdan emin olmalıyım.

∞

"Sevgi tek yoldur. Bunu anladığınızdan emin olmalıyım.

"Ve başka da bir yol yoktur. Bunu anladığınızdan emin olmalıyım.

"Öğrendiğiniz bu dersler hakkında gümüş gibi olun, yani, benim size öğrettiklerimi unutmayın. Parlak ve güçlü olun. Benim size öğrettiğim şeyleri kullanın ve hayatınıza uygulayın. Bu, sizin bu dersleri iyi bir şekilde öğrenebilmeniz için tek yoldur. Size söylediğim şeyler bu kitabın sayfalarında kalmamalıdır. Yoksa yazık olur; çok büyük bir yazık!"

∞

"Kapı burada, tam önünüzde. Onu açın. Evrenin diğer varlıklarıyla bir olacaksınız. Kardeşçe ve beraber yaşayacaksınız. Ve aşk içinde mutlu olacaksınız. Bunu yapın!"

∞

"Pembe güller benim enerjimi yansıtır. Elinizde bir gül tutarsanız beni daha iyi anlayabilirsiniz. Güller yüksek frekansa sahiptirler. Bir gül bahçesinde yürüyün ve ne demek istediğimi anlarsınız. Sizin de frekansınızı arttırırlar ve daha mutlu ve duyarlı olursunuz. Bir gülü yiyin. Neden olmasın? Yaratıcı olun!... Ve enerjisini hazmedeceksiniz."

"Benim enerjim kendinizi iyi hissetmenizi sağlar ve kendiniz hakkındaki farkındalığınızı arttırır. O yüzden, benim pembemle

çalışırken, ona bakın. Ona gerçekten bakın ve onun enerjisini hissetmeye çalışın. Size neler söylüyor? Sizi nasıl hissettiriyor?"

"Benim pembe moleküllerimi hissedin ve vücudunuzun içindeki kendi pembe moleküllerinizi arayın. Duygu açısından uyuyorlar mı birbirlerine? Siz ne kadar pembesiniz? Pembeniz size neler söylüyor? Pembeniz sizin hakkınızda neler söylüyor?..."

"Bütün bunlar üzerinde durulması gereken sorulardır. Üzerlerinde düşünün ve pembe hakkında ve diğer renkler hakkında, kendi sorularınızı yaratın. Renkler yoluyla evrenin enerjilerini anlayabilirsiniz. Çünkü evren renktir. Güzel..."

∞

"Pembe, sevginin ve hoşluğun rengidir: Hayat ve ölüm... (Anael, hayatın enerjisini pembe'nin enerjisiyle, olumun enerjisini gümüşünkiyle özdeşleştiriyor). Kesinlik... (Anael, hayatı ve ölümü anlayabilmek için direk ve pratik bir şekilde düşünmek gerektiğini anlatmak istiyor.

"Rengimi hissedin. Rengimi hissedin."

Hayat ve ölüm sadece farklı taraflardır, kompartı¬manlardır. Aslında aynı şeydirler. Hayatın ve ölümün anlamını öğre¬nin ve o zaman bunlardan korkmazsınız. Ölümden korkuyorsunuz, evet. Eğer ölümden korkuyorsanız bu hayattan da korktuğunuz an¬lamına gelir. Çünkü ikisi tektir. Eğer hayattan korkuyorsanız, bu ya¬şamıyorsunuz demektir. Zaten ölüsünüz demektir. Tam da korktu¬ğunuz şeyin içinde yaşıyorsunuz: Ölümün. Buna ihtiyacınız yok. O yüzden bırakın gitsin. Bırakmanın zor olduğunu düşünüyorsunuz. Aslında kolaydır. Sadece kalbinizi boşaltmanız gereklidir."

"Kalbinizi, gereksiz şeyleri nefes verirken üfleyerek boşaltırsınız. Bu gereksiz şeyler bazen kalbinizin kuytu köşelerine takılır. O yüzden bunu kuvvetlice yapmanız gerekebilir. Gerçekten de

bunları kuvvetlice dışarıya üfleyin ve her nefeste daha hafiflediğinizi hissedeceksiniz. Bunların olduğunu gerçekten hissedebilmeniz önemlidir. Bu çok zevkli bir yöntemdir. Çok yakında bırakmanın, zannettiğinizden çok daha kolay olduğunu göreceksiniz"

∞

"Vücudunuzu sevin. Mükemmel bir iş çıkarıyor. Şekli nasıl olursa olsun, boyunuz kaç olursa olsun... fark etmez. Yine de onu, ne olursa olsun, sevebileceğiniz kadar sevin. Sevdiğiniz zaman, sevilesi olur."

"Kapalı mekanların dışında egzersiz yapın mümkün olduğu kadar. Tercihen doğada, jimnastik salonunda değil... Doğa ve Ay ile yakın olun. Ay'ın güzelliğini takdir edin."

∞

"Çay içimi dostluklar değil, uzun süreli dostluklar sizi farklı farklı hayatlarınızda destekler.

Böyle dostlukları arayın. Onlardan beslenin... Onlar zaten birbirlerini çekeceklerdir. Böylece, farklı hayat tecrübelerinde öğrenmeniz, deneyimlemeniz gerekenleri daha çabuk deneyimleyebilirsiniz. Küçük bir öneri..."

Baş melek Anael

.....

Baş melek Anael'in koyuca pembe renginin ortasından, gümüş rengi ışık ışınları dışarıya doğru yayılır...

Bedenin Bilgeliği

Gümüş ışınlar baş melek Anael'in ay ile olan yakınlığını temsil eder. Ayrıca, bize net bir şekilde davranabilmenin gerekliliğini gösterir. Zihnimizde netlik yoksa hayatımızda da olmayacaktır. Ve bu, hayatımızdaki her alana dağınıklık ve belirsizlik olarak yansır...

Bir bilinç alanı olan bedenimizi sağlıklı tutmak, ona iyi bakmak, hepimizin dikkat etmesi gereken bir konudur. Baş melek Anael bize, vücudumuzun kıymetini bilmemiz gerektiğini öğretir. Vücudumuz, pek çok şekilde evrenin enerjileriyle bağlantı kurmamıza yardımcı olur.

Örneğin, bedenimizin farkında olmak ve kıymetini bilmek, Dünya Ana ile olan bağımızı güçlendirir ve onun sevgisini, değerini ve bilgeliğini daha iyi anlamamıza olanak tanır.

Ek olarak Geleneksel Çin Tıbbına göre vücudumuzdaki her organın enerjisi (sesi, rengi) farklıdır. İç organlarımızdaki bu farklı enerjiler, değişik öğretmenler gibidirler. Onların farklı farklı enerjilerini algılamak, sezgi ve algılarımızı uyandırmamıza ve kendimizi anlamamıza yardımcı olur.

Kadınların, vücudun bilgeliğini hissetmede erkeklerden daha şanslı olduklarını söylemek mümkün. Öncelikle kadınlar, her ay kaçınılmaz bir şekilde vücutlarıyla bağlantıya geçmelerini sağlayan bir düzende yaşarlar. Pek çok yerli kültüründe regl dönemleri, kadınların gruplar halinde inzivaya çekildikleri ve bu dönemde artan sezgileri yoluyla evrenle yakınlaştıkları bir dönem olarak kutlanır. Bu günlerde kadınlar daha çok kozmik enerji çekebilir. Ayrıca kadınlar, sadece çocuk yetiştirmek için değil, aynı zamanda bilgi ve enerji depolamak için de tasarlanmış bir organ olan rahime sahiptirler...

Bedenimiz bize sezgilerimiz yoluyla sürekli mesajlar gönderir. Durumlar, olaylar ve kişiler hakkında önseziler verir. Bunun yöntemleri herkeste farklı olacaktır. Bazımızda tikler, göz seğirmesi, kulak çınlaması, bazımızda mide bulantısı, kalp sıkışması ve başka pek çok yaratıcı yolla kendini gösterir. Kendi yöntemlerimizin farkına varmak, ne anlama geldiklerini öğrenmek yoluyla harika bir rehberlik sağlamış oluruz.

Örneğin, bir arkadaşım sevgilisinin yanına geldiğinde bir kez hapşırıyorsa, ilişkisinin uyumlu olacağına dair teyit geldiğini anlıyor!

Merkezlenemiyorsanız, vücudunuzun farkına varamıyor veya onu önemseyemiyorsanız, enerji sisteminizde bir dengesizlik olabilir. Enerji merkezlerinizin enerjisini düzenlemek ve çakralarınızı açmak için baş melek Anael'den (ve ek olarak baş melek Metatron'dan da) yardım isteyebilirsiniz.

Baş melek Anael, lütfen beden farkındalığımın artması ve bedenimin bilgeliğini anlamam için bana yardım et.

Şimdi Kozmosta hiyerarşi olmadığını bir kez daha hatırlayalım... Kozmik bilincin bir parçası olan vücudumuzda birbirinden daha önemli organlar veya kısımlar bulunmaz. Örneğin, beynin diğer organlardan önemli olduğunu düşünmek, çoğunlukla zihin odaklı yaşayan Batı toplumlarında, oldukça sık görülen bir yanlış düşünce kalıbıdır.

Yine aynı sebepten, beden, zihin ve ruh arasında da bir önem sıralaması yoktur. Ki onların bütünselliklerinin farkında olduğumuzda bu çeşit bir ayrıma gerek kalmaz. Vücudumuzu kategorilere ayırmak ve bu kategorileri önem sırasına göre derecelendirmek, hastalıklara yol açan en önemli nedenlerden biridir.

Baş melek Anael, zevk ve bereketle de ilgili olan enerjidir.

Baş melek Anael'den, hayatınızı dolu dolu yaşamak, hayatın zevkli ve neşeli taraflarını görebilmek için yardım isteyebilirsiniz.

Baş melek Anael'in enerjisi, aynı zamanda, aşk, tensellik ve cinselliği temsil eder. Cinsellik, iki kişi arasındaki sevginin bir ifade yoludur. Yaşam enerjisini içselleştirmemizi ve Kozmosun enerjisiyle bütünleşerek onun enerjisine katılmamızı sağlayan yollardan biridir. Kundaliniyi yükseltir. Ancak sevginin ifadesi olmayan cinsellik, "içsellik" yerine forma odaklandığında, her iki tarafın da enerjisini tüketen bir faaliyet olacaktır. Ayrıca karşı tarafa ait karmaları veya negatiflikleri de cinsellik yoluyla alırsınız (!).

Baş melek Anael, lütfen Sevgi odaklı ve yükseltici cinsellik yaşayabilmem için bana rehberlik et.

Üzerinden Atla!

Bu mesaja bayılıyorum! Ama itiraf etmeliyim ki en çok zorlanılan mesajlardan biri bu... Çünkü olayı bir üst perspektiften görebilmek gerekiyor... Hayatta bazen olaylar beklemediğimiz veya istemediğimiz bir yönde gelişebilir. Bu gibi durumlarda, aslında "iyi" veya "spiritüel" bir insan olduğumuzu düşünebilir, bu zorlukların neden başımıza geldiğine anlam veremeyebiliriz. İlk olarak, her çeşit tanımlama ve kategorizasyonun ("iyi" ve "güzel" olduğunu zannettiklerimiz de dahil) bir rol, maske, imaj olduğunu ve dolayısıyla bizi gerçek benliğimizden uzaklaştırdığını anlamalıyız. Çünkü bunlar kendiliğindenlikli bir şekilde davranmamızı engellerler.

Birlik Bilinciyle yaptığımız her tür "anlaşma" (örneğin, "Ben iyi bir insanım, o yüzden iyi bir hayatı hak ediyorum") bizi, Kozmosla olan uyumumuzdan uzaklaştıracaktır. Her çeşit anlaşma, güvensizlik ve korkudan kaynaklanır. Korku doğal programımızda olan bir duygu değildir.

"Endişe etmek durdurulmaz; üzerinden atlanır." derken, endişeden ve diğer sahte benlik kalıplarından kurtulmak için onlarla savaşmanın veya mantıklı bir şekilde anlamaya çalışmanın işe yaramayacağını söylüyor baş melek Anael. Baş melek Jeremiel'in de bahsettiği gibi sahte benlik ile savaşmak onu daha da güçlendirecektir. Çünkü savaş durumunda bir ayrılık söz konusudur. Halbuki, Kozmosta ayrı olan hiçbir şey yoktur... Hangi şekilde olursa olsun bir ayrım yapıldığında, direkt egonun kucağına düşersiniz!...

Özellikle İstanbul'a son senelerde yurt dışından da taşınanlar olyor. Bundan rahatsız oluyor musunuz??... Daha geçenlerde yine rastladım "Aman her yerdeler!" diyerek konuştukça birbirini kışkırtan iki kişiye. Onları anlıyorum... Ve fakat şunu da ilave etmeliyim: Rahatsız oluyorsan, egoyla savaşıyorsun demektir sevgili dost. Çünkü *olan* bu... Değiştirebiliyorsan değiştirir, *barışçıl* ve *insancıl* alternatifler yaratabilirsin, o başka. Ama egoyla savaşıyorsan, emin ol eninde sonunda kaybedersin!

Egodan ancak anlayışınızı genişleterek arınmak mümkündür. Anlayışınızı genişlettiğinizde egonun sınırlı perspektifini de aşabilirsiniz. Böylece *"üzerlerinden atlayarak"* farklı bir boyuta; özgür olacağınız boyuta geçmiş olursunuz.

Ego kalıplarınızı daha yüksek bir perspektiften görebilmek için baş melek Anael'in yol göstericiliğini isteyin.

Diğer Uzmanlık Alanları

Baş melek Anael mesajlarını verirken içinde bulunduğumuz zamanlar hakkında heyecanlıydı! Bu heyecanı bizim de hissedebilmemizi istiyor. Bize, elimizi çabuk tutmamızı tavsiye ediyor. Yaşamakta olduğumuz bu ilginç zamanlarda, ne kadar şanslı olduğumuzu fark etmeli ve kozmik gerçekleri anlamak ve kendimizi onlarla uyumlandırmak için elimizden gelenin en iyisini yapmalıyız...

İlginç bir teknik de öneriyor bize Anael: Kalbinizin kuytu köşelerine takılanları kuvvetlice üfleyerek arındığınız meditasyonu deneyin. Gerçekten de hafiflediğinizi hissedeceksiniz!

"Eğer ölümden korkuyorsanız bu hayattan da korkuyorsunuz anlamına gelir." Her ne kadar ölümün bir son olmadığından bahsetsek de yine de bir çekince olabilir belki... Bunun şifası da yine Sevgi. Kendiniz için de ölüm yolculuğuna çıkması olası yakınlarınız için de Sevgiye odaklanın! Sevgiye ne kadar çok odaklanırsanız o kadar az korkarsınız... Baş melek Azrail'in bölümünde okuyacağınız Halil Bey'in anlattığına benzer bir örneği de annem yaşamış. Sizlerle paylaşmak istiyoruz.

Anneannem hastalanmış ve yoğun bakıma alınmıştı. Bir gün doktorlar, zaten çok kısa süre içeri aldıkları annemi dışarı çıkarmaya çalışırlarken annem de anneannem de aynı anda birbirlerine sarılmak istemişler. Doktorların tüm itirazlarına rağmen birbirlerine sarılıp, sevgiyle öpmek isteğine karşı koyamamışlar... Ve ikisi de çok mutlu hissetmişler kendilerini! Anneannem o sabah, 05.00'e doğru vefat etmiş. Belki annemle ortaklaşa hissettikleri bu sevgi, ona bu boyuttan ayrılırken destek oldu. Seneler sonra annem hala ona bir kez daha sarılabildiği ve sevgisini gösterebildiği için sevinir!...

Baş melek Anael'in tevazu ile *"Küçük bir öneri"* olarak nitelendirdiği mesajına dikkat çekmek isterim! Gerçek dostların hayatımızdaki önemi sadece bizi iyi hissettirdikleri veya ihtiyacımız olduğunda yardımcı olabildikleri vb. değil gördüğünüz gibi. Onlar sayesinde tekamül yolumuz kolaylaşıyor ve hızlanıyor! Dostlarımızın sadece enerjileri yoluyla bile öğreniyoruz! Onların tecrübeleri ve bilgelikleri sayesinde deneyimlememiz gerekenleri daha çabuk ve daha az yorularak deneyimleyebiliyoruz. Ve bu da gerekli manyetik alanın kurulması için belli bir sürenin geçmesini gerektiriyor. Ayrıca uzun bir ilişkiyi sürdürebilmek demek, süreçte çıkan problemlerin de çözümü demektir. Ki problemleri çözüme kavuşturabilmek tekâmülümüzü destekler. Daha ne olsun? Boşuna "Her şeyin yenisi, dostun eskisi" dememişiz!...

Baş melek Anael'den Pembe Rengiyle Meditasyon

Daha önce de anlattığım gibi renkler size her konuda bilgi verebilir. Baş melek Anael'in de dediği gibi: "Çünkü Evren renktir."

Rahat bir şekilde otur veya yat. Derin ve uzun nefeslerle bir süre sakinleştikten sonra Baş melek Anael'den seni korumasını da isteyerek meditasyona başlayabilirsin.

Önce onun rengini hisset. Pembeye konsatre ol, bırak kendisini sana açsın…

Sakin kal.

Onun pembesinden bazı iç görüler, mesajlar da alabilirsin.

Daha sonra kendi bedenindeki pembe rengi bul. Herkeste var bu…

Ne kadar pembesin?

Rengin sana neler anlatıyor?

Kendin hakkında neler söylüyor?

Bilmen gerekenleri sor…

Sakın kendini zorlama. Bırak gereken sana gelsin…

İstediğin kadar bu şekilde kal.

Meditasyonun bittiğini zaten anlayacaksın... Bedenini hisset güzelce.

Ve hazır olduğunda gözlerini aç.

SEKİZ YÜZLÜ (Oktahedron)
SEN SENİN AŞKISIN
TEK VE BİRİCİK VARLIĞISIN

BAŞ MELEK AZRAİL

"Saflık...

Barış, barış, barış...

Rahatlık."

"Ölmek huzurlu bir şeydir; korkulacak bir şey hiç değildir. Korkmayın. Ama ona ulaşmaya da çalışmayın."

"Her gün ölümü düşünün. Eğer bunu yaparsanız, an'da olmak sizin için kolaylaşır. Bunu en ufak bir korku duymadan yapın. Ölüm, ışığa ulaşmaktır."

"Dinlenmek için kendinizi ellerime bırakın. Sessiz olun ve çok hareketsiz olun. Bu, sakinlik için çok iyi bir meditasyondur. Benden, düşüncelerinizin fırtınasını dindirmemi isteyin. Işığımda çok çok hareketsiz olun."

"Benim ışığım yorgunluğunuzu alır. Her şeyi bırakın ve dinlenin. Kemiklerinizin ve iliğinizin içinde bile sakin hissedin. Özellikle, içinde bulunduğunuz zamanlarda, dinlenmeye ihtiyacınız var. Işığımı içinize çekin ve ışığımın içine girin."

∞

"Sakin, sessiz..."

"Barış öteki dünyada değildir. Buradadır. Barışı bulmak için benim yardımımı isteyebilirsiniz."

"Ben sadece ölmüş insanlara yardım etmem. Yaşayanlara da yardım ederim. Eğer benim yardımıma ihtiyaç duyarsanız, beni düşünmeniz yeterlidir ve yanınızda olurum. Bazı törenler yapmanıza gerek yok. Size yardım ettikten sonra bana teşekkür etmenize bile gerek yok... Bizler, ne olursa olsun size yardım ederiz; istemeniz yeterlidir. Bir dilek olarak bunu ifade etmeniz bile gerekli olmayabilir; sadece düşünmeniz yeterlidir. Çünkü zaten bu şekilde yaratıyorsunuz. Ve siz düşündüğünüzde/hissettiğinizde, olur. Olup olmayacağına dair endişe duymayın. Öyle olduğunu hissedin ve olacaktır. Meleklerin ve kozmosun enerjisi bu kadar becerikli, yetenekli ve çabuktur. Törenlere hiç gerek yoktur."

"Güvendiğiniz ve sevdiğiniz zaman, bu yeterlidir."

∞

"Huzur size yolu gösterir. Her zaman onu takip edin. Ondan hiçbir zaman şüphe etmeyin."

"Açık sarı renkle huzur bulun. Şu anda buna çok ihtiyacınız var. İçinizdeki huzuru bulup çıkartmak için yardımımı isteyin. Fazlasıyla karışık dönemlerden geçiyorsunuz; bu sağlıklı değildir. Kafalarınızı ve kalplerinizi gereksiz yere karıştırır ve yorar. Huzur içinizde. Onu ben size veriyorum zaten. Bunun farkına varın ve kendinizi benim sevgi dolu kalbime emanet ederek yardım etmeme izin verin."

∞

"Sarı ışık sakinleştirir. Rahatlamaya ihtiyaç duyduğunuz zaman benim ışığımı düşünün ve gözünüzde canlandırın. Bu sıcak ve açık bir sarıdır ve benden korkmanıza hiçbir sebep yoktur. Sizi seviyorum ve size yardım ediyorum. Benim sarım, sonsuzluğun sarısıdır. Ölümü de yaşamı da daha iyi anlamanıza yardım

eder. Bu sarının enerjisine açık olun; ona kalbinizi tamamen açın ki onu hissedebilesiniz."

"Sizi, sevgi dolu ışığımla sarıyorum. Barış, sevgi ve sakinlik veriyorum. Ne zaman ihtiyacınız olursa beni çağırabilirsiniz. Sizi seviyorum ve yardım etmek istiyorum."

"Daha sakinleşmeniz gerekli. Çok hızlı yaşıyorsunuz. Sarı ışığım size iyi gelir; yavaşlamanızı sağlar. Onu çağırın. Ve ona güvenin. Güvenin ki böylece sakinleşebilesiniz. Eğer güvenmezseniz, huzursuzluğunuzu yeniden yaratırsınız. Huzursuzluğunuzu ve diğer huzursuzluk verici duyguları, sanki ıslığınızla köpeğinizi çağırıyormuşsunuz gibi geri çağırırsınız. Bu yüzden güven önemlidir."

"Bütün yapabileceğim, tamamen, tüm kalbinizle güvenebileceğinizi söylemektir. Eğer hala güvensizlik ederseniz, size yardım edemem. Bunu bilin ve lütfen ona göre davranın. Sizi seviyorum ve size yardım etmek istiyorum. Benden çekinmeyin ve korkmayın. Size yardım etmek için buradayım. Sizi sarı ışığımla saracağım ve size sevgiden başka hiçbir şey vermeyeceğim. Bundan emin olabilirsiniz."

"Şanslısınız çünkü hepimiz sizlerle birlikteyiz ve sizleri çok seviyoruz. Bunu bilin ve ona göre davranın! Endişelere veya kuruntulara veya üzüntülere hiç gerek yok. Biz her zaman sizlerleyiz ve bu durum sizi iyi hissettirmeli."

"Bu duyguyu arayın içinizde. Bu iyilik duygusunu aramazsanız, onu merak etmezseniz ve dikkat etmezseniz bu duyguya, onun farkına varamazsınız. Bu önemli!..."

"Ben size çok yakınım, çok sevgiliyim ve bazılarınız bunun farkında. Ben aynı zamanda çok da güçlüyüm. Böyle olmasaydım, sevdiklerinize ölüm anında yardımcı olmazdım. Çünkü bu çok sorumluluk isteyen bir görevdir. Eğer onlara yardım etmezsem, yolculukları sırasında kaybolabilirler. Ben onlara sevgi dolu ışığımla rehberlik ederim ve gitmeleri gereken yere ulaştırırım."

"Ben Azrail'im, ve sevgi dolu bir meleğim. Eğer sizleri, şu anda sevdiğim gibi sevmeseydim, işimi iyi yapamazdım. Çünkü

bazen ağır olabiliyor görevim. Bazılarınızın, öldüğünüzde çok ağır bir yükünüz oluyor. Bu yükü temizlemek çaba ve vakit istiyor. Ben her zaman, bu insanlara yardım ederim. Işığa, saf bir şekilde ulaşmalarını sağlarım. Bu böyledir ve başka bir şekilde olamaz."

"Sizleri seviyorum. Bunu size birçok defa söyleyebilirim ve yeterli olmaz çünkü sevilmeye ne kadar değer olduğunuzun her zaman farkında olamıyorsunuz. Bunun hakkında dikkatli olun ki boş yere kafanız karışmasın!"

"Bu hayat çok zevkli bir oyundur ve oyunun bazı kuralları vardır. Hepiniz bu kurallara uyarsınız çünkü başka bir yolu yoktur. Hayat bu şekilde işler. Ben yazarım, çizerim ve hayatı yaratırım. Bu çok güzel bir oyundur. Işıklı bir oyun. Oyunun ışığını hiçbir zaman göz ardı etmeyin yoksa kaybolursunuz! Her zaman ışığı takip edin yoksa sanki ormanda yürüyüş yaparken kaybolur gibi, yolunuzdan saparsınız. Ancak ışığı takip ederseniz, "evde" kalabilirsiniz ve her şey çok zevkli olur."

"Çocuklar gibi oynayın ve zevk alın!..."

Sevgi'li Baş Melek Azrail

.....

Huzur baş meleği Azrail'in rengi çok açık bir sarıdır. Ben onun rengi için *vanilya sarısı* demeyi seviyorum...

Huzur

Melek çalışmalarına ilk başladığım zamanlarda baş melek Azrail ile çalışacağımız zaman "Çekinen var mı?..." diye sorardım. Bazılarınız sıkılarak da olsa bunu itiraf ederlerdi. Hatta bir keresinde bir katılımcımız Azrail ile çalışmayı reddetmişti. Halbuki diğer melekler gibi çok Sevgi'lidir baş melek Azrail. Azrail'i biraz tanıyıp, enerjisini hissetmeye başladıkça herkes onu çok sever. Aynı zamanda da saygı duymaya başlar. İlk baştaki tereddüt ifade eden yorumlar, bu aşamadan sonra "En sevdiğim baş melek!" rütbesine çok rahatlıkla ulaşır...

Azrail, çok rahatlatıcı ve sakinleştirici bir baş melektir. Söylediklerinden de anlayacağımız gibi bizler için çok büyük bir sevgi besler. Bize sabır, sükûnet, rahatlık ve huzur verir. Kendinizi huzursuz, moralsiz veya üzgün hissederseniz, Azrail'in ışığıyla rahatlayabilir, huzur bulabilirsiniz. Azrail'in rengi olan *vanilya sarısı*yla meditasyon ve renk soluması yapmak, hatta bu rengi düşünmek bile bize sakinlik verir.

Ne zaman ihtiyaç hissederseniz, baş melek Azrail'den huzur ve rahatlık vererek kalbinizi rahatlatmasını isteyebilirsiniz.

Melek enerjileriyle çalışırken, onlardan yardım istememizin gerekli olduğunu hatırlayalım. Baş melek Azrail, *"bir dilek olarak bunu ifade etmeniz bile gerekli olmayabilir"* derken, bu isteğin uzun dualar veya törenler şeklinde yapılmasına gerek olmadığını söylemek istiyor. Saf niyetlerle, içten ve samimi bir şekilde, kalpten hissederek dilekte bulunmak da yeterli olacaktır.

Saf niyetlerinizi grup halinde yaparsanız, etkilerinin arttığını da deneyimleyebilirsiniz. Örneğin, katılımcılarımız, hep beraber meditasyon yaptığımızda, çok daha çabuk ve yoğun bir şekilde enerjileri hissettiklerinden sık sık bahsederler. Bunun güzel bir örneğini, bir *Dünya Melekler Günü* kutlamasında yaşamıştık. Baş meleklerle yaptığımız çalışma çok güzel geçmişti. O akşam ve meditasyonun ertesinde, katılımcılardan aile fertleriyle olan ilişkilerinin düzeldiğine, işlerinin iyileştiğine dair yorumlar almıştım. İş arkadaşlarının, ertesi gün "parladığı" için yüzüne ne sürdüğünü sordukları bir katılımcımız bile vardı...

Çember

Baş melek Azrail, bir yakınımızı kaybettiğimizde hissettiğimiz acıyı ve üzüntüyü huzura kavuşturur. Sevdiğimiz bir kimseyi kaybettikten sonra üzüntü hissedebiliriz tabii. Ancak çok ağır ve çok uzun süreli acı da doğal olmayacaktır.

Psikoloji eğitimim esnasında çalıştığım hocalarımdan, ölüm sebebiyle hissedilen acı ve yas konularında dünyaca tanınmış bir klinik psikolog olan *Bob Neimeyer*, kendileri için uygun olan en kısa sürede hayatlarına sahip çıkan kişileri başarılı vaka çalışmaları olarak anlatırdı. Bu kişiler, olayı kabul ederek en kısa sürede işine/gücüne geri dönebilen; diğer sevdikleriyle bağlarını tekrar kurabilen; tekrar bir ilişkiye başlayabilen veya evlenen; ve bu olaydan spiritüel düzeyde bir anlam çıkarabilen kişiler olurdu.

Dünyayı sadece görünen şekliyle algılayan zihin, fiziksel olarak var oluşumuz sonlandığı için ölümü bir son, bir bitiş olarak yorumlar. **Dikkat:** Ölümü sadece yaşayanlar *"kayıp"* olarak nitelendirir. Ölmüş birisinin ölümü nasıl algıladığını hiçbirimiz tam olarak bilmiyoruz.

Ölüm korkusu ve yakınlarımızı kaybetme durumunda hissedilebilecek çok ağır acı, bu yanlış algıdan kaynaklanır. Ancak ölüm dediğimiz olay bir son değildir. Enerjimizin farklı bir frekansa dönüşmesidir.

Bedeni bir kıyafet gibi düşünün. Dünya boyutuna doğduğumuzda bu kıyafeti giyiyoruz. Ve başka boyutların da benzer şekilde kıyafetleri var. O boyutta varlık bulduğumuzda da oraya özgü kıyafeti giyiyoruz... Ülkelerarası yolculuk yapıp, bir başka ülkeye gittiğinizde oraya özgü otantik kıyafeti giymek gibi düşünün! İşte bu kadar basit bir kurgu aslında... Ve inanılmaz pratik bence. Ne dersiniz??...

Doğum ve ölüm çemberi, kozmik enerjinin sürekli,

formdan, formsuz olana —ve tersi—değişip dönüşmesi şeklinde tarif edilebilir. Bu esnada enerji sonlanmaz ve kaybolmaz... Ölümü bu şekliyle algılamak, üzüntümüzü hafifletmede bize yardımcı olacaktır. Hatta belki de çemberin nasıl çalıştığını gerçekten anlayabildiğimizde üzüntünün emaresi kalmayacaktır. Size *Halil Bey*in tecrübesini anlatmak istiyorum şimdi.

Halil Bey'in annesini kaybettiği haberini sosyal medyadan haber aldım. Baş sağlığı dilemek üzere aradım. İyi ki aramışım. Hayatımda yaptığım en yükseltici konuşmalardan biriydi!

"Güzel uğurladım onu" diye başladı Halil Bey, "Ayrılırken yüzünde gülümseme vardı."

"Ne kadar güzel" dedim "Ne mutlu size!"

"Evet... Konuştum onunla, onu ne kadar çok sevdiğimi söyledim. Anladı beni. Ve ikimiz de Sevgiyi çok derin olarak hissettik" diye devam etti Halil Bey...

"Herkes bu şekilde uğurlayamıyor ve uğurlanamıyor" dedim. "Siz belli ki biliyorsunuz neyin ne olduğunu!..."

"O kadar güzeldi ki o Sevgiyi hissetmek Şebnem Hanım!" dedi Halil Bey. "Öyle bir Sevgi ki... İnanın annem de ben de çok mutlu olduk. Onunla bu Sevgiyi paylaşabilmiş olmaktan ötürü şu an çok mutluyum!!"

Üzüntüden değil Halil Beyin anlattığı Sevginin güzelliğinden gözlerim dolmuştu. Telefonu ben de çok mutlu bir şekilde kapattım. Halil Beye bu dönüştürücü tecrübesini bizlerle de paylaştığı için çok teşekkür ediyorum.

Vanilya ışıklı baş melek Azrail'den, ölümün doğasını anlamanıza yardımcı olmasını isteyin.

Baş melek Azrail'in ölüm dediğimiz dönüşümle ilgili pek çok önemli görevi var. İlki bizi bu dönüşüm anında koruyup gözeterek ışığa taşıyor. Gördüğünüz gibi bu bizler için fazlasıyla önemli! Baş melek Azrail'in bizi ne kadar çok sevdiği ve önemsediğinin kanıtıdır bu görevi.

"Çember" kartını severim; ilk başta anlaması zor gibi gözükür ama aslında çok derindir... İlk olarak:

Yaşam ve ölüm döngüsünün bir "çember" olduğunu algılamak için şöyle düşünmeyi severim:

Doğarken nefes veririsiniz. Ölürken nefes alarak ayrılırsınız bu dünyadan.

Hayat bir *nefes verişle*, bir *nefes alış* arasındaki geçen bir rüya mıdır?...

Ve böylece çember tamamlanır...

Bu noktada sizinle başımdan geçen ilginç bir olayı daha paylaşmak istiyorum. Seneler önce bir sertifika programı eğitimindeydim ve hocamız dersi bitirirken, ne hissettiğimizi fark edebilmemiz için kısa bir meditasyon önermişti. 2-3 dakikalığına gözlerimizi kapatmıştık. Meditasyon için çok kısa bir süre olmasına rağmen çok çabuk sessizleşebildim. Ve birden, *"Her şey bitti..."* dedi bir ses bana... *"Öldün!"*

Bir taraftan meditasyonu devam ettirmeye çalıştığım halde şaşırayım mı, korkayım mı bilememiştim! Ama diğer taraftan öyle müthiş bir huzur ve dinginlik kapladı ki içimi şaşkınlığı da, korkuyu da unuttum. Bu *hareketsizliği* anlatmak için kelimeler gerçekten de çok yetersiz kalıyor...

Her şeyin durduğunu hayal etmeye çalışın. Sanki sürekli bir kıpırtı halindeki hayata dair her şey duruyor. İnanın dinginlik veya sakinlik gibi kelimelerle nitelemek bu inanılmaz kıpırtısızlığa haksızlık oluyor!...

Bunu hayata taşıdığımızda, aslında ne kadar da rahat, sakin, dingin ve sınırsız olabileceğimize dair bir ipucu edinmiş oluyoruz.

Böyle bir kapasite var...

Ve bu kapasite istisnasız hepimizde var. Deneyimleyebilmeniz dileğimle...

Bir şeyi anlamaya çalışırken, tersini anlamaya çalışmak etkili bir yöntemdir. Çünkü insan zihni sürekli bir şeylerle karşılaştırma yaparak, referans alarak düşünür/öğrenir. Hayatı anlamak, bu hayatı nasıl kullandığımızı fark etmek için ölüm boyutunu hissetmek gözünüzü açan bir deneyim olabilir.

İşte bu yüzden Azrail, "Her gün ölümü düşünün" diyor. Hayattayken, ölümü anlamaya çalışmak ve ondaki dinginliği hissetmek pek çok *şamanik* ve *Doğu Felsefesine* ait çalışmada gündelik olarak uygulanan bir yöntemdir. (Baş melek Anael de hayatın ve ölümün sadece farklı taraflar/kompartımanlar olduğundan bahseder...).

Çember mesajının ikinci anlamıysa sadece yaşam-ölüm döngüsünü değil hayata dair döngüleri de tarif ediyor oluşu...

Aslında hayatta her şey bir döngü... Çünkü evrenimizde enerji helezonlar şeklinde hareket ediyor. Dolayısıyla oluşun kendini gösteriş şekli de çembere benziyor.

Bu kartı çektiğinizde, bir döngüye başlamak üzere olduğunuzu anlayabilirsiniz. Önemli olan bunun bir kısır döngüye dönüşmemesi!

Daha önce yaşamış olduğunuz tecrübelerinize bakmanızda fayda var bu noktada. Aynı şeyleri tekrar tekrar yaşayıp duruyor musunuz? Demek ki olayı daha tam öğrenememişsiniz. O yüzden iyice bir düşünüp, tartın öğderim. Önceki dersleri içselleştirmeye niyet edin. Neler öğrendiğinize veya öğrenemediğinize bir bakın...

Ve döngüyü eski seviyesinden değil de, **bir üst aşamadan başlatmak üzere** yola çıkın...

Çok ince bir dengeden daha bahsetmek istiyorum şimdi... Bazen bilinç-altı bile olsa (özellikle de hayatın zor olduğuna dair bazı yanlış inanç kalıplarımız varsa) ölümü bir kurtuluş yolu gibi algılayabiliriz. Öldükten sonra, hayatımız boyunca yaşadığımız acıların mükâfatını alacağımız gibi bir düşünceye kapılabiliriz. *"Ama ona (ölüme) ulaşmaya da çalışmayın"* derken, bu şekilde düşünmememiz öğütleniyor. Bu dünyaya tecrübe edinmek, hatırlamak, tekamül etmek ve bütün bunları yaparken de huzurlu/mutlu olmak için geliyoruz. Ölümü bir kurtuluş olarak algılamak, hayatı dolu dolu yaşamamıza engel olarak, edinmemiz gereken tecrübeleri ve öğrenmemiz gereken dersleri sınırlar. Ek olarak, bu hayatta acı çekmek ve istemediğimiz koşullara tahammül etmek zorunda olduğumuzu düşünmek de içsel gücümüzü yadsımak olacaktır.

Baş melek Azrail aynı mesajıyla şu noktaya da dikkatimizi çekiyor: Bazılarımız ileride yaşayacağımız güzel zamanlar konusunda oldukça hevesli... Dünya hayatını önemsemeyip bir an evvel o hayatları yaşamaya başlamak istiyorlar! Ancak bu düşünce de dünyada yaşamamız gereken tecrübeleri sınırlıyor. O yüzden sabırla olan dengeyi de iyi kurmamız gerekiyor...

Baş melek Azrail'den, hayatınızı dolu dolu ve sizin için "olması gerektiği gibi" yaşayabilmeniz için rehberlik etmesini isteyin.

Ölüm hakkında bu kadar konuştuktan ve aslında bir son olmadığı bilgisi öğrendikten sonra bile bazen bu boyuttan ayrılmış yakınlarınızı özleyebilirsiniz. (Özlemek, *an*'da olmayı tam olarak başaramadığınız anlamına gelse bile!...).

Böyle zamanlarda yakınlarınızdan haber almak isterseniz, baş melek Azrail size bu konuda da yardım edebilir. Bu noktada direk yakınlarınızdan değil, Azrail'den haber istiyor olduğunuzun altını çizeyim izninizle... Çünkü artık bu boyuttan ayrılmış varlıklarla iletişime geçmeye çalışmak onlar için külfet, sizin içinse enerji kaybıdır (!).

Diğer Uzmanlık Alanları

Baş melek Azrail aynı zamanda çok değerli bir rehberdir. Yardıma ihtiyacımız olduğunda, sevgi dolu ve şefkatli bir şekilde, bizim için ve evren için en iyi olacak doğrultuda, bizi yönlendirir.

Danışmanlar, öğretmenler, psikologlar vb. rehberlik eden kişilere de mesleklerini icra etmede yardımcı olur. Böyle bir göreviniz varsa veya bu konularda çalışmayı arzu ediyorsanız, içinizdeki rehberi açığa çıkarması için baş melek Azrail'den yardımını isteyebilirsiniz; muhakkak yol gösterecektir.

Sevgili Yasemin'e yaptığı gibi... Nitekim Yasemin Derya Metin yaklaşık bir sene kadar önce kendi danışmanlık yolculuğuna başladı ve pek çok insana yarar sağlamaya devam ediyor! Elinizde tuttuğunuz kitaptaki çalışmalardan sonraki yorumuysa şöyle:

> *"Dün kitabı okurken birçok olasılık bir araya geldi ve Baş melek Azrail tarafından bana ve başka insanlara bir çalışma gerçekleşti. Baş melek Azrail daha önceden yaptığım çalışmalarda da çok güzel etkiler getiriyordu bana. Bu mucizevi bir durumdu."*

BAŞ MELEK RAGUEL

"Mavimin dürüst niyetini size veriyorum. Sizin olsun. Ona iyi bakın. Onu sevin ve onu kullanın. Her işiniz ve yaptığınız dürüst niyetlerle olsun. "

"Mavinin dürüstlüğü vardır ve sakinliği, biraz soğuk gibi hissedilir. Bu da sizi dinginleştirmesi içindir. Yorgun hissettiğinizde, kafanız karıştığında mavinin size yaraması bu yüzdendir. Maviyi bu gibi durumlarda kullanabilirsiniz. Size iyi gelecektir."

"Ağır. Kalplerinizde ağırlık var. Bunları uzağa üfleyin gitsin. Gerçekten de; derin bir nefes alın ve bütün ağırlığı yapabildiğiniz kadar uzağa yollayın. Bunun üzerinde gerçekten çalışmanız gerekli. Üfleyin, üfleyin, suratınız kırmızılaşana kadar; son damla nefesinizi de çıkartana kadar…

"Nefes enerjidir dolayısıyla her şeyi size veya sizden dışarı taşır. Bunu kullanın. Hayatı içinize çekin ve ölümü (sizin içinizdeki ölümü) dışınıza çıkarın. Ve nefes, mavi bir rüzgar gibi sizi temizleyecek. Güzel… Aferin…"

∞

"Saf olun. Mavi için. Su içerken, suyun mavisini de için. Bu sizin içinizi yıkar ve saflaştırır. Bu tip çalışmalar hiç zor değildir. Hepiniz uygulayabilirsiniz ve uygulamalısınız! Ve bunlar çok çok önemlidir. Basit gibi gelse de yapın. Size çok şey verir çünkü hissetmenizi sağlar. Ve dikkatinizi verdiğiniz an hissedersiniz… "

"Gökyüzü gözlerinizle buluştuğunda sakinliği düşleyin. Açıklık, berraklık ve dürüstlüğü imgeleyin. Maviyi kendinizde arayın, mavi yönlerinizi bulun. Kendinizi tanımak için renkleri kod olarak kullanabilirsiniz arkadaşlar."

"Mavi gözler için iyidir. Görüşü düzeltir, çünkü maviye bakmak gözü dinlendirir."

∞

"Mavi ışık banyosu sizi yeniler. Sürekli yenilenme lazımdır ve özellikle şimdi daha sık olması sizin için iyidir. Çünkü dünyanın enerjisi çok hızlı bir biçimde değişiyor. Sizlerin de ona ayak uydurmanız gerekli.

O yüzden bol bol ışığımla yıkanın. Sizi hem içten, hem dıştan yıkamasına izin verin. Ve bu sizin için iyi olacaktır."

Baş Melek Raguel

.....

Baş melek Raguel'in ışığı dinginlik yayan bir gökyüzü mavisidir.

Öz Işığı

İlişkiler baş meleklerinden olan Raguel, her çeşit ilişkimizin uyumlu ve barışçıl olmasına yardım eder.

Baş melek Raguel, lütfen "..." ile olan ilişkimin uyumlu ve yapıcı olması için temel amacını kavramama yardım et.

Gök mavisi melek hepimizin özümüzde ışıklı olduğunu öğretir. Özümüzdeki bu ışık, Tanrının ışığıdır ve ölüm dediğimiz bu dünyadan ayrılışa kadar içimizde parlar. Bu ışık, asıl halimizde mükemmel ve tam olduğumuzu gösterir. İçsel doğrumuzu hayata geçirebildiğimiz sürece bu ışık daha parlak bir şekilde yanar.

Baş melek Raguel'den, öz ışığınızın farkına varmanız ve onu daha da parlatmanız için yardımcı olmasını isteyebilirsiniz.

Yaradan'ın ışığını taşıdığımız gerçeği, ilişkilerimiz konusunda bize yardımcı olacaktır çünkü bize hepimizin özünün ışıklı ve parlak olduğunu, öz olarak "kötü insan" diye bir şeyin olmadığını gösterir.

Davranışlardaki problemler, bu ışığın unutulması ve üzerinin yanlış düşünce ve duygu kalıplarıyla örtülmesi yüzünden meydana gelir. Problemlerle karşılaştığınızda, kötü insan değil, ancak "yanlış davranış şekli" olabileceğini hatırlayın lütfen! "İyi" veya "kötü" olarak adlandırdığımız yapı, herkesin içinde mevcuttur aslında. *Hangisinin ifade edileceği, kişinin tekamülüne bağlıdır!*

"Her zaman göz göze gelemeyebiliriz. Ama kalp kalbe bakmayı deneyebiliriz."
S.Levenson

Davranış düzeltilebilir. *Kurgulamacı Psikoloji, Danışan-Odaklı Psikoloji* gibi kalbime çok yakın post-modern psikoloji okulları bu düşünceyi temel alır... Örneğin, Kurgulamacı Psikoloji okulu, belli bir zamanda bazı problemler olabilse dahi, *nedeni ne olursa olsun* bütün bu problemlerin çözülebileceğini savunur. Psikiyatri ve Klinik Psikoloji genellikle genetik olduğu düşünülen hastalıklar için "tedavisi zor hatta imkansız" yargısındadır. Ama yeni paradigmanın insan düşüncesi post-modern psikoterapi tekniklerinde ifadesini daha fazla buluyor...

Dikkat etmeniz gereken bir nokta da şu: Bir kişiyi kötü, problemli, kıskanç, anlayışsız vb. sıfatlarla yargılamak, kişiyi o kategoriye hapsetmek anlamına gelir. Ve kişinin enerjisini etkileyeceğinden bu davranışları tekrarlamasına neden olacaktır. Bilimsel olarak kanıtlanmıştır bu...

Baş melek Raguel, lütfen hem benim, hem de problem yaşadığım insanların, Evren için hayırlı olacak şekilde öz ışıklarımızın farkına varmamız için yardımcı ol, ışığını bize gönder...

Egoyu gözlemlediğinizde, sizi kategorilere, sınıflara ayırdığını ve daha sonra bu kategorileri iyi-kötü, doğru-yanlış, değerli-değersiz, yüksek-alçak vb. karşıtlıklar şeklinde yargıladığını görebilirsiniz. Sahte benliğin kutuplar olarak yorumladıkları aslında birbirine dönüşüp duran doğal olgulardır. Dolayısıyla birbirlerinin karşıtı değil, tamamlayıcıları olabilirler ancak...

Aslında egoyu, nötrlükten, merkezimizden bir sapma olarak tanımlamak doğru bir tarif olacaktır. Doğayı gözlemlediğimizde ise, karşıtların olmadığını, doğanın tarafsız olduğunu, ne oluyorsa onun kabulünün geçerli olduğunu görürüz.

Örneğin, hava soğuk diye havayı kötüleyen bir ağaç olabilir mi?... Ağaçlar bu duruma uyum göstermeye çalışacak, belki yapraklarını dökerek metabolizmalarını yavaşlatacaklardır. Doğa her zaman merkezini koruduğu için "neyse, odur." Bizim de "doğal" halimiz budur...

"İyi veya kötü diye bir şey yoktur; ama düşünmek, varmış gibi gösterir."
W. Shakespeare

Yeri gelmişken *"kabul etme"* ve *"kabullenme"*nin farkından kısaca bahsedelim: Kabullenme, "istemeyerek bir şeyi kendine mal etme" anlamındadır; dolayısıyla pasiflik söz konusudur. Kabul etmede ise bir seçim yapma durumu vardır. Dolayısıyla da bu seçime göre davranma özgürlüğü mevcuttur.

Dualiteden kurtulduğunuzda, ilişkilerinizi de daha doğru bir şekilde anlamlandırabilirsiniz. Özellikle de kendiniz için zor olanları... Karşınıza bir zorluk çıktığında, yargı ve suçluluk duygularını bırakarak o durumu çözmeye odaklanabilirsiniz. O anda ilişkinizde ne kadar zorlanırsanız zorlanın, o dersi öğrenip kapattığınızda eskisinden daha güçlü ve bilge bir hale gelirsiniz muhakkak...

Bu durumda, o kişi ve olay sizin için çok değerli bir öğretmen değil midir?... Öğretmeninize teşekkür edin ve onu sevgiyle uğurlayın o halde...

"Gündüz ve gece düşman gibi görünürler dıştan,
Oysa aynı amaca hizmet ederler.
Her biri ortak işlerini tamamlamak için birbirlerini sevmektedirler.
Gece olmazsa, insanın bedeni hiçbir kazanç elde etmez,
Gündüz harcayacak hiçbir şeyi olmaz elinde...
...
Göğe ve yere akıllı varlıklarmış gibi bakın,
Zira onlar akıllı varlıkların yaptıklarını yapıyorlar.
Bu iki şey birbirlerinden zevk almıyorlarsa eğer,
Ne diye sevgililer gibi sarmaş dolaş duruyorlar?"
Mevlânâ

Önemli Not: Başkaları için dilekte bulunmak isterseniz şayet, o kişinin hayatına karışma ihtimalini ortadan kaldırmak için her zaman "söz konusu kişi ve evren için hayırlı olacaksa veya olacak şekilde" diye yardım isteyin... (Diğer bir yöntem ise direkt o kişiden veya gerçek benliğinden izin istemektir).

Neden mi?... Söz konusu kişinin yaşadığı olaydan, hastalıktan vb. bir ders çıkarması ve bu şekilde güçlenmesi gerekiyor olabilir. Eğer bu deneyimde bunu gerçekleştiremezse bu ders karşısına başka bir zaman başka bir şekilde çıkacaktır. Büyük ihtimalle daha da ağırlaşmış olarak. İşte bu yüzden her zaman isteğimize "kişi ve evren için hayırlı olacaksa" sözlerini ilave ediyoruz.

Adaletli Evren

Adalet, adillik ve dürüstlük, baş melek Raguel'in özelliklerindendir. Baş melek Raguel, tüm melekler arasında adil bir şekilde iş bölümü yapar ve bizleri gözettiği gibi onları da gözetir. Ek olarak bize kozmik adalet kavramını öğretir.

Adaleti, insan mantığına uygun kanun ve kurallara göre sağlamaya çalışmak, her zaman yapıcı sonuçlar vermeyebilir. Çünkü insani adalette, olayı gerektiği kadar geniş bir perspektiften görebilmek mümkün değildir. "Her işte bir hayır olduğu" çoğunlukla gözden kaçar...

Ceza verme mantığıyla hareket edilen dünyevi adalette, olaylar çoğu zaman gerçek anlamda çözümlenemez. Kırgınlıklar ve üzüntüler, sadece "kıyafet değiştirerek" var olmaya devam ederler... Bir başka zaman, bir başka olay şeklinde ortaya çıkana dek!

Haksızlığa uğradığınızı düşünüyorsanız, durumun temelinde yatanları anlamak için baş melek Raguel'den yardımını isteyin.

Ek olarak, öç alma ve kin duygularıyla hareket edildiğinde, her ilişkinin özünde yatan ders de tamamen kaçırılmış olur. Haksızlığa uğradığınızı düşündüğünüzde, olayı meleklere ve Birlik bilincine devredin. Olayın nedenlerini, neden böyle bir şeyi yaşamanız gerektiğini, açık fikirli olmaya çalışarak anlamaya gayret edin.

Baş melek Raguel, lütfen öfkemin ötesini görmeme ve olanı kabul edebilmeme yardımcı ol. Değiştirmem gereken koşullar varsa, bunun için gerekli sabrı ve adaleti gösterebilmeme destek ol.

Bu şekilde olay herkes için en iyi olacak şekilde çözülecektir. Çözüm, genellikle tahmin edemeyeceğiniz bir şekilde ve zamanda olacaktır. Yaşadıklarınızdan öğrendiğinizde, benzer olayların başınıza gelme ihtimali de ortadan kalkmış olur.

Yanlış bir davranışa maruz kaldığınızı düşündüğünüzde, bu davranışı kabul etmediğinizi uygun bir şekilde belirtmeniz de gerekebilir tabii ki... Aksi takdirde söz konusu kişi, onu yapmakta haklı olduğu ve devam etmesinde bir mahsur olmadığı mesajını alabilir çünkü.

Burada küçük ama önemli bir parantez açalım: Kabul etmediğinizi her zaman sözel olarak belirtmeniz de gerekmiyor. Bunu "içsel bir *hayır*" kelimesiyle belirtmek, o kişiye enerjisel olarak ulaşacak ve ego davranışının sonlanmasında çok etkili olacaktır.

İçsel reddi, öç alma ve öfke duyguları *olmadan* yaptığınızda (yani kişiye yönelik değil, davranışa yönelik yaptığınızda) ortak çözümün sağlanması için çok büyük bir adım atmış olursunuz!

Diğer Uzmanlık Alanları

Baş melek Raguel, duru-algılarınızı, özellikle de duru-seziyi uyandırmada yardımcı olan meleklerdendir. Bu konuda her zaman onun yardımını isteyebilirsiniz.

Raguel başkalarının enerjisini ve hislerini, kendi enerjinizden ve hislerinizden ayırmanıza da yardım eder. Bu çok önemli bir destek dostlar. Çünkü o kadar sık başkalarına ait duyguları üstümüze alınıp kendimizi kötü hissediyoruz ki!... Sizden kaynaklanan bir problemi çözebilirsiniz. Ancak size ait olmayanı çözmek çok daha zordur. Özellikle de meşgul ve yoğunsanız, kafanız karışıksa veya sürekli kalabalık ortamlarda bulunmak durumundaysanız Raguel'un bu özelliğinden yararlanın. Çok değerli bir yardım olduğunu fark edeceksiniz...

Baş melek Raguel, duygu ve düşüncelerin kendime mi, başkalarına mı ait olduğunu ayırt edebilmemde lütfen yardımcı ol.

Ve bu desteği "hayırlı olacak şekilde" dileğiyle, çocuklarınıza da öğretin! Bunu onlara **"kendi olma oyunu"** ismiyle anlatabilirsiniz örneğin...

Bir yetişkinin çakralarının etrafında olan "koruyucu tül" tabakası çocuklarda yedi yaşına kadar tam olarak oluşmaz. İşte bu yüzden çocuklar etraflarındaki enerjilere karşı daha hassastırlar. Bazen kırkı çıkmamış bebekleri AVM'lerde görüyorum. İnanın içim cız ediyor... Siz siz olun kırkı çıkmadan bebekleri bırakın AVM'ye götürmeyi, dışarıya bile çok gerekmedikçe çıkarmayın!!

Kendinize ait olmayandan özgürleştikten sonraysa Raguel'dan problemin diğer kişiler için de en kısa zamanda çözülmesi için desteğini isteyebilirsiniz. Problemini çözen birinin *ortak bilince* katkı sağlayacağını unutmayın. **Ortak tekamül oranı**mız bu şekilde artacak ve "yuvaya dönüş" yolculuğumuzu hızlandıracağız...

Baş melek Raguel, hayatımızı en verimli şekilde nasıl oluşturabileceğimizi anlatır. Dışımızda olanlar, içimizdekilerin bir aynasıysa, olumlu düşünceler ve niyetler, olumlu bir gerçeklik yaratacaktır. Ancak olumlu olmak sürekli pozitif düşünmeye çalışmak değildir. Ortada bir problem varsa, öncelikle onun çözümü gerekecektir...

Olumlu olmak, gerçek benliğinizi hayata geçirdiğinizde, Birliğin sevgisini ve güven duygusunu hissettiğinizde gerçekleşen bir "oluş halidir."

Olumlu olduğunuzda, problemlerin oluşması için gerekli olan düzlemde zaten değilsinizdir. Ancak yine de oluşmaları halinde, problem ne olursa olsun çözülebileceğini bilirsiniz.

BAŞ MELEK JEREMIEL

"Yorgunluğa dikkat edin. Hem duygusal, hem de fiziksel olabilir yorgunluğunuz. Özellikle duygusal yorgunluğa dikkat edin, çünkü enerjinizi çalar. Negatif duygulara yüz vermeyin. Enerjiniz çok önemlidir. Sizde kalmalı, çünkü onunla çok büyük işler yapacaksınız. Duygusal yorgunluktan kurtulmak için yardımımı isteyin. Duygular bazen gereksiz yere ağır olabilir..."

∞

"Ümit ve ümitsizlik aynı şeydir. İkisi de olmayan bir şey için duyulan özlemle alakalıdır."

"Ben umudu insanlara bir şey yapmaları gerektiği zaman veririm. Yoksa durup dururken, boş boş otururken bir şeyler için ümit etmek işe yaramaz. Bu vakit kaybı olur, çünkü boşuna bekleyip durursunuz. Bir şey yapmadan, eli kolu bağlayıp beklemek; 'ümit etmek' bir işe yaramaz. O şeyi gerçekleştirmez. İnsan kendi gücünün farkına varmalı ve onu kullanmalıdır."

"Ümit sadece bir şey gerçekleştirildiğinde vardır ve işe yarar. Bu çok önemli bir ayrımdır. Buna dikkat edin. Çünkü bazılarınız bir şeyleri bekleyip duruyor, ama onun için hiçbir harekette bulunmuyor. Hiçbir şey yapmadan oturulursa istenen şey yerine gelemez. Nasıl gelebilir ki? Hiçbir şey yapmadan oturmak enerjiyi harekete geçirmez. Bu evren sadece enerjiden oluşuyorsa -ki öyledir, bu enerjiyi harekete geçirmek için bir şeyler yapmak, faaliyete geçmek gereklidir. Yoksa enerji atıl kalır."

∞

"Mor'un enerjisi bu zamanlar için uygun; mor rengin enerjisinden yararlanın. Size iyi gelecek. Yakında Kozmos'un altın enerjisine geçeceğiz ve bize daha yakın olacaksınız. O zamana kadar mor üzerinde çalışın ve size bilgelik getiren enerjisini içselleştirin.

"Işığımla sizi seviyorum. Sizin de beni ışığınızla sevdiğiniz gibi. Bu bir ışıklar buluşmasıdır. Kozmos'un özünün buluşmasıdır ve çok güzeldir. Yüreğiniz kabarır ve kalbiniz dolup taşarsa buluştuk demektir. Işığınız bol olsun, sevgililer.

∞

"Morun ışığını anlat çocuğum. Sen de mor gibisin ya, o yüzden iyi anlatacaksın çünkü insanların bunu bilmesi lazım. Morsuz yaşıyorlar ama mor şu an için çok önemlidir. Sakinlik verir onlara ve kendilerine saygı duymayı öğretir. Bu da öğrenilmez aslında ama şu aralar gerekli olduğu için söylüyorum...

"Sevginin ışığını anlat çocuğum. Dünyanızda şu anda büyük bir sevgi eksikliği, daha doğrusu 'sevgi farkındasızlığı' var. Çünkü sevgi her yerdedir, her zaman vardır. Yaratılması gereken bir şey değildir..."

"Sevgiyi fark etmeniz gerek. Sevgiyi anlat çocuğum..." (Bunları anlatırken, Jeremiel'nın renginde, sonsuz Sevgi'nin ifadesi olarak, yıldız gibi ışıklar yanıp sönüyordu. Bu, çok parlak beyaz ışıklar uçsuz bucaksız bir mor'un içinde sonsuza doğru gidiyorlar...).

∞

"Duygularınızın farkına varmanız önemlidir. Onları kalbinizdeki çiçekler gibi gözetin. Gözetin; yani onları izleyin. Ne zaman geliyorlar? Nereden geliyorlar? Ne demek istiyorlar? Bunlara dikkat etmeniz gerekli!"

"Duygularınızı takip ederseniz ancak, nereden geldiklerini anlarsınız. Onların izini sürmelisiniz. Birinden diğerine, sonra ötekine, ta ki en sonuna gelene kadar. En sonda ne var? Bir şey var mı gerçekten de? İyi bakın. Çok iyi bakın... İyi dinleyin. Ne var orada? Bir şey bulabilirseniz bana haber verin!..."

"Işığınız bol olsun, sevgililer."

"Can'sın. Gözümün nurusun.

Gözüm her şeyi görür. Seni de evrenleri de görür; onlara yansır.

Işık ışıkta buluşuruz tüm Kainat.

Bu ne güzel bir kutlamadır!

Baş Melek Jeremiel

.....

Baş melek Jeremiel, ametist taşı gibi sıcak, şifalı bir "açık mor" frekansındadır.

Duygusal Arınma

Daha önce denemediyseniz, duygusal arınmanın size ne kadar çok enerji vereceğini tahmin edemezsiniz!

Eğer kendinizi yorgun hissediyorsanız, motivasyonunuz düşükse, canınız yeni bir şeyler yapmak istemiyorsa vitamin almayı veya tatlı yemeyi bırakın. Duygusal arınma yapın! En fazla enerjiyi duygularımız yüzünden kaybederiz çünkü... Sıralama şöyle:

1- Duygular

Tahmin edebileceğiniz gibi kıskançlık, üzüntü, öfke, kin, öç alma isteği, aşırı tutkular, şehvet, kurban psikolojisi, kötü anıları canlandırmak, başkalarını suçlamak vb. negatif duyguların yanı sıra aşırı neşe, çok fazla gülmek, hoşunuza giden bir olay yüzünden çok heyecanlanmak vb. fazla pozitif duygular da bu kategoriye dahildir.

2- Çok fazla düşünmek

Zihinsel gevezelik diyorum ben buna. Sürekli bir şeyler düşünen zihin hali yani –ki bu düşünceler genellikle gereksizdir. Örneğin, bir tanıdığım her ay piyango bileti alır ve ikramiye ona çıkınca neler yapacağını, neler alacağını en ufak detayına kadar planlar. Bu çok ciddi bir enerji kaybı... Piyangonun hiç çıkmaması da cabası! Çünkü Kozmos fazla detaycılığı, aşırı planlamayı hiç sevmez...

3- Çok fazla konuşmak

Çok konuşmak ciddi bir enerji kaybına yol açar. Çünkü konuşurken hem beyin, hem de yüzünüz/ağzınız/ses telleri aşırı derecede aktiftir. Siz siz olun gereksiz şeyler konuşmayın. Dedikodu hiç yapmayın (!)... Dedikodu enerjinizi kaybettirdiği kadar, onu kirletir de çünkü!

Seneler önce, daha ABD'de yaşıyor iken şamanik bir tekniğe merak sarmıştım: "Özetleme." Bu teknik hayatınızın o anına kadar yaşadığınız önemli bütün olayları listeleyip, kaybettiğiniz enerjiyi özel bir yöntemle geri almanızı içeriyordu. Ben de çocukken yaşadığım bir travma için tekniği uyguladım. Birkaç gün ısrarla yaptım ama pek bir etki görmedim... Sonra bir gün...

Tekniği çalışıyorken birden *inanılmaz* bir enerji dalgası adeta bana çarptı! O kadar kuvvetliydi ki beni geriye doğru itmişti. O olayda kaybettiğim tüm enerji o anda bana geri dönmüştü! O an kendimi o kadar enerjik hissettim ki yerimde bile oturamadım. Kalkıp olduğum yerde bir süre zıpladıktan sonra ancak tekrar oturabilmiştim. Travmalar ve negatif duygular yüzünden ne kadar çok enerji kaybediyoruz; bu olayla çok net bir şekilde deneyimlemiştim...

Peki, neden duygular bu kadar enerji kaybettiriyor? Çünkü duygular aslında "harekettir." Çok fazla duygulanırsanız, yani çok duyumsarsanız doğal olarak yorulursunuz... Diğer kitaplarımda anlattığım *Yüksek Hassasiyetler* işte bu yüzden bu kadar yorucudur. (Yüksek Hassasiyetlere sahip olup olmadığınızı anlamak için *sebnemozkan.com*'daki "Yüksek Hassasiyetler Testi"ni alabilirsiniz).

İngilizce'deki duygu anlamına gelen *emotion* kelimesi

hareket eden enerji (e-motion: energy in motion) olarak deşifre edilir. Hareket hayatta olmanın gerekliliklerinden biri olsa da fazla hareket de yorucu, dağıtıcı ve dolayısıyla verimsizdir. Hiperaktif bir çocuğu düşünün; hem kendisini, hem de etrafındakileri yorar. Ancak sakinlikte görebileceği şeyleri kaçırır...

Duygusal arınmanın ülkem insanı için çok gerekli olduğunu düşünüyorum. Fazlasıyla duygusalız çünkü! Öyle ki, bu "galeyana gelme" veya "şapka düşse ağlama" özelliğimizi iyi insan olmakla özdeşleştiriyoruz. Durum böyle olunca televizyondaki kuşak programlarında ağlamak, bağırmak normal gibi gelmeye başlıyor. Her olanda bir hayır vardır malum... Bu deşarj da gerekli demek ki bize... Ancak dikkat etmemiz gereken çok önemli bir şey var: *Yarayı açıyorsan, onu kapatmadan bırakma!* Psikolog şapkamı takmama izin verin: Duyguları sadece anlatmak, paylaşmak çözüm getirmez. Sonrasında onları sağlıklarına kavuşturmak, bir sonuca, duyguyla uzlaşmaya varmak gerekir. *Aksi takdirde anlattıkça, paylaştıkça başkalarına da bulaşır, artarlar (!!).*

Acaba duygularımızla yüzleşemediğimiz için mi bu tip televizyon programları bu kadar rağbet görüyor dersiniz? Eleştiri kabul edemediğimiz için mi ekranlarda bile birbirimizin dedikodusunu yapıyoruz? Her zaman dikkat etmeniz gereken kıstas şudur:

Hakim olamadığın duygu, yarardan çok zarar getirir.

Sema Hanım bu konuda başarılı olmuş insanlardan biri!: *"... Bir de uzun süre mazlumu oynadım ve bunun bana bir şey kazandırmadığını çok şükür öğrendim. Yargılama hususunda dikkat etmeye çalışıyorum. Hem kendimi hem başkalarını yargılarken kendimi yakalarsam karşıdakinin ruhundan özür dileyip kendi ruhumdan da beni affetmesini istiyorum."*

İyileştirilmesi gereken her çeşit ego duygusundan özgürleşmeniz için şifacı baş meleklerden olan Jeremiel'dan yardım isteyin. Güzel mor rengiyle sizi arındıracaktır...

Baş melek Jeremiel, lütfen enerjimi çalan her çeşit duygum için hakimiyet sağlamama yardımcı ol.

Egoyu, bizi hayatımızın sonuna kadar en uygun şekilde yaşamamızı sağlayacak olan doğal programımızı geçersiz kılan "suni bir program" olarak düşünebilirsiniz. O halde egonun özelliklerinden bahsedelim biraz; böylelikle onu tanımamız ve ondan özgürleşmemiz daha kolay olacaktır.

1- Ego bizi merkezimizden -nötr halimizden- saptırmak için genellikle birbirinin tersi argümanlar öne sürer. Mesela, bir gün, diğerlerinden daha iyi olduğumuzu ve başkalarının bizi örnek alıp saygı duyması gerektiğini söylerken, bir kaç gün sonra, ne kadar değersiz olduğumuzu, başkalarının desteği olmadan ayakta kalamayacağımızı vb. söyleyebilir. Bu tarz dengesi kaçmış argümanları fark ederseniz bilin ki iş başındadır...

2- Ego yapısı itibariyle sınırlayıcıdır. Bu tip sınırlar, korkuyu harekete geçirerek, kendimizi negatif hissettirerek, insan olarak gücümüzün farkına varmamızı engeller. Egoya göre hareket ettiğimizde, gücümüzü ve enerjimizi merkezimizden dışarı çıkarmış ve ona devretmiş oluruz. Böylelikle onun sözünü dinlemekten başka çaremiz kalmaz! Egonun görünür çıkarlarının altında, derinlerde bir yerde, bir hoşnutsuzluk/mutsuzluk hissediyorsanız, onu fark etmeye başlamışsınız demektir!... Davranışlarınız sadece ve sadece "içinizden" kaynaklanmıyorsa, başkaları veya kurallar içsel doğrunuzu en ufak bir şekilde bile baskılıyorsa, hakimiyet sizde değil demektir...

3- Ego kişiseldir. Bütünü, birliği algılayamaz. Dolayısıyla çıkar gözetir. İlk başta çıkarlarınızın gözetilmesi belki hoşunuza gidebilir ama ardından muhakkak bir acılık hissedersiniz. İçiniz ezilir... O yüzden sezgilerinizi dinleyin!! Çünkü bir süre sonra sesleri iyice kısılacaktır...

Önemli: Egoyu suçlamak, kötülemek veya savaşılması gereken bir düşman olarak algılamak, onu güçlendirmek olacaktır.

Egonun etkisinden kurtulmak için;

kendisini göstermeye başladığında sakin ve merkezinizde kalın.

Ve etkisinin geçmesini bekleyin.

Ego savunduklarını ispatlamak için ne gibi kanıtlar öne sürerse sürsün -ki bunları çok kurnazca yapacaktır- kabul etmeyin.

Ve dürtüsel olarak (düşünüp, tartmadan) harekete geçmemeye dikkat edin. Örneğin; boğaz dokuz boğumsa, sözünüz her bir boğumdan geçene kadar bir kez yutkunun... Ayağa kalkmadan önce 5'e kadar sayın...

Dönüşüm

Baş melek Jeremiel, dönüşüm süreçlerinde bize yardım eder, yol gösterir, enerjimizi ve sağlığımızı gözetir. Hayatımıza yeninin girmesi ve eskinin çözülüp dağılması bazen pek kolay olmayabilir. Çünkü bilinçaltı kalıplarımız eskiyi bırakmak istemeyecektir. Ancak bu kesinlikle gerekli bir süreçtir. Bu gibi durumlarda eskiyi onurlandırarak bırakmak ve kendimizi yeniye açmak gerekir.

Tabii bu esnada merkezimizde (kendi hakimiyetimizde) olmaya çalışmalıyız. **Merkezimizde** olmak özellikle önemlidir; çünkü dönüşüm süreçleri, ego duygu ve düşünce kalıplarının "yönetimi devralabileceği" dönemlerdir. Zor zamanlarda, travmatik durumlarda ego her zamankinden daha kolaylıkla benliğimize sızar!...

Baş melek Jeremiel, lütfen artık beni beslemeyen, eskiye ait düşünce, duygu ve kalıpları dönüştürmeme yardım et.

Geçmekte olduğum bu dönüşüm sürecimde yolumu görmem için destek ol.

Dönüşümün hem ben, hem de evren için en iyi olacak şekilde gerçekleşmesi için nasıl düşünmem, ne yapmam gerektiği konusunda fikir ver.

Baş melek Jeremiel'nın enerjisi içinde yaşadığımız "mor karakterli" zamanlar için uygundur. Mor frekansındaki enerji, ruhsal olarak gelişime açıktır ve aynı zamanda da topraklanmıştır: Bu, farkındalığı genişletirken, dünya ile olan bağı koparmadığı anlamına gelmektedir. Sezgiseldir, görünmeyen dünya ile bağlantıdadır ve ondan ilham alır. İyileştirici nitelikleri vardır. Sakinleştirici ve dinlendiricidir. Özgündür ve lider karakterlidir; ancak aynı zamanda birlik ve beraberliğin önemini bilir ve bunu uygular.

Gördüğünüz gibi mor rengin özelliklerine, bu dönemde ihtiyacımız var. Mor rengin ve mor frekansındaki baş melek Jeremiel'nın özelliklerini bu yüzden öğrenmemiz gerekli. Onunla çalışmamız gerekli ki; o da bizimle çalışıyor zaten... İçinde bulunduğumuz dönemdeki yoğun dönüşümler esnasında baş melek Jeremiel'in desteğinden her ihtiyaç duyduğunuzda yararlanabilirsiniz...

Diğer Uzmanlık Alanları

İnsan zaman zaman umutsuzluğa kapılır. Yani daha önce de söylediğim gibi sahip olduğu, o zamana kadar çalıştığı, öğrendiği **evrensel bilgisini unutur!**

Halbuki tam da, yapmak istediklerini yapmasına engel olan şeydir bu. Unutup ya moralini bozar, evrene yanlış mesajlar vermeye başlar, ya da acele eder. Her gün, hatta günde birkaç defa enerjinizi öz-güvenden korkuya değiştirip durursanız, sizce hangisi kayda alınır. Genellikle korku baskın gelir veya hiçbiri kale alınmaz. Dışarıdan çalışıp çabalıyor görünmenize rağmen, enerji atıl kalır (!).

Sabırsızlık yapmak istedikleriniz olmamasında çok önemli bir diğer etken. Tam olacakken "Aman ya, uğraştım uğraştım olmuyor işte!" deyip bırakanlardan mısınız? Bilin ki bu cümleyi kuruyorsanız yeterince uğraşmadınız! Veya "Şu zamana kadar olmazsa artık bırakacağım" diyenlerden mi? Görünüşte çalışmaya devam etmekle beraber bu cümleyi düşündüğünüz an enerjiyi kesmiş olduğunuzun farkında mısınız?...

Sabırsızlık *dünyaya özgüdür.* Çünkü zaman bizim evrenimize has bir olgu. Zaman olmasaydı veya dünyamızdaki gibi yavaş (evet hızlandı ama evrensel zamana göre hala hantal...) işlemeseydi sabırsızlık da olmazdı.

Bunu bilmek bile sabırsızlığınıza çare olabilir! Zihninizi evrensele akort etmeyi deneyin... Ama madem detayları konuşuyoruz, ben yine de şu soruyu sorayım:

Neden bazı insanlar sabır gösterebilirken, diğerleri maymun iştahlıdır? Bu sizin *yapısal özelliklerinize* de bağlı olabilir. Örneğin İndigo enerjisindeyseniz sabırsız bir karakteriniz olması muhtemeldir. Özelliklerinizi daha iyi bilmek olacak... Bir İndigo olduğunuzu biliyorsanız, sabrınızın bittiği noktada kendinize bunu *"Karakterimden ötürü böyle davranıyorum. Şimdi tekrar deneyeyim"* diyerek hatırlatabilirsiniz... Derin bir nefes alın ve tekrar işinizin başına dönün!...

"Sabırlı ol.

Sabırsızsın, oysa bütün mahlukat sabrın ipliğiyle birbirine bağlıdır.

Dünya sabırla döner.

Çünkü Güneşin de, Ay'ın da, zamana ihtiyacı vardır.

Sabırlı ol.

Büyük sırlara ermek için, sabır denizinde yüzmeyi öğrenmelisin. Çünkü sırlar, sabır denizinin dibinde saklıdır. Uyum güzelliktir, uyum, suyun özelliğidir.

Su sabrın simgesi, istiridyenin yurdudur.

Su olmasaydı inci de olmazdı.

Sabırlı ol ki, istiridye gibi inciler yapasın.

Sabretmek öylece durup beklemek değil, ileri görüşlü olmak demektir.

Dikene bakıp gülü, geceye bakıp gündüzü tahayyül edebilmektir.

Allah aşıkları, sabrı gülbeşeker gibi, tatlı tatlı emer ve hazmeder. Ve bilirler ki, gökteki Ay'ın, hilalden dolunaya varması için zaman gerekir.

Okşaya okşaya şeker kamışından nöbet şekeri yaparlar, ipek böceğinden zamanla atlas yaparlar. Yaptığın işi yavaş yavaş yap, biraz sabırlı ol, üzüm koruğundan bir gün gelir helva pişirirler.

Senin için neyin daha iyi olacağını bilemezsin

Sen darda olduğun vakitlerde, sana bahşedilmiş olanlarla elinden geleni yaparsın, en güzel çareleri düşünürsün, uygularsın. Fakat yine bir şeyler olmuyorsa, kendini yerden yere vurman iyi bir durum değildir.

Direnmekle, kendi iç huzurunu bozarsın.

Sabırla uygula sana verilmiş olanları, o anki imkanlarınla.

Teslim ol demek, elin kolun bağlı otur demek değildir, sadece her imkanlarını denediğin halde olmuyorsa, onda senin için belki daha değişik güzellikler olacaktır, veya senin için hayırlısı neyse o olacaktır.

Hakk'ın karşına çıkardığı değişimlere direnmek yerine, teslim ol. Bırak hayat sana rağmen değil, seninle beraber aksın.

Düzenim bozulur, hayatımın alt üst olur diye endişe etme.

Nereden biliyorsun hayatın altı'nın üstü'nden daha iyi olmayacağını?"

Şems-i Tebrizi

Başarı umut etmek konusunda sizlerde en çok karşılaştığım olumsuzluklardan biri de daha önce yaşanmış kötü tecrübelerden ötürü duyduğunuz korkularınız. Örneğin, işinizde başarısız oldunuz diyelim; iflas ettiniz mesela... İşinizi toparlamaya çalışırken "Ya eskisi gibi başarılı olamazsam", "Ya yine iflas edersem", "Tanıdıklarıma, akrabalarıma küçük düştüm!" vb. gibi düşüncelerde olabiliyorsunuz!

Hatırlamanız gereken en önemli şey şu:

Her olanın bir nedeni var. Ve bu neden kolay kolay öyle gözükmese de her zaman ve istisnasız Sevgiden... Başarısızlık diye bir şey yok: *Sadece ve sadece* **tecrübe** var! Bunları daha önce duymuş olabilirsiniz ama acaba *uygulayabiliyor musunuz?...*

O zaman bunları henüz içselleştirmediniz demektir. Aklın anlaması, gönlün onu uygulayabilmesi anlamına gelmez (!...).

Jeremiel, *ümit* ile ilgili baş melektir. Umut etmek genellikle, gerekli ve "iyi" bir duygu olarak kabul edilir. Ancak...

Zıtların her zaman birbirlerini yarattıklarını, sürekli olarak, birbirlerine dönüşebildiklerini hatırlayalım. Madalyonun birbirine ters iki yüzü vardır; ne var ki madalyon tektir. Ne zaman, "Ben şöyleyim..." dersek, "Öyle olmayanın" olasılığını da yaratmış oluruz. Dolayısıyla, ümit ettiğimiz an, ümitsizliği de gerçekliğimize dâhil ederiz. O yüzden, bir şeyin olmasını ümit etmek yerine, "olduğundan emin olma, olduğunu bilme" durumu çok daha etkindir.

"Ümit ve ümitsizlik aynı şeydir. İkisi de olmayan bir şey için duyulan özlemle alakalıdır." derken, buna dikkatimizi çekiyor baş melek Jeremiel. Bu mesajını itiraf etmeliyim çok seviyorum! Kısacası, ümidi, isteğimizin olduğunu bilme durumu olarak açıklamak, daha doğru bir tarif olacaktır... Bu, gücümüzü de bizzat hayata geçiren bir olgudur. İşte bu yüzden *"insan kendi gücünün farkına varmalı ve onu kullanmalıdır."* diyor baş melek Jeremiel. Bu noktada dikkat etmemiz gereken, daha önce de belirtildiği gibi, dileğimizin içsel doğrumuza uygunluğunu kesin bir şekilde hissetmektir. Böylece dileğimiz, hem bizim hem de evren için en iyi olacak şekilde gerçekleşecektir. (Tabii dileklerimize "...evren için iyi olacak şekilde..." sözünü de her zaman eklemeye özen göstermeliyiz.)

Nasıl ki, Kozmosu hissettiğimizde onun bilgisine sahip olabiliyorsak, biz "olduğunu bildiğimizde", bunu Kozmos da hissedecektir.

Bu şekilde, ümit edilen şey için beklemek, hayatı askıya almak veya ona "takılmak" gibi enerji tüketici faaliyetler de otomatikman ortadan kalkar.

Olduğunu bildiğinizde, gücünüz devrededir.

Kesin kanılar ve yargılar yerine, olasılıklardan bahsetmek. Örneğin, "Bu böyledir" yerine, "Böyle olması mümkündür" veya "Ben her zaman ... yaparım" yerine " Şimdi ... yapabilirim" vb. (İlgilenenler için: Bu kullanış şekli, İngilizcede, "e-prime" adı verilen ve dili daha az savunmacı/saldırgan ve daha az dogmatik bir şekilde kullanmaya çalışan bir akımda kendisini göstermektedir.)

Kozmos ve melekler, bizler için çok büyük bir sevgi beslerler. Baş melek Jeremiel gibi, diğer melekler de bazen, bu sevgiyi tarif edebilmek için "*Kalbiniz dolup taşana kadar sevin*" gibi ifadeler kullanıyorlar. Ki bu bile, sevginin boyutlarını anlatmak için çok yetersiz!... Bu öyle bir sevgidir ki, yakın zamana kadar bu sevgiyi insanlar olarak belki de kaldıramayacağımızı düşünürdüm. Ufacık parçası bile yüreği "acıtıyor", insan gözyaşlarına boğuluyor!...

Ve cevap olarak bir gece şu rüyayı gördüm: Bir grubun rehberiyim. Onları Fransa'da Rahibe Teresa'nın evine götürüyorum. Küçük bej renkli bir kulübe. İşin ilginci gece gidiyoruz eve. Gökyüzü ışıl ışıl parlıyor; yıldızlarla dolu... Büyükayı ve diğer takımyıldızlar da kocaman gözüküyor.

Astronomiyle ilgilenmem ve dolayısıyla da bilmem. Ama o gece gökyüzünü tanıyorum sanki! Yıldızları "Bakın şu, bakın bu..." diye anlatarak diğerlerine de gösteriyorum. O kadar çok yıldız var ki gökyüzünde "Sanki resim gibi!" diye konuşuyoruz aramızda...

Rüyam burada son buldu. Çünkü tam o esnada bahçemizdeki köpek havlamaya başladı ve ben de uyandım. İlk önce biraz bozuldum bu işe ama iyi ki uyanmışım. Aksi takdirde uyumaya devam edecektim ve büyük ihtimalle de sabaha rüyamı hatırlayamayacaktım.... O yüzden rüya çalışmaları yapanlar yataklarının yanında muhakkak bir defter bulundururlar. Uykularının arasında not alabilmek için...

Sabah kalkınca "Neden bu rüyayı gördüm acaba?" dedim kendi kendime. Ve aklıma Rahibe Teresa hakkında araştırma yapmak geldi. Aşağıdaki sözünü gördüm:

"Paradoksu keşfettim.

Canınız acıyana kadar severseniz, artık daha fazla acı kalmaz.

Sadece daha fazla sevgi kalır..."

Rahibe Teresa

Sevgi kapasitemiz gerçekten de kullandığımızdan, zannettiğimizden çok daha fazladır. Aslında nasıl olmasın ki; ondan yapılmadık mı?...

Sadece Sevgi kalana kadar kalbimizi daha da çok açalım, sınırlarımızı zorlayalım o halde! Ne dersiniz?...

Melekler, ne yaparsak yapalım, nasıl olursak olalım, özümüzdeki ışığı görebildiklerinden, bizim için bu koşulsuz sevgiyi beslerler ve her zaman bize yardıma hazırdırlar. (Koşulsuz sevginin tarifi için bkz. Baş melek Şekina). Melekler ve tüm evren, aynı zamanda bize büyük saygı da duyarlar; çünkü bizler bu dünya üzerinde, Birlik Bilincini deneyimlemeye gönüllü olmuş varlıklarız...

O halde kendinizi kutlamayı ihmal etmeyin sakın! İşin sonunda *"Işık ışıkta tüm Kainat buluşmak"* var!...

BAŞ MELEK İSRAFİL

"Sağlığınıza önem verin. Sizin için giderek daha fazla önem kazanıyor! Bu, sizin önemli bir sorumluluğunuzdur; o yüzden buna dikkat etmelisiniz. Bu konuda size her zaman yardım edebilirim. Sizler de benim söylediklerimi uygulamak için kendi kendinize söz verin ve o zaman başarılı olacaksınız.

Önümüzdeki zamanlarda bunlara daha fazla ihtiyacınız olacak; merkezinizi korumak ve olacak olan hızlı değişikliklere cevap verebilmek ve onları takip edebilmek için."

∞

"Benim yeşilim size yolu gösterir. İçsel doğrunuzu bulmanıza yardım eder. Bazen içsel doğrunuzu bulmak karışık bir iş olabilir, çünkü yolunuzun üzerinde çok fazla dikkat dağıtıcı şey vardır. Bu yüzden benim yeşilim, çabalarınıza sadık kalmanıza yardımcı olacak ve sizi içsel doğrunuza yönlendirecek."

"Sadece yeşilimi düşünün ve size yolu göstereceğim. Ne zaman kaybolmuş veya moralsiz hissederseniz veya başaramayacağınızı düşünürseniz, beni çağırın. Görevinizi başarmak için her gerekene sahip olduğunuzu fark etmenizi sağlarım! Endişeyi bırakın, olanlardan zevk almaya bakın. Çünkü aslında gerçekten çok zevkli bir süreçtir bu."

"Dünya yeşildir ama sizler daha da yeşilsiniz aslında. Dünyanızı iyileştirmek için yeşilinizin bir kısmını ona verin. İçinizdeki yeşili dışarı çıkarmanız gerekli."

"Herkesin yeşili var ama şimdiye kadar bu örtülüydü, o yüzden onu iyi kullanamadınız! Şimdi onu gün ışığına çıkarmak için uygun bir zaman! Sadece biraz dikkatli ve biraz da sabırlı olmanız gerekiyor. Ve bunu yapmalısınız. Çünkü bu sizin sorumluluğunuz. Bu hepinizin sorumluluğu, bir istisnası olamaz."

"Ve bizler, hepinizin bu konu üzerinde çalıştığınızı görmek istiyoruz. Bu bizim ışığımızı arttıracak ve bizi daha da güçlü yapacak. Çünkü hepimiz Bir'iz, hepimiz bu işte beraberiz..."

"Zaman bir kuş gibidir. Kanatlarından tutmanız gerekir, yoksa sizinle beraber uçar. Zaman işte böylesi bir illüzyondur."

"Her birimiz size bir şeyler öğretiyoruz. Ama kafanız karışmasın. Size kafanızın karışmaması için de yardım ediyoruz, merak etmeyin. Başaracaksınız. Sadece bizlerle beraber çalışmalısınız ve bu yeterli olacak. Sizleri çok seviyoruz ve yapmanızı söylediğimiz şeyleri başarabilmeniz için bizden çok yardım alıyorsunuz. Bunu bilin..."

"Güzel çocuklar, artık büyüme vaktiniz geldi. Yeni doğan çocuklar biliyorlar; başarmanızda yardımcı olacaklar. Onların biricikliğini ve iç ışıklarını öldürmeyin! Onlarla beraber yolunuza devam etmelisiniz."

∞

"İhtiyacınız olduğunda dinlenmek için kendinize zaman ayırın. Vücudunuz dinlenmeniz gerektiğine dair alarmlar gönderirken, kendinizi zorlamayın. Bu çeşit mesajları boş vermeyin çünkü siz kendinizi zorlamaya çalıştıkça, giderek daha da güçlenirler. Ve hatırlayın, içsel doğrunuzla ve dolayısıyla Birlik'le, rahat ve sakin bir haldeyken daha iyi bağlantı kurarsınız. Aslında bilmelisiniz ki, stresli ve gergin bir "olma" hali zaten yoktur. Birlik, bizlerin mutlu ve sağlıklı olmamızı ister ve bu yüzden işlerimiz evren ile bağlantılıyken rast gider. Kendimizi zorlamaya gerek yoktur. Bu en az çaba yolu olarak bilinir."

"Vücudunuz, sadece, bu gezegende sizi bir yerden bir yere götürmeye yarayan bir araç değildir. Bedeninizin bilgeliğine güvenin çünkü ondan öğreneceğiniz çok şey var. Onunla uyum içinde olun. Bazen bedenlerinizden o kadar kopuk oluyorsunuz ki, onun hakkında bir şeyler öğrenmekten bile korkuyorsunuz! Vücudunuzun bilgeliğine güvenirseniz iyileşirsiniz; aslında zaten hastalanmazsınız. Hatta her geçen gün daha da sağlıklı olursunuz!"

"Yeşil ışığımı vücudunuzda parlatın, yani vücudunuzdaki yeşili temizleyin ve parlatın. Böylece, negatif duygularınız da

dahil olmak üzere, hastalıklarınız geçer, şifalanırsınız. Dünyada da ormanlarınızın yeşilini parlatmanız gerekli. Dünyanın yeşili giderek azalıyor ve sağlıksızlaşıyor. Bu, sizin yeşilinizi de sağlıksızlaştırıyor. Aynen kendi vücudunuz için yaptığınız gibi, dünyanın yeşili için de meditasyonlar, çalışmalar yapın. Kendi vücudunuzdaki yeşili temizler gibi, ormanların yeşilini de temizleyin ve parlatın. Ve ormanlar için iyi dilekler ve niyetlerde bulunun. Ormanlara ve orada yaşayan hayvanlara yardım etmemizi isteyin bizden. Doğa meleğini çağırın ve kalbindeki sevgisini ormanların üzerine dökmesini, akıtmasını isteyin. Bütün melekler bunu seve seve, çok isteyerek ve kalpten yaparlar. Onların yardımını isteyin!"

Baş Melek İsrafil

.....

İsrafil çok güçlü bir şifacı baş melektir ve güzel zümrüt yeşili rengiyle bizleri iyileştirir...

Bütüncül Sağlık

Baş melek İsrafil'den iyileşmek için yardım istediğimizde, bizi direk enerjisiyle iyileştirebilir. Ek olarak iyileşmemiz için yapmamız gerekenlerle ilgili fikirler ve yöntemler gösterebilir. Bu konuda çalışmamız için bizi motive edebilir. Bu durumda, aklımıza gelen fikirlere, canımızın yapmak veya yemek istediklerine vb. -veya istemediklerine- dikkat etmemiz gerekir.

Melek enerjileriyle yaptığımız her çalışmada geçerli olduğu gibi, baş melek İsrafil'den bir istekte bulunduktan sonra, onun yönlendirmesini kabul etmemiz gereklidir. Yönlendirmeyi kabul ettiğimizden emin olduktan sonraysa, onu içten bir şekilde uygulamamız gerekir. Örneğin, daha sağlıklı ve zinde olmak için yardım istedik diyelim. Bunu takiben çok sevdiğimiz çikolata artık o kadar cazip gelmemeye başladı. Ek olarak, egzersiz yapmaya başlamak için bir istek hissetmeye başladık. Bu durumda, "ben çikolatayı çok severim, o yüzden canımın istememesi garip" diyerek çikolata yemeğe devam edersek, yönlendirmeyi kabul etmemiş oluruz. Ve tahmin edeceğiniz gibi, egzersiz yapma isteğine uygun şekilde davranarak, en kısa zamanda egzersize başlamamız doğru bir davranış olacaktır. İsrafil'in de dediği gibi dünyamızın enerjisinin çok hızlı değiştiği şu günlerde, bu değişimlere cevap verebilmek için sağlığımızın yerinde olması daha da önem kazanmaktadır.

Ne zaman şifaya ihtiyacınız olursa baş melek İsrafil'den yardım isteyin ve güçlü rengiyle çalışmalar yapın.

Ayrıca, daha enerjik olmanız için size rehberlik etmesini de isteyebilirsiniz.

İsrafil bizler gibi, diğer canlıları da iyileştirmek için çalışır. Bu konuda da yardımını isteyebilirsiniz. Dünyamız üzerinde yaşayan canlılara ve Dünya Ana'ya yardımcı olmak istiyorsanız, bunun için size yöntemler ve yollar göstermesini dileyebilirsiniz...

Baş melek İsrafil'in bir diğer rehberliği de bağımlılıklar ve zararını hissettiğiniz alışkanlıklardır. Bağımlılıklar, **gücünüzü devrettiğiniz nesneler ve hatta kişilerdir.**

Bağımlılıklarınızdan özgürleştiğinizde onlar için harcadığınız güç, enerji ve zaman artık size kalır. Bu gücün ve enerjinin sağlığınız, canlılığınız ve farkındalığınız için kullanıldığını bir düşünün!...

Bağımlılıklar İçin Çalışma

Önce baş melek İsrafil'den bağımlılıklarınızdan kurtulmanız için yapacağınız meditasyonda size yardımcı olmasını isteyin.

Bunun derin bir meditasyon olmasına gerek yok. Sadece sakinleşin... Ve gözlerini kapatın...

Çalışmanız esnasında baş melek İsrafil'den bağımlılıklarınızdan özgürleşmeniz için yardım etmesini isterken siz de özgürleşmek için kararlı olmalısınız.

Çok önemli bir başka dilek de şudur: Baş melek İsrafil'den bu bağımlılığa **neden** ihtiyaç duyduğunuzu fark etmenize yardım etmesini isteyin.

Nedeni keşfetmek şifanın en az %50'sin sağlayacaktır!

Bütün meditasyon esnasında onun direktiflerini takip edin ve sizin için uygun olan süre boyunca çalışın... Nedeni anladıysanız, çözüme kavuşması için baş melek İsrafil'den rehberliğini de isteyebilirsiniz.

Çalışmanızın sonuna doğru, İsrafil'in parlak zümrüt yeşili ışığının tüm vücudunuzu sarıp sarmaladığını, adeta bir zırh gibi kapladığını görün/hissedin.

Acele etmeyin. Bu rengin bağımlılıklar için hissettiğiniz isteği nötrleştirdiğini görün, hissedin ve **bilin.**

Bu güçlü ışığın bundan sonra bağımlılıklara karşı sizi koruyacağını, adeta bir kalkan görev, yapacağını fark edin.

Tüm endişelerinizi ve "acaba??"larınızı bırakın! Ve baş melek İsrafil'in, vücudunuzu ve enerji sisteminizi iyileştirmesine **izin verin...**

Son olarak şifanız için teşekkür edin. Ve nihai olduğunu bilin!

Rehberlik

Baş melek İsrafil, yolculara rehberlik eden bir enerjidir. Söz konusu yolculuklar hem fiziki dünyadakiler, hem de içsel dünyamızdaki yolculuklar olabilir. Bu yüzden, hem bir yerden bir yere giderken, hem de içsel doğrumuzu bulmak için baş melek İsrafil'den yardım isteyebiliriz. Zümrüt yeşili rengiyle yaptığınız içsel yolculuklarınızda bu rehberliğini daha net hissedebilirsiniz. Bu süreçte zümrüt yeşilinin mesajlarını takip etmek size netlik ve kolaylık sağlar...

Ve tabii arzu ederseniz, bilgeliğini sizinle paylaşarak, sizin de etrafınıza ışık veren bir rehber olmanıza yardımcı olacaktır.

Baş melek İsrafil, ayrıca bilim baş meleği olarak da bilinir ve bilimsel uğraşlarla meşgul olan kişilere yardımcı olur. Onlara rehberlik eder ve bir sonraki adımda ne yapabilecekleri konusunda yönlendirir. Yeniçağın bilimler ve teknolojik bilgiyle ilgili olan grubu *"Yıldız Çocuklar ve Gençler"* baş melek İsrafil'in rehberliğinden çok faydalanırlar. İsrafil bu çocukların yanında her zaman bir koruma ve destek görevi görüyor zaten...

Rehberlik kartını seçerseniz, sabırla İsrafil'in rehberliğini takip edin. Kendinizi şartlamadan önerilere açık olun ve hayatın önünüze çıkarttığı denk gelişlere dikkat edin...

Bu melek, aynı zamanda espritüel meleklerdendir ve şifa verirken, "kalplerimizi hafifletmesi" ve rehberlik ederken çalışmaların bizim için kolay ve zevkli olması için, mizahın gücünden de yararlanabilir. Daha ne olsun?!

Diğer Uzmanlık Alanları

Baş melek İsrafil'in *"Önümüzdeki zamanlarda bunlara (sağlığınıza) daha fazla ihtiyacınız olacak; merkezinizi korumak ve olacak olan hızlı değişikliklere cevap verebilmek ve onları takip edebilmek için."* mesajını arttık birebir yaşıyoruz. Dünya o kadar kaotik bir hal aldı ki merkezimizi koruyabilmek hepimiz için bir mücadele.

Belki bazılarınız İsrafil'in mesajını daha önceden okuyup hazırlıklarını tamamladılar ve rahat ettiler. Özellikle 2017 buna özen göstermemiş olanlarımız için zor geçti. Program hiç durmadan işliyor ve geri kalmamamız gerekiyor. O yüzden baş melek İsrafil'in mesajı geçerliliğini koruyor hala...

"Endişeyi bırakın, olanlardan zevk almaya bakın. Çünkü aslında gerçekten çok zevkli bir süreçtir bu." mesajı gerçekten içselleştirmemiz gereken bir mesaj!

Geçenlerde girişimcilik konusunda yatırımcı ve fikir sahibi insanları bir araya getiren çok değerli bir etkinlik olduğunu düşündüğüm Startup İstanbul'daydım. Dinlediğim konuşmacılar ağız birliği etmiş gibi şunu söylüyorlardı: *"Yeni bir şey oluştururken muhakkak hata yaparsınız. Yapmalısınız da! Bundan kurtuluş yok. O yüzden moral bozmadan denemeye devam edin!"*

Ünlü girişimci ve Draper Üniversitesinin kurucusu Tim Draper şunları da ekledi: *"Okullarda çocuklarımıza sürekli başarılı olmaları için empozelerde bulunuyoruz. Bu doğru bir strateji değil bence. Çünkü hatalar illaki olur! Ve onlardan harika sonuçlar da çıkar! Microsoft facebook gibi dünya devleri hatalardan doğmuştur..."*

6. boyut enerjilerini hal etmeye çalıştığımız şu sıralar geçtiğimiz süreç kolay değil. Bazen danışanlarım başarısız olduklarını düşünüp, kendilerini suçlarlar. Bunlar daha çok kendilerine bir "başarı" hedefi koyup, uzakta bir noktaya bunu gururla asanlar oluyor! Özellikle de Hassas Sezgili olup fazla etkilenenler derler ki: *"Şebnem Hanım bu konuları sizinle çalıştık. Gayet de iyi gidiyordu her şey. Ama birkaç gündür her şey sanki tepe taklak olmuş gibi!"* diye... Ben de onlara hemen her seferinde *"Merak etmeyin"* derim. *"Bu aralar o kadar fazla kozmik enerjiye maruz kalıyoruz ki, hayatınızın karışmış gibi gözükmesi gayet normal..."*

Dünyamızın değişen enerjisiyle birlikte bizim de enerjimiz değişiyor ve sürekli yenileniyoruz. Bu dönüşümlerin farkında olursak ve onları anlamaya ve getirdiklerini uygulamaya çalışırsak, hem enerji, hem de vakit kazanabiliriz.

İlk olarak sakın kendinizi suçlamayın. Dönüşüme direnmeyin. *"Her şeyde bir hayır vardır"* sözü o kadar doğru ki!... Defalarca bunun böyle olduğunu çalışmalarımda ve kendi hayatımda deneyimledim.

Dönüşüme güvenmeli ve kendinizi mümkün olduğu kadar akışa bırakmalısınız.

Süreç içerisinde, duygu, düşünce ve hislerinizin mümkün olduğunca farkında olun.

Bu, egodan özgürleşmenizde ve kendinize özgü yeteneklerinizi uyandırmanızda da yararlı olur.

Baş melek İsrafil'in sözlerini hatırlayalım: Bu bir *süreç*. Bu süreçte önemli olansa devamlı yürümek... Evrensel başarı kavramı, dünyevi başarı kavramından çok farklıdır. Evrenselde çalışmak ön plandadır. O yüzden zorluklardan bile zevk alamaya bakmalıdır insan (!). Aksi halde ya pes edersiniz, ya da sigara, aşırı kafein, içki tüketimi, bağımlılık yapan diğer maddeler, hatta cinsellik vb. yollarla kendinizi tedavi etmeye çalışırsınız.

Hatırlayın: Olanı zorluk olan gören sizsiniz. Evrenselde onlar sadece sürece ait tecrübeler.

Algınızı değiştirin ve zevk alarak süreci yaşayın. Yaşatın...

Doğduğumuzda, kozmosla olan uyumumuz henüz kuvvetliyken, diyaframımızı doğru bir şekilde kullanarak, derin nefesler alırız. Zamanla, karnımızın mümkün olduğunca düz olmasını tercih eden estetik ölçüleri, dar kıyafetler, yanlış duruş/oturuş ve nefesin farkında olamayışımız gibi nedenlerden ötürü diyaframımızı daha az kullanmaya başlarız ve nefesimiz sığlaşır. Ancak nefesimiz ne kadar kaliteliyse (derin, uzun, sakin ve yumuşak) yaşam enerjisi o ölçüde sistemimize girecektir. Baş melek İsrafil, nefes yoluyla Kozmik enerjiyi ve Kozmik bilgiyi, diğer bir deyişle Kozmik Sevgiyi içimize çekeceğimizi söyler. Nefesimiz ne kadar kaliteliyse, sevgiyle o kadar bütünleşiriz.

Bir yetişkin olarak dakikada ortalama yirmi kere yaptığımız bu basit gibi görünen faaliyetle, aslında dakikada *yirmi kere, sevgiyi seçebilirsiniz...* Sevgiyi bilinçli olarak seçmeye var mısınız?...

Baş melek İsrafil lütfen sağlıklı ve bilinçli nefes almayı öğrenmem için bana rehberlik et.

Nefes, iyileşme için de kullanabileceğimiz çok etkili bir yöntemdir. Sizi kötü hissettiren duygulardan ve düşüncelerden, nefesinizi kullanarak çabuk, kolay ve etkili bir biçimde temizlenebilirsiniz. Daha önceden vücudunuzda depolanmış negatif enerjileri de, nefes yoluyla temizleyebilirsiniz. Bunu, derin nefesler alırken temiz, sevgi dolu ve ışıklı nefesi içinize, özellikle de sıkıntılı bölgeye çekerek, nefes verirken de negatif enerjileri üfleyerek yapabilirsiniz. Bu basit gibi görünen yöntem çok etkili bir şekilde sisteminizi temizleyecek ve iyileştirecektir. (Derin nefesi, "*Renk Terapisi Teknikleri*" bölümünde açıklanan, renk soluma yöntemiyle beraber uygularsanız, etkisi katlanarak artar).

"*Zaman bir kuş gibidir. Kanatlarından tutmanız gerekir, yoksa sizinle beraber uçar.*" Mesajının doğruluğunu da daha yoğun yaşıyoruz son günlerde! Zamanı nasıl yetiştirebileceğiniz bana çok sık sorulan sorulardan...

İlk ipucunuz önceliklerinizi belirlemek. Kaotik dünya halinde bunu yapmak kolay değil. Her saniye dikkatimizi çelecek bir şeyler karşılaşıyoruz. İşte bunun için sizin için gerçekten önemli olanları belirlemeli ve onlara odaklanmalısınız.

Mesela güne kesinlikle sosyal medyayla başlamayın! Gün içinde ne yapacağınıza dair minik bir planlama tüm gününüzün enerjisini değiştirir. Dünyada cep telefonu kullanımı açısından ikinci olmamız ne kadar çok zamanı boşa harcadığımızı gösteriyor. Zamanın kanatlarından tutabilmek için her şeyden önce ona saygı gösterin (!!!).

İsrafil bu mesajıyla an'ın sonsuzluğunu da anlatmak istiyor. Eğer geçmişe ya da geleceğe odaklanırsak, yani zamanın kanatlarından tutamazsak, bizimle beraber uçar, gider... Diğer bir deyişle an'ın sonsuzluğunu, an'daki potansiyelleri kaçırırız. Bu da zamanı boşa geçirmenin bir diğer yoludur!

Baş melek İsrafil, lütfen an'da kalabilmem için bana rehberlik et.

Baş melek İsrafil anın sonsuzluğunu anlayabilmem, zamanın kanatlarından tutabilmem için merkezimde kalmama yardımcı ol...

Dikkat!: An'da kalamamak, sağlığınızı da olumsuz yönde etkiler çünkü hastalıkların çok önemli bir nedeni, negatif duygu, düşünce ve kodlamaları fark edememektir. Böylece bunlar sisteminize sızar ve siz onları fark edeceğiniz güne kadar orada depolanırlar.

Şimdi, an'da kalmaya niyet edin!

Ve son olarak: "*Bu* (içimizdeki yeşili/şifayı açığa çıkarmamız) *bizim ışığımızı arttıracak ve bizi daha da güçlü yapacak. Çünkü hepimiz Bir'iz, hepimiz bu işte beraberiz...*" Yorumu size bırakıyorum...

ON İKİ YÜZLÜ (Dodekahedron)

RUHUNLA BAĞLANTIN POTANSİYELİNİN SONSUZ KAYNAĞIDIR

BAŞ MELEK RAMAELA

"Mutlu kalp her zaman buradadır. Onu aramayın, sadece yaşayın! Ne kadar çok yaşarsanız, daha da çok mutlu olursunuz. Mutlu kalbinizin kıymetini bilin."

"Siz insanlar bir kalbiniz olduğu için şanslısınız, çünkü mutlulukla dolabiliyor. Ne kadar harika!

İnsan olmanın keyfini çıkarın. Çünkü bu boyut, insan olabileceğiniz tek boyut... Bundan zevk alın ve insan olmanın sorumlulukları ile yaşayın. Bu dünyaya boşuna gelmediniz. Ancak bazen öyleymiş gibi davranıyorsunuz... Lütfen dikkatli olun. Kalbinize karşı olan sorumluluklarınızı yerine getirin ki hayatınızı destekleyebilecek kadar mutlu olsun. Çünkü hayat değerlidir..."

"İsimlerinizi bir şarkı olarak söyleyin ve isimlerinizdeki bilgeliği keşfedin. İsimlerinizi bir şarkı halinde söylemek, onların içindeki bilgeliği daha da ortaya çıkarır. Bu çalışmadan zevk alın ve ondan öğrenin.

Sevgi kelimesini bir şarkı olarak söyleyin. Kalbinizi daha da çok sevgiyle doldurur ve hayatı daha da fazla kutlayabilmenizi sağlar. Kutlayın! İnsanların muhteşemliğini ve hayatı ve kozmosu kutlayın. Onları kutlamak ve onlardan öğrenmek için burada, bu dünyadasınız."

∞

"Renkli yıldızlar, hem kendi içinizde, hem de dışarıda ulaşabileceğiniz farklı dünyalardır. Size, bu yerlere ulaşmanız için yardım edebilirim. İçinize bakmak çok tatmin edici ve ödüllendiricidir. Bunu çok sık yapmıyorsunuz; ancak yapmanız gerekir. Çünkü bu dışarıya, uzaya ulaşmak için tek yoldur. Uzaya gitmek düşündüğünüz kadar zor değildir. Kendi içinizde yapılan bir şeydir."

"Lütfen, bunu iyi anlamaya çalışın. Kendi dışınızda hiçbir şey yapmanıza gerek yok. Her şey içinizde başlar. Her şey içinizde başlar!... Bunu anlarsanız, zaman ve enerji kaybetmezsiniz ve kendinizi helak da etmezsiniz. Huzur ve rahatlık içinde olun ve bu her şeydir."

∞

"Mutluluğu başka yerlerde arayanlar aslında kendi içlerine bakmaları gerektiğini anladıklarında nasıl şaşırırlarsa, ben de sizin bu halinize işte öyle şaşıyorum sevgililer. Beyaz olanı bin bir renge dönüştürmekte çok ustasınız. Ancak sonra kafanız karışıyor ve ne yapmanız gerektiğini bilmediğiniz için çabalamaya ve dağılmaya başlıyorsunuz. Beyazı beyaz olarak tutun, yani basit şeyleri gereğinden fazla karmaşık hale getirmeyin. Benim ışığıma bakın. Neyse odur. Ne eksik, ne fazla. Böyle güzeldir ve mutludur. Hem de çok mutludur..."

"Sizlerin de böyle olmanızı tüm kalbimle istiyorum. Bunun için benden her zaman ve her yerde -ne yapıyorsanız yapın fark etmez- yardım isteyin."

"Kozmostaki sevgiyi, Tanrı'nın size duyduğu sevgiyi, bizlerin size duyduğu sevgiyi bir anlayabilseniz! Kalbinizi sevgiye açın... Bunun için özel bir şey yapmanıza gerek yok. Sadece, "kalbimi sevgiye açmaya niyet ediyorum" deyin ve bu niyetinizi uygulayın.

Bizlerden bunu gerçekleştirmeniz için yardımımızı isteyin."

Mutlu kalp Baş Melek Ramaela

.....

Baş melek Ramaela'nın ana rengi beyaz olmakla beraber, içinde farklı pastel renkler, özellikle pastel sarılar, yeşiller ve kırmızılar barındırır.

Mutlu Kalp

Baş melek Ramaela, mutlulukla ilgili baş melektir ve bize mutluluk verir. Daha doğrusu içimizdeki mutluluğu açığa çıkarır ve onu fark etmemizi sağlar.

Mutluluk bir takım şeyler yapmamızın sonucunda elde edebileceğimiz bir şey değildir. Zaten bizim doğal halimiz (özümüz) mutlu ve huzurludur. Mutluluğu ne kadar dışımızda ararsak, bizden o kadar uzaklaşacaktır ve o ölçüde bir takım şartlara bağlı hale gelecektir. Ki aslında bu da zaten sahte mutluluktur ve dolayısıyla geçici olacaktır...

Baş melek Ramaela, lütfen doğal halimde içimde olan, hiçbir şarta bağlı olmayan mutluluğu ve yeterlilikten kaynaklanan huzuru fark etmem için destek ol.

İçimizdeki mutluluğu ne kadar çok fark edebilirsek, mutlu bir dünya yaratmamız o kadar mümkün olur. Dışımızdaymış, bizden ayrıymış gibi gördüğümüz dünya, aslında bizim yaratımımız/yansımamız olduğuna göre mutlu bir dünya, ancak "mutlu bir ben" ile gerçekleşecektir.

Baş melek Ramaela'nın kartını çekmiş olmanız, büyük ihtimalle hayatınızda mutluluğa ve neşeye daha fazla dikkat etmeniz gerektiğini göstermektedir. Her şeyden önce içinizdeki mutluluk ışığının değerini bilin. Emin olabilirsiniz ki, o her zaman oradadır... Sizi mutlu eden şeylerin de değerini bilin. Bir kuş cıvıltısının, bir tatlı esintinin sizi mutlu etmesine izin verin... Onları paylaşın ve mutluluğu kutlayın. Mutluluğunuzu kutlamak için en küçük bir şey bile çok değerli bir fırsat olabilir!

Görev olarak kabul ettiğiniz, yapılması gerektiğini düşündüğünüz ve başkalarının yaptığı şeyleri değil, sizi mutlu eden şeyleri yapın! Bilmelisiniz ki bu şekilde kalbinizin gerçek dilekleri, zannettiğinizden çok daha kolay bir şekilde hayata geçecektir...

Doğal halimiz olan mutluluk ve neşeyi hissettiğimizde meleklerin enerjilerini de daha kolaylıkla hissederiz. Çünkü mutluluk, neşe ve huzur yüksek frekanslı hallerdir. Anlamalıyız ki, mutsuzluk, etrafımızdaki olaylar veya kişiler yüzünden olan bir şey değildir, bizim etrafımızdaki olaylara ve kişilerin davranışlarına verdiğimiz tepki yüzünden oluşur. Olaylar yüzünden dağılmazsak, her an farkındalığımızı sürdürebilirsek, "mutsuzluk yaratıcısı tepkilerden" de bağımsız olmaz mıyız? Dolayısıyla aslında mutlu olmak bir yüksek bilinç halidir. Ve her zaman bilincimizi genişletmeyi seçebiliriz ...

Şu an, mutluluğu seçtiğiniz an olsun!...

Meleklerin Yanında

Baş melek Ramaela, diğer meleklerin de yaptığı gibi, kartlarla çalışmadığınız zamanlarda da yakınınızda olduğunu farklı yöntemlerle belli edebilir. Mesela, yolda gördüğünüz bir beyaz kuş tüyü (bu tüyü baş melek Ramaela'nın enerjisine yakın olmak için saklayın.) başkalarının mutlulukla ilgili söylediği sözler, mutlulukla ilgili aklınıza gelen bir şiir veya duyduğunuz bir şarkı baş melek Ramaela'nın, dikkatinizi çekmeğe çalıştığının göstergeleri olabilir. Melekler size moral vermek, doğru yolda olduğunuzu göstermek veya yapmanızın sizin için daha iyi olabileceği şeyleri işaret etmek için varlıklarını belli edebilirler.

Melekler herkese ama özellikle de Dünya Meleklerine kuş tüyleri yoluyla haber verebiliyorlar. Benim için çok değerli, çok sevdiğim bir öğretmenim bir gün şu anısını anlatmıştı: *"Bir arkadaşımla kafeteryada oturuyoruz. Laf döndü dolaştı benim Dünya Meleği olduğuma geldi. Ben de 'Senin güzel görüşün...' filan derken tam o anda başımdan aşağıya bir kova bembeyaz tüy boca edildi! Bu teyidi sadece ben ve arkadaşım görmüştük..."*

Kuş tüyleriyle alakalı olarak, kanat sesleri de meleklerin yanınızda olduğunun habercisidir. Burada, başımdan geçen bir olayı sizlerle paylaşmak istiyorum. Zannediyorum melek uyumlanmasından hemen önceydi... Bir gece, melek kartlarımın durduğu dolabın olduğu yerden gelen gürültülü kanat sesleriyle uyandım! O kadar gerçekçiydi ki, *"bu kuş nasıl girmiş acaba içeri?"* diye düşündüğümü hatırlıyorum... Gözlerimi açıp baktım ve kuş filan görmedim tabii. Ancak kanat sesleri o kadar bariz di ki, beni uyandırmaya yetmişti.

Sonra, uykudan aniden uyanmış olduğum için hala ağır olan göz kapaklarımı kapattım ve zihin gözümde üç tane melek gördüm: Bir pembe, bir açık mavi ve bir de açık sarı. Bunun üzerine *"Aa... Meleklermiş!"* dedim ve rahatlamış bir şekilde uykuma devam ettim!... Meleklerimin bu işareti bana çok doğal gelmişti o anda. Büyük ihtimal beynim daha aşkın uyku frekansında (Alfa ve Teta) olduğundan... Onlar her zaman yanımızdalar zaten ve o gece bunu ayrıca göstermişlerdi bana.

Diğer Uzmanlık Alanları

Bütün melekleri çok seviyorum ancak itiraf etmeliyim ki baş melek Ramaela'nın benim için yeri bir başka. Onun koruyucu meleklerimden olması gibi bir onura ve şansa sahibim. Büyük ihtimal bu yüzden insanlar hep bana "Ne güzel, hep gülüyorsunuz", "Ne kadar neşeli bir insansınız" deyip dururlar. Ve biliyor musunuz, bir okuyucumuz Ramaela ile olan işbirliğimizi fark etmiş ve bunu bana yazmıştı... Çok şaşırmıştım bunu algılayabilmiş olmasına! Ramaela'nın ona da yakın bir baş melek olduğunu düşünüyorum. Bu vesileyle kendisine sevgi ve saygılarımı gönderiyorum.

"Renkli yıldızlar, hem kendi içinizde, hem de dışarıda ulaşabileceğiniz farklı dünyalardır. Uzaya gitmek düşündüğünüz kadar zor değildir. Kendi içinizde yapılan bir şeydir." Kendimizi (içimizi) anlayabilirsek, dışımızı (uzayı) da anlayabiliriz. Mikro kozmos, makro kozmosun özelliklerini taşır. Yani en küçükte en büyüğün özellikleri mevcuttur. Bunun tersi de doğrudur tabii. Burada anlamamız gereken ilk nokta, kendimizi ne kadar tanırsak diğer insanları da bir o kadar tanıyabileceğimizdir. Özellikle, diğerlerine rehberlik veya öğretmenlik yapmak isteyenleriniz için bunun önemli bir nokta olduğunu düşünüyorum...

Mikro ve makro kozmosun işleyişini anlamak için güzel bir yöntem fraktalleri incelemektir. Fraktal, her bir parçası bütününün küçük ölçekli birer kopyası olan geometrik şekillerdir. İç içe geçen desenleriyle karnabahar, deniz kabukları, yıldız kümeleri fraktallere örnektir.

Anlamamız gereken ikinci noktaysa kendimizi ne kadar tanırsak, uzayı ve uzaydaki diğer varlıkları da anlayabileceğimizdir... Baş melek Ramaela, burada zamanın ve mesafenin illüzyonik karakterine dikkat çekiyor. (Zamanın doğası için bkz. baş melek Metatron). Gerçek benliğinizi anladığınızda, özünüzdeki sevginin ve mutluluğun da farkına varırsınız. Kendinizi sevgiye açtığınızda, frekansınız yükselecektir. Kendinizi sevgiye açmak, kendi içinizde yapacağınız bir şeydir, kendinizin farkına varmaktır. Ne kadar çok sevgiyi yaşarsanız, o kadar "ışık olursunuz" ve uzaydaki diğer şeylerle olan mesafeniz azalır.

Ve aslında şöyle bile düşünebilirsiniz. Sevginin frekansında mesafe aslında olmadığından, onlar zaten yanı başınızdadırlar...

Daha önce de bahsettiğim üzere yeni kuşaklar dünyamız için çok önemli. Bu çocukların görebildiğimiz ve göremediğimiz özellikleriyle birlikte dünyamızı ve evrenleri dönüştürmek üzere dünyamıza doğduklarını düşünüyorum. Ve burada sözü Ramaela'ya bırakmak istiyorum. Çok güzel bir şekilde aciliyeti ve ehemmiyeti anlatıyor...

"Bu konuya biraz daha odaklanmalı ve bilincinizin ışığını bu konuya taşımalısınız; çünkü böylece Yeni Çağın Çocuklarının katkılarından daha çok yararlanacaksınız.

"Bazılarınız bu çocukların farkını tam anlamıyor. Bütün çocuklar yaratıcıdır, bilgedir vb. zaten diyorlar... Ancak bu sefer durum farklı.

Bu çocuklar değişik enerjilerle doğuyorlar. Aralarında, şimdiye kadar dünya üzerinde hiç bedenlenmemiş olanlar da var. Onların farklılığını giderek daha çok anlayacaksınız.

Ancak bunun için kalplerinizi açmalı, gözlerinizi aydınlatmalısınız sevgili dostlar..."

Baş Melek Ramaela

BAŞ MELEK AMBRİEL

"İçsel potansiyelinizi her zamanki gibi hayata geçirmek için çalışmalısınız, çalışıyorsunuz ama bugün farklı bir konudan daha bahsedeceğiz. Bu konu, hayatınızdaki "dönüşüm noktalarıyla" ilgilidir. Bu noktalar zaman zaman karşınıza çıkar ve bunlardaki farkındalıklı kararlarınız tüm diğer zamanlarınızı etkiler. Tüm evreni etkiler…

Bir kapının açıldığını, yani, dönüşümü hissettiğinizde bunu bütün yüreğinizle ve zihninizle destekleyin. Kapanmasına izin vermeyin çünkü beslemezseniz kapanabilir.

Evren size sürekli kapılar sunar ve kaçırdığınız bir fırsatı bu şekilde yakalayabilirsiniz belki ama her bir kapı da orijinaldir, otantiktir!... Ne demek istediğimi anlıyorsunuz değil mi? Kapılarınızın kıymetini bilin Bu kapıların her biri sizin ilerlemeniz için fırsatlardır. Bu kapıları altın renklerle boyayın; onların değerini bilin ve değerlendirin…

Değişimi zevkle ve huzurla yapın sevgili dostlar. Bu "kapılar oyunuyla" bunu zevkli bir şekilde gerçekleştirebilirsiniz -ve tabii ki etkili.

Bir kapıyı açıp, onda yol aldıktan sonra, ardınızdan kapanmasından korkuyorsunuz bazen. (Diğer fırsatları kaybetmek anlamında kullanıyor bunu Ambriel). Bırakın kapansın! Siz yolunuzda huzur ve güçle ilerlerken kapanmış, kapanmamış zaten umurunuzda olmamalı, olmaz… Evrenin sonsuz bolluğunda her zaman yeni ve bereketli kapılar sizler için açılıyor sevgili dostlar!"

"İçsel potansiyel sizin yolunuzdur. Herkesin yoludur... Ne olursa olsun onu bulmanız gerekir. Ne olursa olsun. Tüm enerjinizi içsel potansiyelinizi bulmaya odaklanmanız gerekir. Çünkü vakti geldi ve orada burada gezinerek, dikkat etmeyerek yeterince zaman harcadınız. Ama dünyanın enerjisi değişiyor ve Allah'ın imajında yaratılmış gerçek benliklerinizi gerçekleştirmenin zamanı geldi. Hayatınızı dolu dolu yaşamak ve yaratıldığınız gibi olmanız için..."

"Ben size yolu göstereceğim. Size yolu gösteriyorum, sonsuzdan beri. Ve bunu yapmaya devam edeceğim. İhtiyacınız olduğu sürece. Bir süre sonra buna çok ihtiyacınız olmayacak, çünkü giderek olgunlaşıyorsunuz. Ama o zamana kadar benim yönlendirmeme ihtiyacınız var."

"Bu süre bittiğinde, sadece eğlenmek ve keyif için beraber olacağız. Öğrenme ve uygulama işlerimiz bittikten sonra..."

∞

"Sizleri seviyorum ve size yardımcı olmak için elimden geleni yapıyorum. Ama bana kulak vermelisiniz. Çoğu zaman duymazlıktan geliyorsunuz. Bu beni sizden uzak tutuyor. Bu da beni üzüyor. Ama ben her zaman buradayım ve size yardım ediyorum. Bundan emin olabilirsiniz ve bana sonsuz güven duyabilirsiniz."

"Korkacak hiçbir şey yoktur, kendi zihninizin bulanıklıklarından başka. Aslında onlardan bile korkmanıza gerek yoktur. Çünkü onlar geçicidir. Bıraktığınız an giderler ve bir daha da sizi rahatsız edemezler. Bırakmak için istekli olun yeter!"

"Ben sizlere bu konuda yardımcı oluyorum. Bırakmak çok basittir, sadece ve sadece gerçekten istemek yeterlidir. Ve sevgiyle, evrensel sevgiyle bunu yapabilirsiniz."

"Sevgimize tamamen güvenin ve daha sonra -zihninizin bulanıklıklarını bıraktıktan sonra- neler olup, neler olmayacağını hiçbir şekilde düşünmeyin. Bunlar gereksiz düşüncelerdir ve zihninizi bulandırırlar. Sizleri seviyorum. Sizin için en iyisi olacak."

"Sizin için en iyi olacakları yapıyorum; mutlu olmanız için ki bu sizin asıl durumunuzdur. Yaratıldığınız biçimdir, kalıptır ve hiçbir şekilde değişmez. Hiçbir şekilde değişmez... Bundan emin olmalısınız. Ne olursa olsun, ne yaşarsanız yaşayın, ne yaparsanız yapın, bu kalıp hiçbir şekilde değişemez. Siz hala Tanrı'nın ışığısınız. Tanrısalsınız ve başka hiçbir şey değilsiniz. Bunu bilin! Bundan emin olun. Bunu her hücrenizde, her hücrenizin ta içinde hissedin. Hissedin çünkü öylesiniz çocuklarım!..."

∞

"Sizleri ışığım kadar seviyorum. Bunu anlayabilmeniz için sizlere yardım ediyorum. Bunu her gün yapıyorum. O yüzden dikkat edin. Yardımımı kabul etmeniz gerek, yoksa size ulaşamam."

"Her nefes aldığınızda sevgimi de içinize çekin. Bu bir sevgi meditasyonudur. Kalbinizi ışığımla doldurun ve onun büyümesine izin verin. Kalbiniz tüm evreni kucaklasın ve bütün varlıkları sevgi ve ışık yağmuruna tutsun. Bu ne kadar güzel bir şeydir! Bunu anlamalısınız ve yapmalısınız."

"Güzellikler sizlerle olsun."

∞

"Pembemin ışıkları sizin gözlerinizdeki ışıklar gibidir. İkisi de çok önemlidir. Üçüncü ışığım sizin üçüncü gözünüzle ilgilidir. Üçüncü gözünüzün ışığını yakmam için benden yardım isteyin. Üçüncü gözünüz açıldığında dünyanın farklı frekanslarını daha kolay algılar hale gelirsiniz. Bizleri daha kolay algılar hale gelirsiniz. Bizlerle ilişkiniz kuvvetlendikçe, bu dünyada yapmanız gerekenler daha da netlik kazanmaya baslar."

"İçsel potansiyelinizi uyandırmak zannettiğinizden önemlidir. Gerçekten ne yapmak istiyorsanız onu yapın bu hayatta. Bu konuda rehberliğe ihtiyaç duyarsanız -ne yapmak istediğinizi bulmak ve onu gerçekleştirmek için- yardımımı isteyin."

"Sizleri çok seviyoruz. Sevgimizin farkında olmanız önemli, aksi takdirde bunu unutuyorsunuz ve sevgimizin rehberliğinden yararlanamıyorsunuz. Ne kadar çok sevildiğinizi hep, sürekli ve her zaman hatırlayın!"

Baş Melek Ambriel

.....

Ambriel toz pembe renkli ve dişi enerjili bir baş melektir.

İçsel Potansiyel

Hiç durup kendinize *gerçek potansiyelinizi* kullanıp kullanamadığınızı sordunuz mu?...

Katılımcılarla en çok içsel potansiyelleri üzerinde çalışırken veya en derindeki hayat amaçlarını sorgularken çalışmayı severim. O an sanki zaman durmuş gibi olur. Herkesin konsantrasyonu had safhadadır. Danışanın aldığı keyiften gözleri parlamaktadır. Hepimiz biliriz ki bu var oluşun en gerekli sorgulamalarındandır...

Baş melek Ambriel, lütfen içsel potansiyelimi kullanıp kullanamadığıma ve nasıl tam olarak kullanabileceğime dair bana yol göster ve fikirler ver.

Baş melek Ambriel, içsel potansiyelimizi keşfetmemizin ve açığa çıkarmamızın önemini öğretir ve bu süreçte bize yardım eder. Hayatımız ancak yeteneklerimizi keşfedip içsel potansiyelimizi açığa çıkardığımız zaman "olması gerektiği gibi" olacaktır. Bunu yapabildiğimizdeyse insan olarak çok önemli bir sorumluluğumuzu yerine getirmiş oluruz.

Baş melek Ambriel'den, içinizden gelenleri, fikirlerinizi, kalbinizin sesini ve yapmak istediklerinizi fark etmeniz ve hayata geçirmeniz konusunda yardım etmesini isteyin.

Aynı zamanda bahar meleklerinden biri olan baş melek Ambriel, bizlere yeni başlangıçlar yapmamız konusunda ilham verir. İçsel potansiyelinizi keşfettikten sonra, onu en iyi şekilde ifade edebileceğiniz durumlar, işler ve faaliyetler yaratmak konusunda yardımını isteyebilirsiniz.

Onunla çalışırken sizin de hissedebileceğiniz gibi baş melek Ambriel çok güçlü bir melektir ve etkisini de çok güçlü bir şekilde hissettirir. İçsel potansiyelinizi gerçekleştirmede size bu gücünü verir. Ve sizin de onun gibi güçlü olmanızı ister...

Net İletişim

İlişkilerimizin de diğer yaşadıklarımız gibi tekamül sınavlarımız olduğu o kadar bariz ki... Örneğin, belirli bir dönem belli tipteki bir kişilikle olan ilişkinizi çalışıyorsunuz. O konuda öğreneceklerinizi öğrendikten sonra farklı bir kategoride çalışamaya başlıyorsunuz (!). Mesela, bir süre aynı burçtan insanlarla karşılaşıyor, daha sonraysa farklı bir burçtan insanlarla sürekli temasta bulunuyorsunuz... Veya bazen de isimler ve özellikle de soyadlardaki benzerlikler karşınıza çıkıyor. Sürekli benzer soyadlı insanlarla tanışıyorsunuz. Siz de fark etmiş miydiniz?...

Bütün bu tekamül sürecinde Baş melek Ambriel en çok çalıştığımız baş meleklerden oluyor: Ambriel'in bir diğer çok önemli uzmanlık alanı net iletişimdir. Sadece iletişim bozukluğu yüzünden, kişilerin birbirlerini yanlış anlamalarından veya kendilerini nasıl ifade edeceklerini bilemeyişlerinden o kadar çok ilişki problemiyle karşılaşıyorum ki... Rahatlıkla şunu söyleyebilirim size: Eğer bir ilişkinizde problem yaşıyorsanız nedeni en az %80 oranında etkisiz iletişimdir.

Baş melek Ambriel, lütfen diğerleriyle net iletişim kurabilmeme ve kendimi net bir şekilde ifade edip, başkalarının ilettiklerini de doğru bir şekilde yorumlayıp, anlamama yardımcı ol.

Kadın –Erkek İlişkileri

İlişki problemleri özellikle de kadın-erkek ilişkilerinde geçerli oluyor son zamanlarda. Çünkü "kadınlar Venüsten, erkekler de Marstan" gibiler gerçekten de! Böyle olması da çok doğal, **hatta gerekli** çünkü romantik ilişkiler iki farklı varlığın bir araya gelme sınavından başka bir şey değil!...

Hal böyle olunca uyumlu bir ilişki için çaba göstermek, nasıl sağlanabileceğini öğrenmek gerekiyor. Yanlışlar yapılsa bile –ki yapılacaktır- eşinize, sevgilinize kırılsanız bile –ki kırılacaksınız-, ne olursa olsun kendinizi ifade edin. Eğer zorlanıyorsanız; utanıyorsanız, üzülüyor veya sinirleniyorsanız biraz ara verin ve karşınızdaki kişiye şimdi konuşmakta zorlandığınızı ama daha sonra konuşmak istediğinizi ifade edin...

Konuşmaya çalışırken tartışmaya başlıyorsanız en azından bir taraf kendine karşı dürüst olamıyor demektir. Kendinizi tamamen dürüst bir şekilde ifade edin. Bunda zorlanıyorsanız, **karşınızda baş melek Ambriel varmış da ona anlatıyormuşsunuz gibi düşünün!...**

Dünyamızın kutuplaşması (düalite) nasıl artıyorsa, düalite kadın-erkek ilişkilerinde de artıyor. Bunu fark edemeyenlerin kafası daha da çok karışıyor ve genellikle suçu ya kendilerinde, ya da karşılarındakinde bulmaya başlıyorlar. Başarısız olduklarını veya bir türlü "uygun insanı" bulamadıklarını düşünüyorlar. Veya birlikte oldukları insanın onları bir türlü anlamadığına inanıyorlar. Ne kadar uğraşsalar durum daha kötüleşiyormuş gibi oluyor... *Halbuki aslında dünyanın düalitesindeki artış ilişkilerimize yansıyor.*

Peki, ne yapacağız? **İlk önce** kendimizi nötrleştirerek dünyanın düalitesinin de nötrleşmesi için çalışmalıyız. Bu hepimize ait bir sorumluluk! **İkincisi** ilişkilerdeki problemlerin bu sebepten arttığını bilerek davranırsak olay anlaması ve yönetmesi çok daha kolay bir hale geliyor.

Örneğin, eşiniz veya sevgiliniz bazen birden hiç huyu olmayan şekillerde mi davranıyor? Veya sizin ruh haliniz fazlasıyla değişken mi oluyor?... Bu gibi durumlarda hemen topraklanın ve merkezlenin.

60 saniyede Topraklanma: Derin bir nefes alarak nefesinizi karnınıza, oradan bacaklarınıza, oradan da ayaklarınıza indirdiğinizi hayal edin. Ayaklarınızın tabanlarından da çıkarak toprağa doğru gitsin.

Nefesinizi mümkün olduğu kadar derinlere doğru indirdiğinizi düşünün.

2 kez daha derin nefes alarak aynı çalışmayı uygulayın.

60 saniyede Merkezlenme: Karnınızın içine (kadınlarda rahim bölgesi) odaklanın. Orada bir balon olduğunu ve nefes alırken yavaşça şiştiğini hayal edin. Nefes verirken eski haline dönsün. Birkaç nefes boyunca daha çalışıp iyice dinginleşin.

Balonu o esnada çalıştığınız meleğin renginde de hayal edebilirsiniz.

Son dönemlerde görülen ilişki problemlerinin bir diğer nedeni de çokça tartışılan **Ruh İkizi** kavramı. Aslında ruh ikizleri aynı hayat döneminde pek karşılaşmazlar ama artık "okulun" kapanmakta olduğu bu dönemde daha sık karşılaşır oldular. Ruh ikizinizi sizin diğer yarınız gibi düşünün. "Bir" parçalara yarılıp da tekamül yolculuğuna başladığında en yakın parçalar ruh ikizlerini teşkil ediyor. Ruh ikizi illa ki sevgiliniz olmayabilir. Bir tanıdığınız, kardeşiniz vb. de olabilir. Ama konumuz itibariyle şimdi romantik bir ilişkideki Öz'lerden bahsedelim...

Evet, ruh ikizinizle özünüz neredeyse aynıdır. Dolayısıyla bu çok büyük bir çekim doğurur aranızda. Ama bu anlaşacağınız anlamına gelmez! Çünkü artık uzak, yakın her parçanın bütünlenme sürecinde ruh ikiziniz özünüze çok yakın ama dünyasal anlamda da bir o kadar uzak biri olabiliyor. Beraber olduğunuzda hiç anlaşamıyorsunuz mesela... Kültürünüz, yaşınız veya yaşam biçiminiz çok ayrı oluyor. Veya aranızda aşılması güç bir engel oluyor. En tipik engel birinin veya iki "parçanın" birden bir başkasıyla evli olması şeklinde görülüyor...

Ruh ikizlerinin karşılaşması durumunda ne yapacaklarına dair seçim onlara kalır. Ama şunu da söylemeden geçmeyeyim: Çekim her şey değildir. Buluşmanızı, Özün bütünleşmesinde önemli bir basamak olarak değerlendirip yolunuza devam edebilirsiniz. O kişi sizin için ne kadar değerli olsa da büyük ihtimalle tekamülünüz diğerleri sayesinde olacaktır. Çünkü size daha az benzeyen insanlardan daha fazla öğrenirsiniz...

Toparlarsak, baş melek Ambriel içsel doğrumuzu net ve eksiksiz bir şekilde ifade edebileceğimiz zamanlara doğru bizlere rehberlik eder. Başkalarıyla olan ilişkilerimizde içsel doğrumuzu dürüst ve tam bir şekilde ifade etmek aslında geçerli olan *tek* iletişim şeklidir. İçimizden geçenleri dürüst bir niyetle paylaşacağımız zamanlar çok yakında ve baş melek Ambriel bizleri bu doğrultuda yönlendirmekte.

Düşünsenize, konuşmaktan ziyade telepatiyle iletişim kuracağımız ilerdeki dönemlerde dürüst olmamak gibi bir durum zaten olasılık dışı hale gelecek...

Baş melek Ambriel'den, net, anlaşılır ve dürüst niyetlerle iletişim kurmanız için sizi yönlendirmesini isteyebilirsiniz.

O ayrıca, bu şekilde iletişim kurulan ortamlarda bulunmanız için de yardım edecektir.

Diğer Uzmanlık Alanları

Baş melek Ambriel'in üçüncü gözle ilgili söylediklerini *"duygusal hakimiyetimiz"* açısından önemsiyorum...

Üçüncü gözün açıklığı sezgileri destekler biliyorsunuz. Ambriel'in de söylediği gibi üçüncü gözünüz açıldığında dünyanın farklı frekanslarını, melekleri daha kolay algılar hale gelirsiniz. Sezgilerinin farkında olan insansa aşırı veya gereksiz duygulanımlardan muaftır. Çünkü sezgileri kendi doğrusu hakkında ona her zaman destek olur. Gerçekten üzülmeli mi, gerçekten öfkelenmeye değer mi, sezgileri yoluyla hisseder. Kısacası, kendisine hakimdir, duygularına kaptırıp gitmez. Gereksiz yere başkalarını da, kendisini de üzmez...

Önceki bölümlerde de anlattığım gibi tüm dünyada özellikle de ülkemizde, duygusal hakimiyet ve olgunluk içinde bulunduğumuz dönemde çok gerekli (!!). Üçüncü gözünüzün açılması farklı frekansları algılamak kadar duygusal hakimiyetiniz için de işte bu yüzden bu kadar önemli; *hatta bence daha bile fazla...*

Baş melek Ambriel, lütfen Evren için hayırlı olacak şekilde üçüncü gözümün ışığının yanması için bana enerjilerini gönder.

Baş melek Ambriel aynı zamanda koruyucu bir enerjidir ve bizlere destek ve koruma sağlar. İhtiyaç duyduğunuzda ondan sizi, sevdiklerinizi, tüm insanları ve/veya gezegenimizi korumasını, gözetmesini isteyebilirsiniz. (Koruma hakkında detaylı bilgi için bkz. baş melek Mikail).

Baş melek Ambriel, her nefes aldığınızda sevgisini içinize çekeceğiniz bir çalışma yapmanızı öneriyor. Bu meditasyon, enerji merkezlerinizi (çakralarınızı ve Çincede *Dan Tien* olarak adlandırılan enerji merkezinizi ve "öz yıldızınızı") açarak, içinizin sevgiyle dolup taşmasını sağlar. Bunun için baş melek Ambriel'i çağırarak, onun tabiriyle "kalbinizi büyütmesini" isteyin ve sevgisini hissetmeye çalışın. Bu Sevginin baş melek Ambriel'in de yardımıyla kainatlara yayılmasına niyet edin... Onun sözleriyle *"Bu ne kadar güzel bir şeydir!"* Ambriel'in toz pembe rengini görselleştirerek Sevgisini renginde de hissedin. Enerjisini renginde hissetmek çok daha kolaydır.

Şimdiye kadar pek çok meditasyon şekli anlattım ama *Sema Hanımın* Ambirel ile çalışırken sürekli hissettiği uyku halinden de bu vesileyle bahsedelim... Eğer siz de benzer tecrübeler yaşıyorsanız, endişelenmeyin. Meleklerle yaptığınız meditasyonlarda uykunuz gelebilir. Bu doğaldır. Bazen aldığınız şifa nedeniyle melekler size biraz mola verdirirler. Bazen de enerjinin yoğunluğundan uykunuz gelebilir. Siz şifalandıkça veya enerjiniz güçlendikçe uyku hali de yavaş yavaş geçecektir. Ancak yeni bir baş melekle çalışırken tekrar uyku halini deneyimleyebilirsiniz. Dediğim gibi bu doğal bir süreçtir. Kendiniz hiçbir şekilde kısıtlamayın ve yargılamayın. Neye ihtiyacınız varsa o olur... Siz keyfini çıkarın!

BAŞ MELEK ŞAMUEL

"Benim yeşilim size ferahlık verir; onu takip edin. Size yol gösterir ve onu kalbinizle izlerseniz sakin ve huzurlu hissedersiniz. Çünkü aynı zamanda sizi iyileştirir.

Bu açık yeşil için minnet duymalıyız. Ve onu sevin, çünkü o sadece ve sadece sevgiyle doludur. Onun sevgisini hissetmek sizin için çok zevkli olmalıdır!"

"Net iletişim anahtardır. Net iletişim yüzde yüz saf ve dürüst niyet ve faaliyet gerektirir. 'Başkaları benim hakkımda acaba ne dolaplar çeviriyor' diye düşünerek yapılan iletişim, iletişim değildir. Zihinler arası kavgadır.

Ve bunlar sizin tahmin edemeyeceğiniz yollarla karşıdaki tarafından hissedilir ve size geri döner. Ve kalbinizi üzer. Kalbiniz boş yere üzülmesin. Net iletişim için ihtiyaç duyduğunuz zaman, her iki tarafın da yanında bulunmam için benden yardım isteyin."

∞

"Net görü çok önemlidir. Gözlerinizi açın. Genelde uykuda geziyorsunuz. Fiziksel organların işliyor olması önemli değil. Onların arkalarındaki asıl hislerini harekete geçirmediğiniz sürece, tam algılayamazsınız. (Onları) harekete geçirmek için yardım isteyin. Görmek sadece gözlerle yapılmaz. Beyin ve kalple de yapılır. Sizi seviyorum ve yardım ediyorum. Kalplerinizi iyileştirmek için yardımımı isteyin."

"Hiç yaprakları kokladınız mı? Bu gerçek koku alma şeklidir... Hiç tahmin etmediğiniz şeyleri koklayın: Suyu, yaprakları, ağaçları, şapkanızı... Burnunuzun hislerini açacaktır. Böylece yavaş yavaş olayları koklamaya başlayacaksınız.

Olayları koklayabilmek çok önemlidir; çünkü size yol gösterir. Hislerinizi canlandırmak için dua edin."

"Dikkat etmiyorsunuz. Gündelik işlerinize kapılıyorsunuz, Evreni unutuyorsunuz.

Evren sizi hiçbir zaman unutmaz. O yüzden dikkat edin! Her zaman gözlerinizi açmak için mesajlar alırsınız. Bunları harcamayın. Hiçbir şey tesadüf değildir."

"Hiçbir şey tesadüf değildir... Bunu sakın unutmayın ve dikkatli olun."

"Bu, ders çalışırken olduğ gibi bir dikkat değildir. Daha genel (yaygın) bir dikkattir. Her şeyi gördüğünüz ve duyduğunuz bir dikkattir. Sadece bir şeye odaklanmak, sınırlıdır. Dikkatinizi açın, yayın. O zaman daha çok şey anlayıp fark edebileceksiniz. Dikkatinizi yaymak için birçok şeye dikkatinizi verin. Görün, koklayın, dokunun, işitin; hepsini aynı zamanda yapın. O zaman, aynı anda birçok şeyi anlamaya başlarsınız. Hislerinizi kullanmaya başlarsınız."

"Yaşam böyledir. Zevk alın ve dikkatiniz açılsın!

Daha çok görün ve yaşam budur. Sadece gözlerle değil; kalple!..."

"Yeşilleri görün ve kırmızıları ve sarıları, turuncuları ve mavileri ve siyahları… Hepsini... Ve gökkuşağını. Gökkuşağının altından geçin; geçebilirsiniz. Bu saçma değil, dikkatinizi toplamanız için bir **egzersiz.** *Dikkatinizi çok iyi toplarsanız, gökkuşağının altından geçebilirsiniz. Haydi, bunu şimdi yapın!"*

"Bütün mesajları anlamak zorunda değilsiniz. Onlar hislerinizi açmak için gönderiliyor. Sadece dikkat edin ve okuyun. Gerisini Evrene, Allah'a ve bana bırakın.

Tahmin etmediğiniz ve beklemediğiniz şekillerde yardım alıyorsunuz. Buna açık olun ve isteyin yeter! Bu kadar basit... Kendinizi bırakın ve kalbinizi açın. Takılmayın daha önce bildiklerinize, doğru sandıklarınıza... Yeni bir yol bu ve bu yolda yürümek zorundasınız.

Çünkü evren ancak böyle var olacak."

"Kristaller anlamanızı kolaylaştırır. Kristalleri takın. Ve onları kalbinizin üstüne tutun. Sonra karnınıza ve kasıklarınıza... Ve çakralarınız böylece açılır, enerjileri artar. (Enerjileri) akmaya başlar. Kristallerin enerjileri saftır, sizinki gibi. Yalnızca, sizin enerjiniz tıkalıdır ama açılması kolaydır. Açılmaması için hiçbir neden yoktur. Sadece dikkat edin ve çalışın."

"Bir yerden başlamalısınız. Açılan tek bir yer bile olsa, ötekileri tetikler. Bu her zaman, her yerde böyledir. Dünyanın işleyişi böyledir. Başlasın yeter, gerisi gelir. Enerji bu şekilde dağılır (yayılır). Sizler bunu başlatın. Gerisi gelecek!"

"Size güveniyoruz ve sizi seviyoruz. Çalışın ve olacak."

"Şimdilik bu kadar..."

Baş Melek Şamuel

.....

Baş melek Şamuel'in rengi, güneş ışığının içinden geçerek parlattığı bir yaprağın yeşili gibi, parlak bir açık yeşildir.

Beraber

İlişkilerle ilgili baş meleklerden Şamuel, gerek ailevi, gerek romantik, gerekse arkadaşlık ilişkilerimizde bize yardım eder. İnsanlar olarak bizler ilişkilerimizle varız. Bu yüzden,

ilişkilerimizi anlamaya çalışmak;

nasıl bir ilişkiyi ne zaman ve neden yaşadığımızı fark etmek;

nasıl özellikleri olan insanlarla yakın olduğumuza bakmak;

ve sürekli aynı ilişki kalıplarını yaşayıp yaşamadığımızı görebilmek, bizler için aydınlatıcıdır.

İlişkilerinizle ilgili problemler yaşıyorsanız, baş melek Şamuel'den bunların nedenlerini anlamanız için yardım etmesini isteyebilirsiniz.

Tekrar tekrar, aynı tür ilişkiler yaşıyorsanız, bu ilişkilerdeki kalıpları, beraber olduğunuz kişilerin rollerini görmek için yardım isteyebilirsiniz.

Şamuel, "net görüş" ile ilgili baş melektir ve bizim de ilişkilerimizi ve genel olarak da hayatımızı, net bir şekilde görebilmemizi, dolayısıyla yaşadıklarımızı daha iyi anlamlandırabilmemizi sağlar. Yaşadıklarınızın sebeplerini anlayamıyorsanız, kendinizi kaybolmuş hissediyorsanız, baş melek Şamuel'den, anlayışınızı arttırmasını isteyebilirsiniz.

İlişkilerimizdeki dersler bu noktada daha bir önem kazanıyor. Onları anlayabilir ve çözebilirsek tekamülde de hızlanacağız. O yüzden son zamanlarda oldukça problematik hale gelen kadın-erkek ilişkilerinden biraz daha bahsetmek istiyorum bu bölümde; özellikle de **aldatmalardan.**

Günümüzde kadınlar da, erkekler de ilişkilerinde tatmin olmuyor, kimse birbirine güvenmiyor gibi gözüküyor. Bu durumda geçmekte olduğumuz boyutun enerjisi önemli rol oynuyor. Bundan Yükseliş Gönlün Şifası'nda da bahsetmiştim ve çok sayıda soru alıyorum. Dolayısıyla boyut geçişini tam olarak sindiremediğimizin farkındayım... Ama bir an evvel de yapmalıyız bunu, yoksa 6. Boyut enerjilerini çekiş gecikecek –yine (!).

İçinden geçiyor olduğumuz yoğun enerjileri dalga dalga alırız. Diğer bir deyişle bazı zamanlar diğer zamanlara oranla daha yoğundur. Sonra biraz ara verilir. Aksi takdirde enerjilerin yoğunluğuyla hiç baş edemezdik.

Kişiliklerdeki problemler her zaman "yoğun dönemlerde" daha fazla ortaya çıkar. Bırakın enerjisel dönüşümü, hayatımızdaki zorlu süreçler bile eğer yeterince güçlü değilsek travmalara davetiye çıkarır. Bu yüzden, eğer ilişkileriniz sizi zorluyorsa geçiş döneminin yoğunluğu bilin ki en büyük nedenlerden.

Peki, bu yoğun enerjide ilişkileri dengede tutabilmek için ne yapmalı?

1- Kendinizi kötü, depresif hissediyorsanız, moraliniz bozuksa vb. kendinize bir diğer yoğun enerji döneminden geçiyor olabileceğimizi hatırlatın. Bu kişilerle ilgili anlayışınızı da, sabrınızı ve dayanıklılığınızı da artıracaktır.

Dikkat: Bunu hemen başlangıçta hatırlamanız çok önemli. Aksi takdirde kötümserlik sarmalına kapılıp gidebilirsiniz (!).

2- İlişkilerinizde hep aynı tür problemleri yaşıyorsanız veya tam kavuştuk derken anlam bile veremediğiniz bir şekilde ayrılıveriyorsanız nedeni o kişiyle aranızdaki karma olabilir. Bu dönemde karmalar da yoğunlaştı ancak *geçişi yapabilmemiz* (5. Boyutu bitirebilmemiz) için artık sonlanmaları gerekiyor. İşte bu sebepten, yani karmaların temizlenmesi amacıyla da ilişkiler yoğun, zorlu ve değişken olabiliyor. Çünkü karma iki şekilde temizlenir. 1- Bizzat yaşayarak. 2- Karma temizlikleri yaparak.

3- Sadece karma değil, genel rutin arınmalar yapmak da bu dönemde bir gereklilik haline geldi. Basitinden karmaşığına pek çok arınma yöntemi mevcut. Ben basit olanları tercih etmenizden yanayım. Olay ne kadar karmaşıklaşırsa, sıkılma, hata yapma veya sonuç alamama olasılığınız o kadar artar çünkü! Ayrıca gözlemlediğim kadarıyla daha kısa ve kolay çalışmalar için *enerjimiz de uygun hale geldi.* O yüzden çok derin meditasyonlara veya uzun ritüellere artık ihtiyaç duymuyor olabilirsiniz siz de...

4- "Kıymet bilmek" sizi hem sakinleştirir, hem de mutlu kılar. Canınız normalde yapmayacağınız ama sonradan pişman olabileceğiniz bir şeyler yapmak istiyor gibiyse önce biraz sakin kalmayı deneyin. Elinizdekilerin kıymetin bir düşünün önce. Onlara verdiğiniz değeri fark edin.

(Kozmik enerjilerin türü de farklıdır. Bazı enerjileri, özellikle de 5. Boyut enerjilerini çekebilmek için sakin kalmanız gereklidir).

5- Nefis hakimiyeti tekamül yolundaki gerekliliklerdendir. Bir önceki maddeyle de ilişkili olarak canınızın yapmak istediği şeyleri mantıklı bir şekilde oturup düşünmek gerektir bazen de!

Ülkemiz insanı oldukça dürtüsel. Ancak olgunluk, dürtülerimize hakimiyeti gerektiriyor malumunuz...

6- Erkekler aslında ilgili ve bilgili. Kozmik enerjileri onlar da hissediyorlar tabii ki... Ama ülkemizde spiritüel çalışmalara fazla ilgi göstermiyorlar. Ben bunu bizim maço kültürümüze bağlıyorum. Eğri oturup doğru konuşalım, ata erkil toplum özelliklerini ülkemiz yoğun olarak gösteriyor. Böyle olunca erkekler spiritüel çalışmaların kendilerine çok da uygun olmadığını düşünüyorlar belki. Veya kendi başlarına, başkalarıyla pek paylaşmadan yapmak istiyorlar çalışmalarını. Ama **enerji** aslında **en güçlü seviyedir.** Maddeye indikçe frekans zayıflar. David Bohm o yüzden der *"Madde donmuş ışıktır"* diye...

Öyleyse kadınlar bütün bu enerji çalışmalarını kaldırabildiklerine göre daha güçlüler belki de! İşte bir arkadaşımın (erkek) söyledikleri: *"Erkeklerdeki kas gücü sadece, kadınlar her zaman daha güçlü aslında... Bir ilişkide de her zaman gidişatı kadın yönlendirir."* Öncelikle arkadaşımı bu tespitleri yapabildiği *ve* ifade edebildiği için tebrik etmek istiyorum. Söylediklerini aslında bence kadın-erkek hepimiz biliyoruz. Peki, neden dünya ata-erkil bir düzende devrilmeye devam etmede?...

Hissettiğim kadarıyla egonun statükocu oluşu yüzünden. Erkeğin güçlü olduğu ilüzyonunu devam ettirmek alışkanlıklardan ötürü daha kolaymış gibi görünüyor belki de...

Alışkanlıklar maalesef insan hayatını çokça yönlendiriyor –hala... Algılarımızın en az yarısının eskiden depoladığımız algılarımızdan oluştuğunu bilimsel araştırmalar açıklıyor. O yüzden sevgili dostum, affına sığınarak hatırlatmama izin ver: Ne kadar çok alışkanlığın varsa o kadar –baş melek Şekina'nın söylediği gibi- *"insan kabuğusun."*

Ancak... Bir elmanın yarısı çürüdüyse, çürük eninde sonunda öteki tarafa da ulaşır. Hayatta **hiç bir şey** ayrı-gayrı değildir. Bir cins mutsuz ve baskı altındaysa öteki cinsin mutluluğu tamamen sunidir. Mutlu veya güçlü gibi görünmesi kandırmacadan başka bir şey olamaz. O halde kadın-erkek dengesi toplumda hepimizin mutlu olabilmesi için şarttır.

"Baş melek Şamuel, 5. Boyut oluşunu anlamam ve bu anlayışımı ilişkilerime de yansıtmam için lütfen bana destek ol."

Her yaşadığımız ilişkide, bizim farkındalığımızı arttıracak bir potansiyel vardır. İlişkimiz bize o esnada ne kadar zor gelirse gelsin, yaşadıklarımızın nedenlerini görebildiğimizde, o ilişkiden bir anlam, bir ders çıkarabiliriz. Söz konusu ilişkiyi yaşamamızın nedeni de zaten bu öğrenme ihtiyacıdır.

Eğer her ilişkimizin, bize bir şeyler öğretmek, anlayışımızı/perspektifimizi geliştirmek ve olayları/kişileri farklı açılardan görebilmemizi sağlamak için yaşandığını fark edebilirsek, hepsinin temelinde sevginin olduğunu da kolaylıkla görebiliriz. Bunu görebilmek -özellikle ilk başlarda- size oldukça zor gelebilir: *En zor gelenin, en çok ihtiyacınız olan, olduğunu hatırlayın...*

Baş melek Şamuel, ilişkilerimin temelindeki Sevgiyi görebilmem için lütfen görüşümü netleştirmemde yardımcı ol.

İlişkilerimizin temelinde sevginin olması, bizi yaralayan, bize zarar veren ilişkilere *tahammül etmemiz* gerektiğini göstermez. Her zaman olduğu gibi, problemin temeline inmeye çalışarak ve yapıcı bir tavırla çözüme gitmeliyiz...

Öyleyse daha geniş bir farkındalık kazanmak için kullanabileceğiniz teknikler:

- İlk önce melekler –tabii ki...

"Baş melek Şamuel enerjimi temizlemem ve temiz tutabilmem için lütfen beni yönlendir.

Doğru şekillerde davranabilmem için görüşümü netleştirebilmeme yardımcı ol.

Sevginin en kolay, çabuk, garantili ve aslında tek şifacı olduğunu hatırlamama yardım et."

- Nefes: Arınma niyetiyle nefes alıp vermekten, daha komplike olan transformal nefes tekniğine kadar pek çok nefes çalışması var. Kolay ve etkili birkaç tekniği baş melek Suriel bölümünde de bulabilirsiniz.

- Beyaz ışık: Çok sevdiğim ve çok da etkili bir yöntemdir. Ne zaman sıkıntılı hissederseniz başınızın tepesinden akmaya başlayan ve bütün vücudunuza yayılan bir beyaz ışık imgeleyin. Mümkün olduğunca kuvvetli, göz kamaştıran bir ışık olsun bu. Ve özellikle de omurganızı ışıklandırmanızı tavsiye ederim.

Bu tekniği her gece yatağınıza yatınca uygulayın. 5-10 saniyenizi alır. Gece boyunca bilinçaltınızın olumsuz enerjilerle uğraşıp durmasından ve onlarda derinleşmesinden kurtulursunuz!...

- Su: Su "zeki bir molekül" olarak inanılmaz geliyor bana... Hafızası var bildiğiniz gibi. Suyun zekasını her fırsatta kullanın: Bolca için, yıkanın, yüzün, elementle meditasyon yapın... Kısacası her fırsatta temas edin.

Baş melek Şamuel, kendimizi sevmemizi ister. Ve bunu öğretir... Kendimizi sevmek en temel dayanak noktamızdır aslında. Hepimiz aynı bütünün farklı parçaları, her birimiz "ben'in" farklı yüzleriyiz. Bu farklı yüzleri deneyimleyebilmek, bu farklı yüzleri sevmek için Bir'den ayrılmadık mı zaten?...

Bu durumda kendini sevmek, doğal olarak diğerlerini de sevmektir. Öyleyse kendinizi sevdiğinizde bir başkasını yargılama, başkası hakkında kötü düşünme, incitme, üzme gibi durumlar kendiliğinden yok olacaktır.

Bu noktada fark ederiz ki kendimizi sevmek, insan olarak bir sorumluluğumuzdur!

Baş melek Şamuel'den kendinizi sevmek, kendi değerinizi fark edebilmek için yardımını isteyin.

Şamuel, net görüş meleği olduğundan, sadece ilişkilerimizle ilgili değil, hayatımızın tüm alanlarında da anlayışımızı ve farkındalığımızı arttırabilir. Örneğin, mesleğiniz ve kariyerinizle ilgili olarak, sizin için en uygun işi yapmanız ve/veya işle ilgili problemleriniz varsa çözmeniz konusunda, yardımcı olacaktır.

Çocuklarınıza da aynı konuda yardımcı olabilir. Çocuklarınız baş melek Şamuel'den rahatlıkla ve kolaylıkla yardım isteyebilirler.

Baş melek Şamuel, lütfen kendim için doğru mesleği bulmama veya oluşturmama yardımcı ol.

Ne zaman ihtiyacınız olursa, bu gibi konularda onun yardımını isteyebilirsiniz. Güzel rengiyle kalbinize ferahlık getirerek, izlemenizin sizin için uygun olacağı yolu görmenize yardım edecektir.

"Beraber" kartını çektiğinizde bir ortaklık veya romantik bir ilişki gerçekten de yakın demektir. Ancak bunca sene süren çalışmalarımızdan destekle bir noktayı açığa kavuşturmak isterim. Melekler sizin frekansına uygun birisini size yönlendirebilirler veya karşılaşacağınız haberini verebilirler. Ancak dünya planında işlerin nasıl gideceğini de tam olarak bilemezler tabii ki. Çünkü onlara yön veren insanlardır. Dolayısıyla bazen ilişki gerçekleşmeyebilir. Hep dediğim gibi yönlendiren ve son kararı veren her zaman sizsiniz!...

"Hoş-Görü"

Şamuel, aynı zamanda hoşgörü meleğidir ve bizim başkalarına ve kendimize karşı hoşgörü gösterebilmemiz için yardım eder.

Hoşgörüyü "açık kalpli olmak" şeklinde tarif ediyor baş melek Şamuel. Ancak kalbimiz açıksa, yani kişiye ve/veya duruma karşı herhangi bir yargı, yansıtma, art niyet vb. beslemiyorsak, karşımızdakini gerçekten anlayabiliriz. Ve anlayış, hoşgörünün temelidir.

O yüzden olayı diğer kişinin bakış açısıyla görebilmeniz size tamamen farklı bir bakış açısı ve anlayış verir. *Kalbinizi açın* ve yaşadığınız problemi diğer kişinin gözlerinden görün.

Bu konuyu ancak olayları "net bir şekilde görebilen" bir melek bize öğretebilirdi zaten... Şamuel, açıkça görebildiği için her şeyin ancak farklı perspektiflerden algılanabildiğinde *hoşça görülebileceğini* gösterir...

Şamuel'den güzel yeşil ışığıyla, endişelerinizi ve önyargılarınızı silerek, kendiniz ve başkaları için hoşgörülü olmanıza yardım etmesini isteyebilirsiniz.

Düşünsenize, bir simülasyonda nasıl tek bir doğru olabilir ki zaten... Ne kadar çok insan varsa bu dünyada o kadar "gerçeklik" var. Çünkü henüz evrensel doğruların geçerli olabileceği anlayış yok dünyamızda. Bir arkadaşım şöyle tarif ediyor bunu: *"Güneşin her sabah benim için doğduğunu biliyorum."*

Ukalalık gibi almayın söylediğini, sadece evrensel bir gerçeği ifade ediyor. Eğer **sen** yoksan, başka hiçbir şey veya insan yok. Çünkü onu algılayabilecek bir varlık yok ortada! O yüzden ilk başta sadece kendi gerçekliğin var. Senin için doğru olan o. Başkasının doğrusu farklı. Peki, buraya kadar iyi... Ama olay, bu noktada farklı bir önem kazanıyor işte.

Çünkü gerçekliklerin bir şekilde de anlaşması gerekli. Yoksa ortalık çok karışabiliyor (!...).

Bazen birbirimizin gerçeklikleri çok ama çok farklı olabiliyor. Onu bırakın bazı gerçeklikler gerçekten de vicdansız olabiliyor (!). Ama o gerçekliğe savaş açmakla hiçbir şekilde olay çözümlenmiyor. Çözümün sadece tek bir yolu var: Anlayış. Anlayış içinse önce *kabul* şart.

Peki, size çok uzak bir gerçekliği nasıl kabul edeceksiniz?: *Olmuş* olanı kabul ederek. Bunun tek çözümü bu. Zaten olmuş bitmiş. Gitmiş! Geçmişte kalmış... Dolayısıyla onunla ilgili değiştirebileceğin tek şey onun **senin** üzerindeki enerjisi. Senin anlayışın. Karşı tarafı ikna etmek veya haksız olduğunu anlamasını sağlamak veya öç almak vb. düşüncelerin varsa, kolay gelsin diyebilirim ancak...

Çünkü **olmayan bir gerçeklikte** çabalıyorsun!

Baş melek Şamel, lütfen problem yaşadığım kişiyi onun bakış açısından görebilmeme ve davranışının nedenini anlayabilmeme yardım et.

Dikkat ettiyseniz başta, baş melek Şamuel'in kendimize karşı da hoşgörülü olmayı öğrettiğini yazmıştım. Her şey kendinizde başlıyorsa şayet, hoşgörü de doğal olarak oradan başlamalı.

Geçenlerde bir dost Afrika'daki bir kabilede uygulanan bir geleneği anlattı. Bu kabilede eğer birisi bir hata yaparsa herkes onun etrafını çevrelermiş. Ve her biri, onun o ana kadar yaptığı güzel bir şeyi anlatırmış. Arkadaşları kendini affedene ve üzüntüsü geçene kadar tören devam edermiş...

Siz de bu *"Dost Meclisi"* çalışmasını arkadaş çevrenizde yapın. Sosyal medyada yapın! Ve tabii ki meleklerinizle de beraber yapın...

Sevgili melekler, lütfen etrafımda olun ve kendime karşı hoşgörü duyabilmem için gönül açıklığında ve net görüşte olmam için yol gösterin.

Diğer Uzmanlık Alanları

Baş melek Şamuel'den ilginç ve farklı bir çalışma!: Beş duyumuzu, her zaman yaptığımızdan farklı şekillerde kullanmak farkındalığımızı ve hassasiyetlerimizi arttırarak, yarsezgilerimizin -ve duru-algılarımızın—uyanmasına yardımcı olur. İşte bu yüzden, *"Hiç yaprakları kokladınız mı? Bu gerçek koku alma şeklidir."* diyor Şamuel. Duru-algılarınız açıldığında enerjisel olarak görür, işiti, hisseder, koklar hatta tadar hale gelebilirsiniz.

Ancak burada hemen önemli bir parantez açmalıyım! Duru algıların daha açık olması tekamülde ileri olunduğu anlamına gelmez. Duru algıları çok açık olup ego sarmalında yaşayan pek çok insan tanıyorum! Dolayısıyla melekleri görmeye ve işitmeye çalışmaktan ziyade onlardan öğrenmeye bakın dostlar! Duru algılarınız açılırsa ne ala. Açılmazsa da ne ala...

Baş melek Şamuel, *"bütün mesajları anlamak zorunda değilsiniz."* derken, mesajların hepsini, ilk okuyuşta bilinçli bir şekilde anlayamayabileceğimizi ifade ediyor. Ancak yine de mesajı bilinçaltı düzeyinde algılayabilirsiniz. Bu sayede, mesajda öğretilenleri yavaş yavaş uygulamaya başlayabilirsiniz. Ve zamanı geldiğinde bilgiyi bilinç düzeyinde de fark edebilirsiniz.

Baş melek Şamuel'in bahsettiği "dikkati yaymak" İndigo Grubunun düşünce şekline çok yakındır. Yüksek bir farkındalıkta olma halidir bu. Sakin ve dinginken, çaba göstermeden her şeyi hissedebildiğiniz ve bildiğiniz algı durumudur.

Şimdi, baş melek Şamuel'in mesajlarında bahsettiği *"Gökkuşağının Altından Geçme"* egzersizini nasıl uygulayabileceğinize bir bakalım:

Başlarken baş melek Şamuel'den bu çalışma için desteğini ve meleklerinizden de koruma isteyin.

Rahatlayın... İyice dinginleşene kadar derin nefesler alıp, verin.
Şimdi bir gökkuşağı hayal edin.
Tüm renklerini görmeye çalışın. Acele etmeyin. Gökkuşağının güzelliğini izleyin...
Ve yavaşça... Gökkuşağına doğru ilerlediğinizi ve sonra da gökkuşağının altından geçtiğinizi imgeleyin.
Başınızı yukarı kaldırdığınızda bin bir rengin yoğunluğunu ve cümbüşünü görebiliyorsunuz. Renklerin yoğunluğunu hissedin.
Hangisine daha çok ihtiyacınız varsa bırakın o renk size aksın...
Hislerinizin ve algılarınızın sizi yönlendirmesine izin verin. Sadece izin verin...
Bu esnada (özellikle gökkuşağının altındayken) neler hissettiğinize dikkat edin ve ne gerekiyorsa olmasına izin verin.
Meditasyonun keyfini çıkarın...
İstediğiniz kadar bu durumda kalabilirsiniz.
Gökkuşağının altından geçin ve meditasyonunuzu sonlandırırken, baş melek Şamuel'i ve meleklerinizi teşekkürlerinizle uğurlayın.
Tamamen merkezlenmiş ve topraklanmış bir hale gelin.
İyice topraklanmak için ne kadar zamana ihtiyacınız varsa bu zamanı kendinize tanıyın.
Derin bir nefes daha alın ve hazır olduğunuzda gözlerinizi açın.

Bu meditasyonu istediğiniz kadar tekrarlayabilirsiniz.

Çalışma herkes için farklı bir şekilde gerçekleşecektir. Sizin için de o anki ihtiyacınıza göre, her uyguladığınız seferde farklı yararlar ve iç görüler sağlayacaktır.

BAŞ MELEK MİKA

"Öğrendikleriniz ve yaptıklarınız damlalar halinde büyür. Herkes yeni enerjilerin geldiğini, büyüdüğünü söylüyor... Bu çekinmeniz, korkmanız gereken bir durum değil! Kutlamanız, sevinmeniz gereken bir şey. Bu açılımları zevkle kabul edin. Onların sizin iyiliğiniz, herkesin iyiliği için olduğunu bilin...

O yüzden acele etmeyin. Kendinizi suçlu vs. hissetmeyin sakın; yeterince çalışmadığınızla ilgili... Önce kalp ferahlığı lazımdır. Kalp ferahlığını getiriyorum şimdi size. Bu hediyemi lütfen kabul edin.

Damlalar halinde kalbinize yayılsın; yeşil bir damla... Sonra mavi bir damla...

Ne zaman kalbiniz sıkışsa, canınız sıkılsa benim size getirdiğim ferahlığı hissedin.

Onu hatırlayın...

Tek yapmanız gereken gün içinde de, onca 'koşturmacanız (!)' arasında bu ferahlığı ve meleklerin sevgisini hatırlamaktır...

Çok sevgimle!

Yeşilli ve maviyle :)..."

∞

"Renklerime konsantre olduğunuzda, benim enerjimi ve size anlatmak istediklerimi daha iyi anlayacaksınız. Eğer renkleri seviyorsanız, renklerimi seviyorsanız bunu yapın. Ne kadar çok renklerle ilgilenir ve onları çalışırsanız, o kadar size kendilerini açarlar. Bu kozmosun enerjilerini anlamak için güzel ve zevkli bir yöntemdir. İyi çalışmalar diliyorum size, tüm enerjimle. Ve sizi her zaman destekliyorum."

"Akışa bırakın kendinizi ve 'olun': Kozmosla bir olun ve do-

layısıyla kendiniz olun. Benimle birlikte akmak için rengime bakın, rengimin enerjisini hissedin. Durağan hissettiğiniz, kapalı hissettiğiniz her durum için benden yardım isteyin. Mavimin ve yeşilimin enerjisiyle tıkanıklıkları açıp, sizin akışa ve asıl halinize kavuşmanıza yardım ederim."

∞

"Yeşil-mavi doğa. Doğayı koruyun. Siz kendiniz de yeşil-mavisiniz. Bunu anlamanız gerek!"

"Her şey zamanını bekler. Kendinizi akışa bırakın; akışla beraber gidin. Yeşil-mavi bir nehir gibi... Mavi size rehberlik eder. Ben size rehberlik ediyorum, merak etmeyin. Yeşil besleyicidir. Kendinizi doğaya teslim edin. Ve hepiniz, her şey bundan kazanç sağlayacak ve büyüyecek."

"Zaman yoktur, o yüzden acele etmenize gerek yok. Her şey zaten şu anda oluyor. Bu yüzden akışla gitmeniz gerekli. Bu eğlencelidir ve aynı zamanda da sakindir. Ve her şey bundan ibarettir. Zevk alın ve sevin."

∞

"Ben çok konuşmam. Göstermek istediğimi, yaptıklarımla gösteririm. Yaptıklarıma bakın, beni algılamaya çalışın. Çağırdığınız an yanınızdayım ve size anlatıyorum. Hisleriniz yoluyla bunları anlayabilirsiniz. Kalbinize bakın.

Benimle çalışırken, kalbinizin neler hissettiğine çok dikkat edin. Bu yöntemle size öğretirim."

"Kalbinizin hissettiklerini unutmayın! Bunlar benim öğretilerimdir. Ne zaman kendinizi kaybolmuş hissederseniz, kalbinizin benimle çalışırken hissettiklerini hatırlayın ve böylece size yol gösteririm. Bu önemli, etkili ve zevkli bir yöntemdir...

Sadece sizi ne kadar çok sevdiğimi ekleyebilirim. Bunu bilin!"

∞

"Akışı abartma. Hepiniz birsiniz, aynısınız...
Birken, ayrılık yüzünden acı çekmek niye?
Akışsan böyle hissetmezsin...
Akış Birliktir; zaten öylesiniz!..."
Baş melek Mika

.....

Baş melek Mika'nın rengi, beraberce, yan yana akan mavi ve yeşildir.

İlahi Planlama/Zamanlama

Baş melek Mika, hayatımıza yön veren ilahi planı fark etmemize yardım eder. Hayatımızın, öğrenmemiz gereken dersler ve edinmemiz gereken tecrübelerle alakalı olarak bir genel planı vardır. (Kader-i plan da diyebilirsiniz).

Bizler seçimlerimiz yoluyla bu genel planı, daha spesifik ve kendimize özgü hale getiririz. Hayat planımızı, bizzat kendimiz, bu hayata doğmadan önce hazırlarız. Kendimize üzerinde çalışmamız gereken bir yaşam teması veya temaları seçeriz, melekler de bize bu planlama esnasında yardımcı olurlar.

Yeşilli mavili baş melek, ilahi planımıza uygun yaşayıp yaşamadığımızı gözetir ve tekamülümüzü destekler. İçsel doğrumuza uygun olan yolda gitmemiz için bizi teşvik eder **-ki böylece evrenle uyum içinde yaşayabilelim...**

Baş melek Mika, lütfen "kalbimin olduğu" yolda gidebilmem ve yönlendirmelerini fark edip, takip edebilmem için bana yol göster.

İlahi planımız ve hayat amacımız, tahmin edeceğiniz gibi birbirleriyle yakından alakalıdır. Hayat amacını, kendimizi içsel doğrumuza uygun bir şekilde ifade edebilmemiz için yaptığımız faaliyet olarak tarif edebiliriz. Bu faaliyet, bir meslek veya gönüllü olarak yapılan bir iş, hatta bir hobi bile olabilir.

Hepimiz, var oluşumuzu, bize anlamlı gelecek ve kendimize özgü şekillerde ifade etmek isteriz. Bu ifade ediş yoluyla da hayat amacımızı gerçekleştirmiş oluruz. Hayat amacımızı gerçekleştirmede kullandığımız hiçbir araç, bir diğerinden daha değerli veya değersiz değildir. Yani, içsel doğrumuzu hayata geçirmemize olanak veren hiçbir faaliyet veya meslek, birbirinden üstün veya birbirinden değersiz olarak yorumlanamaz. Böyle bir yoruma ancak, insan olma hakkımızı ve değerimizi yadsırsak, ihtiyaç duyarız.

Baş melek Mika, ilahi planlamayla ilgili olduğundan, ilahi zamanlamayla da ilgilidir. Her şeyin zamanını beklediğini, bize öğretir. Bu bekleme süresi bizim "enerjisel olgunluğumuza" bağlıdır. Yani, bir sonraki adıma geçebilmemiz, ancak gerekli dersleri öğrendiğimizde ve belli bir farkındalığa ulaştığımızda, gerçekleşecektir. Enerjisel olgunluğa ulaşmayı, frekansımızdaki bir artış şeklinde de düşünebiliriz.

Bu kitapla ilgili sayısız ilahi zamanlama hikayesi var... Örneğin, *Derya Hanım* gibi bazılarınız kitaptan haberi olduğu halde bir süre alamadığını, sonra nihayet aldıktan sonra da bir solukta okuduklarını anlattılar. *Elaine Hanım* gibi bazılarınız "tesadüfen" kitabı satın aldıktan sonra başucu kitabı haline geldiğini anlattılar... Hatta bazı okuyucular kitapçıdayken kitabın pat diye önlerine düştüğünü ve o şekilde kendini satın aldırttığından bahsettiler! Bütün bu anlattıklarınız hazır olduğunuzda kitaba çekildiğinizin çok güzel kanıtları. Ne diyebilirim?... Meleklere çok teşekkür ve sevgilerimle!

Bu enerji kanununun farkında olursak, olayların gerçekleşmesi için sabırsızlık duymanın aslında ne kadar gereksiz olduğunu anlayabiliriz. Hırs, güç kullanma, zorlama da aynı şekilde... Yapmamız gerekenleri, sorumluluklarımızı bilerek yapar ve içsel doğrumuza göre hayatımızı yaşamayı sürdürürsek, her şey gerektiği zaman gerçekleşecektir.

"Zaman yoktur, o yüzden acele etmenize gerek yok. Her şey zaten şu anda oluyor... Zevk alın ve sevin!" Bazı melekler, hatırlayacağınız gibi, çalışmamız ve başarmamız gerektiğini, "zamanın geldiğini" söylüyorlar. Bu kesinlikle doğru ama bütün bunları strese kapılmadan yapmamız gerekiyor. O yüzden baş melek Mika bu mesajıyla bizi rahatlatmak istiyor...

Mika bunun için önce yeşil şifa damlasını, sonra da mavi ferahlık ve dinginlik damlasını veriyor bize!

Hemen ardından söylediğine de dikkat edelim...: *"Her şey zaten şu anda oluyor."* Yani, olacak olan, zaten burada. Zaten burada olanı hayata geçirebilmemiz için "çalışmadan çalışmamız" lazım... Yani, elimizden geldiğince çalışmamız lazım; kendimizi hırpalamadan ve endişeye kapılmadan. En iyinin zaten olduğunun, ilahi planlama ve zamanlamanın işlediğinin bilincinde olarak...

Endişe, mutsuzluk, hırs, stres gibi duygular, akışın dışına çıktığınıza dair birer ipucudur. Bu gibi durumlarda baş melek Mika'dan size farkındalık ve anlayış getirmesini isteyin.

İşaretler

İlahi zamanlama, tesadüf adını verdiğimiz durumla da yakından alakalıdır. Tesadüf dediğimiz şey, olayların veya kişilerin enerjilerinin birbirini çekmesi yoluyla oluşan eşleşmelerdir. Eminim sizler de pek çok eşleşme tecrübe etmişsinizdir ve ediyorsunuzdur...

Bu kozmosun doğal işleyişidir... Enerjilerin arasındaki bu çekici kuvvet ise sevgiden başka bir şey değildir. Tam birisini düşünürken telefon etmesi, meleklerden yardım istediğinizde bir işaret almanız, hazır olduğunuzda öğretmeninizin gelmesi ve kapıların açılması... Hepsi Sevgi enerjisinin çekimiyle olur. Nitekim sevgili *Işıl* ile buluşmamız da öyle olmuştu:

Işıl ile tanıştığımızda zor bir süreçten geçiyordu. Hem işinde, hem de ailevi olarak problemler yaşıyordu. Ve Meleklerin Seninle Konuşuyor'un melekleriyle çalışmaya başladı... Yaptığı çalışmaları, geçirdiği aşamaları zaman zaman benimle de paylaşıyordu. Hayatı hala zor olmasına rağmen çalışmalarını bırakmadı! Ve iş, yavaş yavaş melek takıları yapmaya vardı.

Fikrini benimle paylaştığında ben de çok sevinmiş ve heyecanlanmıştım. Çok yetenekli bir tasarımcı olan *Işıl (İpekçi)* meleklerin kendisine nasıl ilham verdiğini, takılarını yaparken ne kadar zevk aldığını ve mutlu olduğunu anlatıyordu... Hatta bir süre sonra 24 baş melekle yaptığı tasarımlara kart mesajlarını da eklemeye başladı. Alıcıların hem takılar, hem de mesajlar sayesinde mutlu olmaları ona büyük keyif ve tatmin veriyordu.

Kısa süre sonra kendisini anlayan ve destekleyen bir galeriyle beraber çalışmaya başladı. Yaptıkları takı sergileri çok başarı oldu! Işıl'ın işleri giderek iyileşti. Eski evini satıp çok daha sevdiği yeni bir yere taşındı. Artık çok beğenilen ve rağbet gören takılarını giderek daha fazla insanla paylaşıyor... Onun işlerinin açılmasını, hatta patlamasını bizzat izledim ve nasıl Sevgiyle desteklendiğimize bir kez daha şahit oldum. Işıl ile "ortak dostlarımız" vasıtasıyla tanışmış olmaktan ötürü çok mutluyum!

Sevgide zaman kavramı olmadığı için olaylar basit bir şekilde, hangi an'da olmaları gerekiyorsa tam o anda gerçekleşirler. Zihinlerimiz, zaman kavramıyla şekillendiğinden bizlere çoğunlukla inanılmaz gelen tesadüfler, aslında evrenin *gayet olağan olan* "denk gelişleridir."

Ve zamanlamaları da işte bu yüzden mükemmeldir:

Zamanın var olmayışından!

Baş melek Mika'dan, akışta olmanız, daha doğrusu akış olduğunuzu hissetmeniz için yardım etmesini isteyin. Onun dalga dalga gelen yeşili ve mavisiyle birlikte akın...

Enerjilerin bu şekilde birbiriyle uyuşmasıyla, hayat planımız doğrultusunda ilerlememiz için gereken koşullar, fırsatlar, olaylar yaratılmış olur. Bize düşen, bu eşleşmelerin farkına varmak ve onları değerlendirmektir... Eşleşmeleri/denk gelişleri ve bize gönderilen işaretleri yakalayıp uygulamakla, akışta kalmak çok kolay hale gelir. Ve tabii ki çok da zevkli bir hale... Bakın Banu Hanım ne kadar güzel anlatmış yaşadıklarını:

"Ben de teslimiyet için akıştayız sözünü çok kullanıyorum. Zihinsel olarak korkuya düştüğümde akıştayım diyorum ve teslim oluyorum. Ne korku kalıyor ne kibir... Geleceğimi şimdiden oluşturmanın heyecanını yaşıyorum."

Zaman zaman hayatımıza dönüp baktığımızda, neyi neden yaşadığımızı daha iyi görebiliriz *-ki hayatımızın geri kalanını, genişlemiş farkındalığımızla daha bilinçli olarak şekillendirebilelim!...*

Şimdi gelin, perspektifimizi bir adım daha genişletelim: Baş melek Mika, akışı abartmamamızı söylüyor. Neden mi? Çünkü zaten akışız! Çoğu zaman kozmosla Bir olma durumunun gerekliliğinden bahseder dururuz... Ama zaten her şeyle Bir'iz... Hiçbir halde ayrı değildiniz ve olmayacaksınız...

Zaten birken aslında zor olanı/doğal olmayanı yaparak ayrı olduğumuz fikrini, korkuyu, endişeyi, üzüntüyü ve huzursuzluğu yaratıyoruz (!!).

Bunu, aslında ne kadar güçlü varlıklar olduğunuzun – trajikomik- bir göstergesi olarak alın!

Bunu fark ettiğinizde, akış hakkında konuşma ihtiyacı bile hissetmeyeceksiniz! Çok normal olacak. Çok olağan… Olması gerektiği gibi...

Tao'cu bilgenin sözlerine kulak verin lütfen:

"Birliğe yönelirken, onu düşünmeyin veya ona saygı duymayın,
Bu ondan ayrı olmanın bir başka yoludur yalnızca.
Yalnızca hakikatin içinde eriyin,
Ve onun sizi sarmasına izin verin."
Lao Tzu

Diğer Uzmanlık Alanları

İnsanlar olarak yaşadığımız problemlerin en büyük nedeni tecrübelerimizden edindiğimiz kazançları unutmak! Aynı şeyleri yaşayıp durduğumuz halde, her seferinde öğrendiklerimizi unutabiliyoruz… Bu noktada size baş melek Mika'dan frekans yükseltici bir mesaj: *"Kalbinizin hissettiklerini unutmayın! Bunlar benim öğretilerimdir. Ne zaman kendinizi kaybolmuş hissederseniz, kalbinizin benimle çalışırken hissettiklerini hatırlayın ve böylece size yol gösteririm."*

Mika ile veya diğer meleklerle çalışırken hissettiğiniz frekansları hatırlamaya niyet edin. Aldığınız iç görüleri ve aklınıza gelen düşünceleri de tabii!... Eğer unutuyorsanız bunları ilk başlarda bir günlük edinip yazabilirsiniz. Cep telefonunuza kitaptaki mesajların fotoğrafını çekip koyabilirsiniz. Yapışkan notlara yazıp yanınızda taşıyabilirsiniz. İsterseniz parmağınıza ip bile bağlayabilirsiniz (!)… Kendinizce başka yöntemler icat etmekten çekinmeyin!

Baş melek Mika, tecrübelerimden mümkün olduğunca çabuk öğrenebilmem için lütfen öğrendiğim değerli ve yükseltici bilgileri zihnime, özüme ve hücrelerime kaydetmeme yardımcı ol.

YİRMİ YÜZLÜ (İkosahedron)

HER TÜRLÜ ŞİFA AKIŞTAKİ BİLGİ İLE GELİR

BAŞ MELEK HANİEL

"Ay; güzellik. Ay gizemlidir. Onu sevin, bundan zevk alın. Ay'ın mesajını dinleyin. Özellikle de dolunayken.

"Ay bizleri yönlendirmek için mesajlar verir. Onun çok güçlü bir enerjisi vardır. Ay'ın mesajını anlayabilmek için üzerindeki kraterlere bakın; "Ay'ın yüzüne." Neler söylediğini yorumlayın."

"Bazen çok öğretici olabilir Ay. Bazen komiktir... Bu, size neşe ve sevgi vermek içindir. Ay, onu unutsanız dahi, hiç durmadan sizi enerjisiyle destekler."

"Ay cevaptır. Eğer onu dinlerseniz, sizi duygulandırır. Ve en önemli sorularınıza cevap olur. Onu nasıl dinlemeniz gerektiğini bilmelisiniz ve bu hiç zor değildir. Duygularınıza güvenin ve Ay'a bakıp konsantre olun. Size rehberlik edecektir."

"Enerjisi serinletici, ferahlatıcı ve rahatlatıcıdır. Ne zaman sinirli, dağınık veya mutsuz hissederseniz, bu duyguları bana havale edin ve ben onları iyileştiririm. Bu, diğer çocukları rahatsız eden bir çocukla konuşup, davranışının kabul edilebilir olmadığını söylemek gibidir. Yani, o şekilde davrandığı için üzülmesi gereken siz değilsiniz, üzülmesi gereken o davranıştır!"

"Mavi boşluk. Boş olun ve daha iyi anlayacaksınız. Mavi, sizi boş bir borunun içine çekiliyormuşsunuz gibi çekecek. Bu mavinin karakteristiğidir. Sizi temizler ve arındırır. Mavinin içindeyken daha iyi düşünebilirsiniz. Aynı zamanda sizi dinlendirir. Özellikle zihninizi. Ne zaman zihninizi yorgun hissederseniz, maviyi çağırın ve içine girin. Yenileneceksiniz."

∞

"Sevgili çocuklar, anlamsız şeyler yüzünden kendinizi kotu hissetmeyin. Gereksiz faaliyetler yüzünden enerji kaybetmeyin... Enerjinizi kendinize saklayın, çünkü size çok yararı dokunur. Çünkü bazı şeyleri anlamanızı sağlayan, enerjinizdir! Enerji düzeyi, hasta veya sağlıklı olmaktan farklıdır. Enerji düzeyiniz, yapıcı ve yapıcı olmayan duygularınıza bağlıdır.

"Eğer gereksiz duyguların yükünü omuzlarınızda taşırsanız, bazı şeyleri anlamanız için gerekli olan kalp ferahlığına sahip olamazsınız. Kalbinizi, benim güzel mavimsi beyaz ışığımla temizleyin. Size soğukkanlılık vermesini ve kozmik yasalar hakkındaki anlayışınızı arttırmasını isteyin. Ve size cevap verecektir. Çünkü sizi çok seviyor. Kendinizi benim ışığıma teslim edin ve kendinizi temizlenmiş hissedeceksiniz. İyi şanslar..."

∞

"Beyaz ışık rahatlık verir. Beyaz ışık önemlidir. Beyaz ışığa ihtiyacınız var. Çünkü zaten siz de beyaz ışıksınız. Eğer etrafınızdan da beyaz ışık alabilirseniz daha sağlıklı ve dolayısıyla daha mutlu olursunuz. Beyaz ışıkla çalışmanın pek çok yöntemi size daha önce açıklandı. Gökyüzüne baktığınızda kozmostan, evrenden gelen beyaz ışığı görebilirsiniz. Bu, yıldızların beyaz ışığıdır. Beyaz ışık her yerdedir ve her zaman mevcuttur. Çünkü o, yara-

tılışın, evrenin özüdür. Bunu bilin ki, sadece gündüzken beyaz ışık alabileceğinizi zannedip endişelenmeyin. Sadece beyaz ışığı düşündüğünüz zaman bile, onun şifa verici enerjisini alabilirsiniz. Bunu, ben size getiririm."

"Beyaz ışığı her gün düşünün. Bunu günlük bir egzersiz haline getirin. Beyaz ışıkla duş aldığınızı düşünün veya beyaz ışıkta meditasyon yapın veya ellerinizi beyaz ışık yapın ve kendinizi bu ışıkla iyileştirin. Bunu istediğiniz, ihtiyaç hissettiğiniz her zaman yapabilirsiniz ve çok yararını görebilirsiniz.

"Bu sizin içinizdeki beyaz ışığı açığa çıkarmaktır. O zaten sizin içinizde! Onu dışarı çıkardığınızda, hem sizin vücudunuzda, hem de dışınızda daha da artacaktır!"

"Beyaz ışığı diğerlerine hediye edin. Bunu yapın ve kendinizi daha da iyi hissedeceksiniz; Bir'liğinizin bir göstergesi olarak... Mesela yolda yürürken, insanlara beyaz ışık verin ve onlardan yansıyıp size geri dönecektir. Bu herkes için bir şifa çalışmasıdır. Bir kişi yapar ve herkes bundan yarar görür.

Ne kadar harika bir oyun! Keyfini çıkarın..."

∞

"Sizlere olan sevgim o kadar büyük ki, sizlere yol gösteriyor. Kalbinizin yolunu izleyin ve orada sevgimle buluşacaksınız ve bu muhteşem güzellikteki Evrenin sevgisini o zaman ta içinizde duyacaksınız. Ve bu her şeydir!..."

"Sizleri suyu sevdiğim gibi seviyorum. Bunlar veda sözleri değildir. Her zaman, ne zaman isterseniz sizin yanınızdayım. Beni düşünmeniz yeter. Sevgimi her zaman sizinle hissedebilirsiniz; size o kadar yakınım çünkü. Bundan destek ve güç alın. Yolunuzda ilerlemeye devam edin. Devam edin... Hiç durmayın."

"Sizleri ne kadar çok sevdiğimi, bir anne gibi gözettiğimi hissetmeye çalışın. Bu his yolunuzda devam edebilmeniz için size güç verecek ve motive edecek. Size olan sevgim, kalbinizi yanıma

bir mıknatıs gibi çekecek ve sizler böylece yolunuzda kalabileceksiniz. Bunu sakın unutmayın."

"İşte böyle olmalı. İşte böyle olmalı...

Bunu sakın unutmayın."

"Sevgilerimle..."

Baş Melek Haniel

.....

Baş melek Haniel'in rengi çok açık mavidir. Haniel bizim için hissettiği sevgi o kadar büyüktür ki, güzel ay mavisi rengi neredeyse somut (katı) bir hale gelir!

Ve biz de eğer bu sevgiyi hissedebilirsek, daha da yoğunlaşarak, bizi müthiş bir hoşluk ve güzellik ile sarar...

Kozmik Yeteneklerin

Hepimiz kendimize özgü ve çok değerli yeteneklerle bu dünyaya geliyoruz. Bu yetenekleri hayata geçirebilmek, içsel doğrumuzu takip ederek yaşadığımızın bir göstergesi olacaktır. Gizemli baş melek Haniel, kozmik yeteneklerimizi hayata geçirmemize yardım eder.

Kozmik yeteneklerinizi açığa çıkartma sürecinde, ay mavisi baş melek Haniel'in rehberliğini isteyebilirsiniz.

Haniel aynı zamanda da sevinç baş meleğidir. Kozmik yeteneklerimizi uyandırmak sevincimizi de arttıracak ve bizi -ve dolayısıyla diğer herkesi- mutlu edecektir.

Baş melek Haniel, lütfen içimde kendiliğinden olan sevinci açığa çıkartabilmem için beni yönlendir.

Baş melek Haniel, güzel ve sakinleştirici beyazımsı mavi ışığıyla, negatif enerjileri pozitife dönüştürür. Kendinizi negatif bir ortamda hissederseniz, bu enerjilerden etkilenmemeniz için ay mavisi ışıktan bir kozanın içinde olduğunuzu imgeleyebilirsiniz.

Haniel'den, negatifi pozitife dönüştürmesini ve herkesin içsel doğrusuna göre hareket etmesine yardım etmesini dilerseniz, ortamın ve kişilerin enerjisini yükseltecek ve herkesin anlayışını arttıracaktır. Bu şekilde, baş melek Haniel herkesin farkındalıklarını geliştirmelerine yardımcı olur. Ayrıca herkes bu deneyimden yarar sağlamış olur ki bu da, ortak sevincin artmasının bir diğer nedeni olacaktır.

Baş melek Haniel Ay'la ilgili olan baş melektir ve serin, sakin bir enerjisi vardır. Sakinleşmeye, hatta serinlemeye ihtiyacınız olduğunda ay mavisi baş melekten yardım isteyebilirsiniz. "Mavi boşluk" diye başlayan mesajında da işte bu *ay mavisi*ni kast eder...

Haniel ayrıca kendimizden emin olmak konusunda da bize yardımcı olur ki, bu kozmik yeteneklerimizi hayata geçirmede hissetmemiz gereken bir şeydir!

Ayrıca mesajlarında da tarif ettiği gibi Ay'ın "yüzüne" bakarak ve üstündeki şekillerin neler söylediğini anlamaya çalışarak da mesajlar alabilir, hem zevkli hem de aydınlatıcı çalışmalar yapabilirsiniz.

Haniel, Ay'ı gerçekten dinleyebilirsek ve hissedebilirsek, sorularımıza cevap olacağından bahseder. Ay'a bakarak konsantre olmamızı ve bu esnada hissettiğimiz duygularımıza güvenmemizi tavsiye eder. Bu şekilde, sorularımıza cevap bulabiliriz.

Haniel'in bu mesajını hep çok sevdim! Ve ben de "ayın yüzüne" baktım sık sık. Söylediği yararları da aldım gerçekten... Bu mesajından seneler sonra dolunay zamanında gerçekten de aydan bizlere yayın yapıldığını öğrendiğimde, hem mesajın, hem de çalışmalarımın teyidi olduğundan çok mutlu olmuştum... Siz de deneyip, dolunay mesajlarının faydasını kendiniz için görün derim!

Ay Ruhu...

Bazen ay tanrıçası olarak da nitelendirilen baş melek Haniel, Ay'ın evrelerine göre hareket etmemizi salık verir doğal olarak... Ayrıca kadınlara aylık döngüleriyle ilgili olarak yardımcı olan baş melektir.

Ay'ın enerjisi, hepimizi yoğun bir şekilde etkilediğinden, işlerimizi ayın evrelerine göre düzenlemek zamanımızı ve enerjimizi verimli bir şekilde kullanmamıza yardımcı olacaktır.

Nitekim kadınlar ayın enerjisinden oldukça fazla etkileniyorlar – özellikle de dolunayın. Dolunay zamanı o kadar çok kadın arkadaşım veya danışanım *"Hiç iyi hissetmiyorum. Ne yapmalıyım??!"* diyerek beni arıyorlar ki... Öncelikle diyorum ki *"Sakin kalın. Mümkünse gürültülü, kalabalık ortamlarda bulunmayın. Kendi kendinize kalabileceğiniz bir zaman ayırın..."*

"Çünkü aslında bu dönem içinize dönebileceğiniz, arınabileceğiniz ve gerekirse iç görüler de alabileceğin bir dönem. Bundan yararlanın."

"Kötü hissediyorsanız bırakmanız gereken şeyler var demektir. Bunları fark edin ve arınmaya niyet edin. İçebildiğiniz kadar su içmeyi de sakın ihmal etmeyin!..."

Şimdi gelin ayın evrelerine detaylı bir bakış atalım beraber... Ay'ın dört evresinden *yeni ay*, adından da anlaşılacağı gibi, hayatımıza yeniyi çekmek için uygun bir zamandır. Yeni projelere, yeni ilişkilere, bu dönemde başlanırsa daha uzun ömürlü ve verimli olabilirler.

Yeni aydan sonraki *ilk dördün*, yeni ayda başlanan projelerin üzerinde çalışmanın uygun olduğu dönemdir. Bu dönemde enerjimiz daha yüksek olur ve çalışmalarımızı "yeniyi" beslemeye yöneltebiliriz.

Dolunay, enerjinin en yüksek noktaya ulaştığı ve bizim de en aktif olabileceğimiz evredir. Yeni ayda başladığımız ve ilk dördün süresince üzerinde çalıştığımız projelerin sonuçlarının belli olduğu dönemdir. Bu evre aynı zamanda kutlama ve eğlence evresidir de...

*Son dördün*de ise, enerji giderek azalır ve bir dinlenme dönemine girilir. İşlerimiz istediğimiz gibi gitmediyse çok fazla üstelemememiz gereken bir dönemdir. Eğer, olumlu gittilerse üzerlerinde çalışmaya devam edebiliriz. Ancak genel olarak son dördün, çok fazla çalışmayıp, takip eden yeni ay için enerji biriktirdiğimiz bir dönem olarak düşünülebilir.

Ancak unutmayın ki, her ne kadar Ay'ın enerjisi sizi yoğun bir şekilde etkilese de, programınızı her zaman ayın evrelerine göre düzenlemek mümkün olmayabilir. O yüzden, öncelikli olarak yapmanız gereken, iç sesinizi dinleyerek uygun faaliyetlerinizi belirlemektir.

Ay'ın evreleriyle yapabileceğiniz bir başka değerli çalışma, evrelere göre kendinizde hissettiğiniz değişiklikleri takip etmektir. Bu çalışma, kişisel farkındalığınızı arttırmak için kullanabileceğimiz hem çok etkili, hem de gayet zevkli bir yöntemdir. Kendisi üzerinde çalışmayı herkes sever. Yeter ki uygun bir yöntem bulunsun!

Ve son olarak baş melek Haniel'den, suyu ve onu önemli ölçüde etkileyen dolunayı beraber kullandırtan değerli bir arınma egzersizi:

"Suyun içine Ay'ı düşürün... İçtiğiniz suyun içinde Ay enerjisinin olduğunu imgeleyin. İçtiğiniz suyla birlikte Ay'ın ve benim enerjilerimi aldığınızı hissedin.

Suya sevginizi ve sevgimi katın.

Sizi tamamen arındırmasını ve temizlemesini isteyin ondan.

Ve öyle olduğunu bilin..."

Gerçekten de arındığınızı tam olarak hissettiğinizde, bunu bildiğinizde çok faydalı ve **nihai** bir çalışma yapmış olacaksınız. Hedefiniz her zaman nihai çalışmalar yapmak olsun dostlar. Zamanın *sıkıştırıldığı* bu zamanlarda aynı şeyleri yapıp durmak gibi bir lüksümüz yok...

Diğer Uzmanlık Alanları

"Bu, diğer çocukları rahatsız eden bir çocukla konuşup, davranışının kabul edilebilir olmadığını söylemek gibidir. Yani, o şekilde davrandığı için üzülmesi gereken siz değilsiniz, üzülmesi gereken o davranıştır!" Egodan kaynaklanan davranışlar doğal programımızda yer almazlar. Sonradan öğrendiğimiz yanlış kalıplardır onlar. Dolayısıyla, nasıl diğerlerini rahatsız eden bir çocukla konuşurken, tavrınızı çocuğun kendisine değil, davranışına yöneltiyorsanız, bu davranışlardan özgürleşmek için de dikkatinizi kendinizi suçlamaya değil, o davranışı bırakmaya vermelisiniz...

Baş melek Haniel, başkalarına "beyaz ışık verdiğimizde", kendimizi daha da iyi hissedeceğimizden bahsediyor. Bir başkasına yararımızın dokunduğunu bilmek mutluluk ve tatmin verir. Ayrıca bir başkasına yardım ettiğimizde, aslında aynı bütünün parçaları olduğumuz için doğal olarak biz de kendimizi iyi hissederiz. *Evrensel Denge Kanunu*nun işleyişi nedeniyle, bizden çıkan, bize geri dönecektir...

Ancak burada dikkat etmeniz gereken önemli nokta, yardım isteğinizin acıma duygusundan kaynaklanmaması gerektiğidir. Çünkü *acıma üstünlük duyulduğunun göstergesidir.*

Zorunlulukların, görevlerin ve/veya evrenle "Bunu yaparsam benim için iyi sonuçları olacaktır" türünden pazarlık niyetlerinin de seni yönlendirmesine izin verme sevgili dost.

BAŞ MELEK SANDALFON

"Müzik vücudunuzu uyumlandıracak frekanslara sahiptir ve hissedebilmenizi sağlar. Hoşlandığınız müziği dinleyin. Dinlediğiniz müzik türü önemlidir. Agresif müzikler dinlemeyin. Sizi kötü hissettiren müzikler dinlemeyin. Melodisi iyiymiş gibi gelebilir ama parçanın sonunda nasıl hissettiğiniz önemlidir. Buna dikkat edin..."

"Turkuaz rengi bir deniz canlandırın gözünüzde. İçinde yüzdüğünüzü hayal edin ve doğayla bir olun böylece. Turkuaz içsel yolculuklar için iyi bir renktir; yol gösterir. İçsel doğrunuzu bulmanıza yardımcı olur. Bir nehirde dalmış gidiyor gibi bu renkte gidin. Sizi götürdüğü yerde, kendi benliğinize varacaksınız. Bu renkle akın. Bu renk bu yüzden önemlidir. Turkuazdaki sarı, size yolunuzu bulmada yardımcı olacak. O ışığın nerede olduğunu ve nasıl takip edeceğinizi biliyorsunuz. O yüzden endişelenmeyin. Sadece rengime konsantre olun yeter."

"Önemli olan, öyle veya böyle, bir şekilde içsel doğrunuzu bulmaktır. Bunu sizden başka kimse yapamaz. Biz sadece yardım ederiz ama bu işe niyet eden ve gerekenleri yapacak olan sizsiniz. Israrcı olun ve çalışın. Bu önemli!"

∞

"Duanın, dua halinin önemine dikkat edin. Dua etmiş olmak için dua etmeyin. Önceden ezberlediğiniz ve/veya sürekli tekrar ederek öğrendiğiniz kelimeler dua değildir. Onlar sadece beyinden gelir, kalpten değil. Dua ederken her seferinde, o an ne hissettiğinizi -hem fiziksel hem ruhsal durumunuzu- fark edin ve ona göre sözler söyleyin. Böylece gerçek bir biçimde dua etmiş olursunuz. Kalbiniz ferahlar ve bizler bu dualardan sonra daha ışıklı hale geliriz."

"Dua etmek alışkanlık şeklinde yapılmaz. Dua, sadece belirli

zamanlarda kozmosla iletişim kurmak için yapılmaz. Kalbiniz her an dua halinde olmalıdır. Örneğin işinizde çalışırken bile görünen ve görünmeyen dünyaların farkında olmalısınız. Dua, bu farkındalığın sonucunda kendiliğinden oluşur. Sürekli bir kutsama, şükretme ve mutluluk halidir. İşte dua budur. Bir kutlamadır. Sadece kozmostan bir şeyler istemek için yapılan bir faaliyet değildir."

∞

"Şu anda ülkenizde pek çok kişi ruhsal farkındalığını geliştirmek için çalışıyor ve iyi niyetle çaba gösteriyor. Sonra istedikleri, hayal ettikleri her zaman olmadığı için üzülüyor ve motivasyonlarını kaybediyorlar. Bunun olmamasını sağlayın. Her şekilde, her olan mükemmel ve gereklidir. Bunu iyice anlamanız gerekli. Üzüntü duymanıza, umudunuzu kaybetmenize gerek yok. Özünüzdeki kişi olun ve her zaman sevgiyi hissedin. Bu size güç verecek ve kırgınlıkların sebepsiz, gereksiz olduğunu anlamanıza yardım edecektir."

"Sevgili çocuklar, ışıkla kutsanıyorsunuz. Bu günleri, pek çoğunuzun şu anki halinin aksine, kutlamanız ve mutlulukla bağrınıza basmanız çok daha yerinde olur."

"Bilgelik için çabalamayın. Çabalamadıkça ve sadece yaşadıklarınızın farkında oldukça bilgeliğiniz artar. Bu evrende hiçbir şey çabalayarak olmaz. Zaten bu evrenin özünde sürekli bir ışık ve kutlama hali hakimdir. O zaman hep beraber bu özü açığa çıkaralım..."

Baş Melek Sandalfon

.....

Turkuaz auralı baş melek Sandalfon, dileklerimizle ilgilenir. Her duamız ve dileğimiz Kozmosa akseder ve yerine getirilir.

Kozmosla Akort

Dileklerimiz gerçekleşmiyorlarsa -veya gerçekleşmediklerini düşünüyorsak- bunun çeşitli sebepleri olabilir. Örneğin, durum "enerjisel olgunluğa" bağlı olarak gecikiyordur. Dileğin gerçekleşmesinin zamanı uygun olmayabilir. (İlahi zamanlama için bkz. Baş melek Mika). Veya bizim kurguladığımızdan daha farklı olarak, bizim ve evren için en iyi olacak şekliyle yerine getirildikleri için fark edemiyor olabiliriz. Bu yüzden, dileklerde bulunduktan sonra olup olmayacakları veya nasıl ve ne zaman olacakları hakkında fikir yürütmeyi bırakın.

Bir başka olasılık olarak, yanlış duygu ve düşünce kalıplarımızın bize koyduğu sınırlar ve blokajlar yüzünden gerçekleşemiyor veya gerçekleşseler bile kısa süreli oluyor olabilirler...

An o kadar mucizevi ki... Dileğinizin olmasını günler, geceler bekleyebilirsiniz. Ve sonra bir anda (an'ı geldiğinde...) oluverir. Hatta olur ve geçer... Siz de nasıl da geçip, gittiğine şaşırırsınız bile... O yüzden düşünmeyin, plan yapmayın fazla. *Olunca olacak nasıl olsa!*

Ve siz de "niye beklemişim ki?" diyeceksiniz...

Yapmanız gereken Kozmosla Akortta kalmak. Huzurlu ve güvende hissedebildiğinizde -problemler olsa bile...- akortlusunuz demektir. Size Sandalfon'un enerjisinin de yardımıyla akort olmanın çok basit bir yolunu söylemek istiyorum şimdi: Turkuaz taşı takmak.

Meleklerle çalışmaya başladığım ilk zamanlarda Sandalfon bana turkuazıyla çok yardımcı olmuştu. Daha nasıl çalışacağımı, neler yapmam gerektiğini bilmiyordum. Ben de baş melek kartlarında önerdiği gibi turkuaz bir kolye takmakla yetindim. Bana öylesine bir huzur verdi ve Sandalfon'un enerjisini anlamama yardımcı oldu ki size anlatamam! Bugün bile kolyeyi taktığım zamanki o neşemi, huzurumu ve güvende olma hissini dün gibi hatırlıyorum!

Evet, tüm dileklerimiz duyuluyor ve gerçekleşmeleri için tüm evren elinden geleni yapıyor. Aslında mantıken de çok basit. Siz bir "dilek enerjisi" gönderiyorsunuz evrene ve bu dileğin frekansına karşılık gelecek en yakın enerjiler de size cevap veriyor!

Sorularınıza cevaben söylemeliyim ki, eğer -kalpten istediğiniz- dilekleriniz gerçekleşmiyor gibi görünüyorsa, bu kesinlikle vazgeçmeniz gerektiği anlamına gelmiyor. Bu, ya blokajlarınızı çözmeniz gerektiğinin, ya o doğrultuda daha öğrenecekleriniz olduğunun, ya da uygun zamanı beklemeniz gerektiğinin bir göstergesi sadece...

Gelelim şu blokaj konusuna: Dileklerimizin gerçekleşmesini engellemede sık karşılaşılan bir ego duygusu, isteklerimizin olması durumunda hayatımızda gerçekleşecek değişikliklerden bilinçaltı bir şekilde korkmaktır. Çünkü bu, alıştığımız hayat stilinin değişmesi anlamına gelecektir. Lütfen, korku ve/veya endişe duyduğunuz her an Sevginin size ulaşmasını sınırladığınızın bilincinde olun.

Aklınıza ne zaman korku dolu veya endişe verici bir düşünce gelirse, onu meleklere ve evrene devredin. Derin bir nefes alın ve verirken bu duygu ve düşüncelerin temizlendiğini hissedin, sakinleşin ve ferahlayın...

Kendi kendimizi sabote etmekte kullandığımız diğer bir *çok güçlü* yanlış duygu kalıbı şüphedir. Neye inanırsak onu yaratırız. Yeterliliğimizden ve/veya uğrunda çalıştığımız şeyin olacağından şüphe edersek, negatif sonucu bizzat hazırlamış oluruz. Bilinçaltının negatif düşünce ve duygularını temizlemek, bu yüzden bu kadar önemlidir.

İsteklerimizin oluşmasını engelleyen diğer ego düşünce ve duyguları arasında zorlama (güç kullanma), kıskançlık, hak görme veya hak etmediğimizi düşünme, takıntı haline getirme, amaca ulaşmada her yolu mubah görme gibi düşünce ve duyguları sayabiliriz. Yeri gelmişken, meleklerin takıntıyı nasıl tarif ettiklerinden de bahsetmek isterim:

"Takıntı, enerjimizi o kişiye/olaya vermektir. Verdikçe beslenir, beslendikçe daha çok enerji çeker... Bırakmak için o kişiye/şeye sevgi gönderin. Sevgi enerjisi bağı çözer ve enerjinizi geri alabilirsiniz. Enerjinizi geri almanız gereklidir..."

Negatif olarak düşündüğünüz her şeye (takıntılarınıza, bağımlılıklarınıza, bırakmak istediklerinize...) sevginizi verin. Ne kadar çabuk çözüldüklerini ve şifalandıklarını görünce şaşıracaksınız.

Baş melek Sandalfon, lütfen kalbimin dileklerine ulaşmamı engelleyen ego kalıplarını temizleyebilmem için yardımcı ol.

Önemli bir dilek:

Arada bir, meleklerinizden istediğiniz, olması gerektiğini düşündüğünüz şeyleri değil, o an neye ihtiyacınız varsa onu belirlemelerini ve fark etmenizi sağlamalarını - ve tabii gerçekleştirmelerini- dilemeyi ihmal etmeyin.

Mola

Kozmosla, en iyi rahat ve sakinken akort olabiliriz. Çalışmalarımıza zaman zaman ara vermek daha çok verim almamızı sağlar. Her dakikanızı değerlendirmek isteyen idealistlerden olabilirsiniz siz de, ama ne yapalım, bu boyutta şimdilik işler böyle yürüyor!...

Bir tanıdığımın arkadaşı, psikokinezi alıştırması olarak bir kaşığı bükmeye çalışıyormuş. Uğraşmış, didinmiş, nafile... Kaşık olduğu gibi duruyormuş. O sırada telefon çalmış ve o da telefona bakmak için yan odaya gitmiş. 2-3 dakika sonra döndüğünde, kaşığın sapının kaşığın ucuna yapışacak kadar eğrilmiş olduğunu şaşırarak görmüş! Kıssadan hisse; enerjiyi çok fazla çalışarak sıkıştırmazsanız arzularınız daha kolaylıkla yerine gelecektir...

Baş melek Sandalfon, ikisi de, rahatlatıcı, sakinleştirici ve arındırıcı olduğu için *müzikle* ve *suyla* da çok ilgili bir enerjidir. Dinlediğimiz müziğin türü, enerjimizi etkilediğinden, çok önemlidir.

Hepimiz enerjiden oluştuğumuz, dolayısıyla da bir frekansa sahip olduğumuz için bir *renge* ve bir de *tona (notaya)* sahibiz. Dinlediğimiz müzik, tonumuzu etkileyeceğinden, ruh halimizi negatif veya pozitif yönde değiştirebilir. Yorgun veya moralsiz hissederseniz, güzel, rahatlatıcı ve tonal müzikler, sesler dinlemek frekansınızı düzenleyerek iyi hissetmenizi sağlayacaktır.

Evrenin büyük bölümündeki ve dünyamızdaki her şey kendini sesler ve renkler olarak ifade eder. Bu çok mantıklı; çünkü her şey frekanstır. Ve sesler ve renkler, frekansların dilidir.

Hastalıkların da belli bir titreşim frekansı var dolayısıyla. Bu titreşimler doktorlar tarafından uzun seneler araştırılmış. 20. yy'ın başlarında pek çok kişiyi, hatta ağır kanser hastalarını bile başarıyla tedavi eden Dr. Raymond Rife'ın çalışmaları bu konuya çok iyi bir örnektir. Dr. Rife hastalıklı hücrelerin belirli frekanslara maruz kaldıklarında yok olduklarını keşfetmişti. 1930'larda ABD'deki pek çok doktorun ofisinde gerekli ses frekanslarını üreten "Rife Makinaları" vardı ve başarıyla da kullanılıyorlardı. Ancak modern ilaç sanayinin gelişmesiyle Dr. Rife'ın kullandığı yöntemler hasıraltı edildi.

Dolayısıyla doğru seslerle hastalıkları bile düzeltmemiz mümkün. Bu doğrultuda Müzik Terapisinin son zamanlarda tekrar gündeme geliyor olması beni sevindiriyor. Böylece hem işe yarayan hem de kimyasal ilaçlar gibi yan etkileri olmayan bir yöntemi tekrar kullanabileceğiz. Müzik terapi bizim kültürümüzde çok önemli bir yere sahip. Osmanlı tarihi boyunca kullanılmış bu yöntem. İbn-i Sinâ, Râzi, Farâbi gibi devrin çok başarılı Türk hekimleri hem bizzat kendileri müzik terapisi yapmışlar hem de bu bilimden övgü dolu sözlerle bahsetmişler.

> "Tedavinin en iyi yollarından, en etkililerinden biri, hastanın akli ve ruhi güçlerini arttırmak, ona hastalıkla daha iyi mücadele için cesaret vermek, ona en iyi musikiyi dinletmek, onu sevdiği insanlarla bir araya getirmektir."
>
> ***İbn-i Sinâ***

Diğer taraftan su da bildiğiniz gibi çok arındırıcı bir elementtir. Kendinizi iyi hissetmediğinizde, suyla da çalışabilirsiniz. *Sıvı kristal* olarak da bilinen denizde yüzebilir, banyolar alabilirsiniz. Veya, turkuaz rengindeki bir denizde veya nehirde yüzdüğünüzü, turkuaz renginde sularla yıkandığınızı temizlenip, şifalandığınızı imgeleyebilirsiniz...

Baş melek Sandalfon'dan, molalarınız sırasında özellikle müzik veya suyla çalışmanız gerekiyorsa size bu doğrultuda işaretler vermesini de isteyebilirsiniz.

Not: Bazen bu kart pek de gerektiğini düşünmediğiniz zamanlar da çıkabilir... Bir öğrencimin yorumunu hatırlıyorum:

"Kendimi yorgun hissetmiyorken, hatta yapmak istediğim şeyler üzerinde çalışıyorken bile bir ara sürekli bu kart çıktı bana!" demişti.

Ben de, *"Demek ki meşgul olduğun şeyler asıl yapman gerekenler değilmiş"* diye cevap vermiştim. Baş melek Sandalfon önce mola verdirmek yoluyla Kozmosla Akort için yapması gerekenleri anlamasına yardımcı olmaya çalışıyordu çünkü...

Diğer Uzmanlık Alanları

Sandalfon, aynı zamanda çok değerli rehber meleklerdendir. Bir konu hakkında kararsız kaldığınızda veya kafanız karıştığında, onun rehberliğini ve yol göstericiliğini isteyebilirsiniz. Baş melek Sandalfon'un gösterdiği aşağıdaki çalışmayı onun rehberliğinden yararlanmak için uygulayabilirsiniz:

Oturun ve sakinleşin... Vücudunuzu tarayın şöyle bir. Şimdi içinizdeki "sarı rengi" bulun. İçinizde her renk var ve muhakkak sarı da var...

Sarı renginizin üzerine meditasyon yapın.

Bu çalışma, kendinizi daha iyi tanımanız içindir. *Sarı*nızın karakteristiklerini anladığınızda, kendinizi daha iyi anlayabilirsiniz. O ana kadar göremediğiniz yönlerinizi keşfedebilirsiniz.

Ayrıca içinde bulunduğunuz durum hakkında daha geniş bir farkındalık kazanmanıza yol açacak bir anlayışa da ulaşabilirsiniz.

(Baş meleklerin öğretmiş olduğu bu çok değerli tekniğin detaylarını *"Renk Terapisi Teknikleri"* bölümünde, *"İçinizdeki Rengi Arama"* başlığı altında bulabilirsiniz.)

Neden sarıyla çalıştığımızı soruyorsanız eğer; birinci neden, turkuaz'ın içinde sarı da olması. İkincisi ise, sarı entelekti destekleyen bir renk olduğundan, anlayışınızı genişletmesidir. Daha da önemlisi, kişiliğimizle ve kendimizi dünya üzerinde ifade etmemizle ilgili üçüncü çakranın rengi olmasıdır.

Özellikle sizi kimsenin önemsemediğini düşünüyorsanız, *"Beni kimse görmüyor, kimse duymuyor!"* diyorsanız, kendinizin değil de başkaları için uygun olan veya onların istediği şekillerde davrandığınızı hissediyorsanız, güneşin rengindeki "Güneş Sinir Ağı" çakranızın sağlıklı çalışmadığını söyleyebilirim. Dolayısıyla bu çalışmadan büyük fayda sağlayabilirsiniz. Turkuaz renkli melek de bu esnada size yardım edecek ve kendinizi tanımanızı kolaylaştıracaktır.

Baş melek Sandalfon, korkularımızdan arınmamız için de bize yardımcı olur. Bu konuda baş melek Mikail ile birlikte çalışarak, endişelerimizden, korkularımızdan, enerjisel karışıklıklardan kurtulmamıza yardım eder.

Melekler, bu iki meleğin işbirliğinde olduğu gibi, her zaman beraberce, büyük bir uyum ve düzen içinde çalışırlar. Sadece birisinden yardım isteseniz bile, onun yanında dileğinizin gerçekleşmesi için uğraşacak başka meleklerin de olduğundan emin olabilirsiniz.

Baş melek Sandalfon'un bence en önemli mesajını açıklamayı sona sakladım! *"Kalbiniz her an dua halinde olmalıdır."* derken, Bir'in sevgisinin ve desteğinin her zaman farkında olma, sevgiyle bir olma durumunu tarif etmektedir. Onun sözleriyle *"Bu bir kutlamadır!"*

Zaten, güzelim "şükran" duygusunu da, aynı sebepten hissederiz!... Şükretme, sahip olduğumuz maddi şeylerle alakalı olarak yapmamız gereken bir teşekkür etme faaliyeti değildir. Şükretme, kozmosun enerjisini hissettiğimizde, doğal olarak oluşan bir sevgi, saygı ve mutluluk hissidir. Bunu hissettikçe, kozmik akışta olmamız kolaylaşır ve dolayısıyla şükran duyguları da otomatikman artar...

"Kalbimizin her an dua halinde olabilmesi" içinse *"dua etmiş olmak için dua etme"* fikrinden özgürleşmemiz gerekir. Burada Sandalfon dua ve dilekleri aynı kefeye koyuyor. Bunları alışkanlık gibi değil, her seferinde gönülden ve farkındalıkla yapmak, Kozmosla gerçekten de akortu sağlıyor!

BAŞ MELEK ZAGZAGEL

"İçsel doğrunuzu takip etmeyi öğretmek benim için bir zevk ve onurdur, ey sevgili insanlar. Kıymetinizi biliyorum ve sizler de bunu bildiğiniz için sevinç duyuyorum.

İçsel doğrunuzun farkına varmak için benim dalgalı moruma odaklanın. Onun dalgalarında sizin öğrenmeniz gereken şeyler vardır. Benim dalgalı morum ile meditasyon yaptığınızda ne demek istediğimi daha iyi anlarsınız.

Benim rengim ve içindeki bir sürü diğer renk, size yol gösterir. Kalbinizi ve zihninizi açar ve anlamanız, bilmeniz gerekenleri açıklar. Herkes için bu meditasyon farklı olabilir ve farklı şeyler öğretebilir.

Tek doğru diye bir şey tabii ki yoktur. Bu meditasyonu yaptıktan sonra diğerleriyle konuşun ve öğrendiğiniz şeyleri tartışın, kıyaslayın.

Birbirinizden de öğreneceğiniz çok şey var.

Bunun için bu meditasyonu kullanabilirsiniz.

∞

"Ben rüzgâr gibi hareket ederim. Rüzgârdaki bir bulut gibi. Doğada olun. Rüzgâr gibi, bulut gibi olun ve hareket edin... Kendinizi anlayabilmek için, doğanın dinamiklerini anlayın."

"Kendinizi suyla temizleyin. Okyanusları sevin. Emin olun ki onlar sizi çok seviyor. Onları temiz tutmaya çalışın. Suyla ve okyanuslarla özel bir bağınız var. Su yaratıklarını sayın. Denizlerde yaşayan her canlıya özellikle de balinalara saygı duyun. Onlar hayatta olduğu için sizler de hayattasınız!"

"Çok fazla sevgi... Kozmos insanlar, dünya, dünyadaki varlıklar ve doğa için çok fazla sevgi duyuyor!"

∞

"Mor bir deniz gibi akar ve size içine alır. Buna izin verin çünkü anlatacak şeyleri var. Akmak varken durmak olmaz! Akmak ancak kalple olur, akmaya çalışmakla değil. Akmak, sadece hareket değildir. İçinizden gelmesi gerekir..."

"Morum maviyi sarıyor ve ona annelik ediyor... İçinizdeki beni sevin ve onu gözetin. Ona annelik etmezseniz büyüyüp gelişemez. Ama sizin bu dünyada yapmanız gereken en önemli şey onu büyütmektir. Hepiniz anneler ve babalarsınız ve en biricik çocuğunuz tam içinizde. Onu gözetin ve kendini bulmasını sağlayın. Yoksa bu oyunu tekrar tekrar oynamanız gerekecek, sevgili çocuklar. Bu oyun zevklidir ve oynamamanız için bir sebep yok. Ama daha da zevkli oyunlar var evrende! Neden onlara başlamalısınız ki? Anlıyor musunuz? Buna dikkat edin. En zevkli oyunlar sizi bekliyor!..."

∞

"Dalgalanmalar (karışıklıklar) sizi yolunuzdan çıkartmasın. Bunun (dalgalanıyor olduğunuzun) farkında olursanız ancak, merkezinizi koruyabilirsiniz. Sadece fark edin. Ona karşı savaşmayın.

"Ne kadar az karşı koyarsanız, dalga o kadar çabuk durulur. Çünkü çarpacak bir yer bulamaz. Bu çok önemlidir. Bu çok önemlidir...

"Dalgalı durumlarda bir şey yapmadan durmak zor olabilir. Ama çabaladıkça daha çok dalga yaratırsınız. Sakin ve durgun kalabilmek için benden yardım isteyin. Bunu unutmayın... Ve her dalgalandığınızda beni çağırın!"

∞

"Zigzag'lı mor bu hayatı anlatır. İsmimden ötürü ben de (zigzag) hayatı anlatırım. Zaten bizler hayattan başka bir şey değilizdir..."

"Hayatı anlamak çok basittir. Gözlerinizi kapatın ve kendinizi hayat olarak imgeleyin. Önünüze gelen, aklınıza gelen tüm imgeleri, hayalleri, hatıraları düşünün. Bunların hepsi sizsiniz. Bunların hepsi hayattır.

"Hayatı düşünmek gerekmez. Hayat zaten olur. Hayatı yaşamak için onu düşünmeniz, irdelemeniz, planlamanız, hesaplamanız gerekmez. O zaman hayatı durdurursunuz. O hayat olmaktan çıkar. Kurgu haline gelir. Kurgulanmış bir şeyi tekrar tekrar yaşamak sizce hayat mıdır?"

"Hayatınızı durdurmayın. Bırakın o kendini yaşasın! Siz sadece onunla gidin. Elinden tutup gidin ve zevk alın bundan."

"Planlayıp durarak gücünüzün enerjisini, enerjinizi öldürmeyin. Sonra canınız sıkılır, hevesiniz kaçar, heyecanınız donuklaşır. Çocuklara bakın. Onlar, sizler gibi mi? Neleri daha farklı sizden, dikkat edin. Onları iyi gözlemleyin. Onlardan öğrenecek çok şeyiniz var!"

"Çocuklar gibi kendiliğinden olduğunuz an; hayatı kuyruğundan yakalarsınız. Çocuklar gibi ağladığınız, çocuklar gibi güldüğünüz an, hayatın üzerine binersiniz.

Çocuklar gibi sevdiğiniz an, hayatın içine girersiniz."

"Sevgilerim sizinle."

Baş Melek Zagzagel

.....

Baş melek Zagzagel'in rengi mordur. Ve içinde biraz da mavisi mevcuttur.

İçsel Doğru

Baş melek Zagzagel, bize içsel doğrumuzu bulmamız için rehberlik eder. Bunun için, nasıl içimize bakacağımızı, nasıl iç sesimizi dinleyeceğimizi, nasıl kendimizin farkına varabileceğimizi öğretir. İçsel doğrumuza göre yaşadığımız zaman kendimizi biliriz. Ve kendimizi bildiğimizde Birlik

Bilincini de hatırlamış oluruz. İşte size 6. Boyuta (Tasavvuftaki En-el Hak) kadar olan tekamülün üç cümlede özeti!...

Şükran Hanımın bu yolda ilerlerken kendine koyduğu hedefi doğru gibi gözüküyor bana, ne dersiniz? *"Ruhum nefsimin üstesinden geldiği zaman vuslata ermek istiyorum. Bunun için de bana en çok yardım edecek şeyin evrendeki ayrıntıları görebilmek ve onları hissedebilmeyi başarmak ile olacağı kanaatindeyim ve bunun için çabalıyorum."*

Doğduğumuzda Birlik Bilinci ile olan bağımız henüz kuvvetlidir. Bu bağ, büyük ölçüde, bebeklerin henüz daha yumuşak olan taç çakraları (bıngıldak) vasıtasıyla sağlanır. Büyüdükçe (*sembolik olarak da alabileceğimiz bir şekilde*) bıngıldağımız sertleşir; yavaş yavaş Birlik Bilinciyle olan bağımızı unuturuz ve neredeyse tamamen "görünen dünyada" var olmaya başlarız.

Bu süreçte, *bağımızı koparmış olmamız nedeniyle* **kendimize ait olmayan** düşünce ve duygu kalıplarını öğreniriz. Kozmosla uyum içinde bir hayat sürebilmemizi sağlayan içsel doğrumuzu giderek daha az takip etmeye başlarız!...

Bu yüzden, ebeveynlerin, çocukların bakımını ve eğitimini üstlenen yetişkinlerin, çocuklara kendi doğrularını öğretmek yerine, ihtiyaç duyduklarında destek olmakla sorumlu olduklarının bilincinde olmaları **çok** büyük önem taşır.

Bir Afrika geleneğinde, çocuk doğar doğmaz anne ve baba onu kucaklarına alır, ismini kulağına fısıldar ve şöyle derlermiş: "Biz senin anne ve babanız. Çıkmış olduğun bu hayat yolculuğunda, *yanında yürümekten* onur ve mutluluk duyacağız..."

> "Hayattaki en büyük mücadele, diğer herkesin sizi başka bir şekle sokmak istediği bu dünyada, kendiniz kalabilmektir."
>
> **E.E. Cummings**

Baş melek Zagzagel, içsel doğrumuzu bulmak yoluyla gerçek benliğimizi hayata geçirmemiz için bizi motive eder. İçsel doğrusuna göre yaşamak herkesin kozmik sorumluluğudur çünkü ancak bu şekilde **Kozmosun evrimine** katkıda bulunmuş olunur.

Evet, her şey ve herkes bu "hayat oyunu"nda evrim ve tekamüldedir! Oyunun en önemli kurallarından biridir bu...

İçsel doğrunuzu dinleme ve hissetme konusunda dikkat etmeniz gereken nokta, egosal düşüncelerle çok çabuk bir şekilde baskılanabileceğidir. Ego hemen onu haksız çıkarmaya çalışıp, size gayet mantıklı gibi görünen ama sizi beslemeyecek pek çok alternatifi *anında* üretebilir! *Bu noktada sizin için çok değerli bir destek:* İç sesinizin ilk söylediği hemen her zaman doğrudur. Bunu lütfen kaybetmeyin!...

Baş melek Zagzagel, lütfen içsel doğrumu fark etmem ve takip edebilmem için destek ol.

"Kendimi gerçekleştirebilmem" için gerekenleri anlamama ve görebilmeme yardım et ve bu konudaki motivasyonumu artırmama yardımcı ol.

Baş melek Zagzagel, içsel doğrumuzu takip etmeyi öğrenebilmemiz için "dalgalı moruyla" meditasyon yapılmasını öneriyor. Renk Terapisi Tekniklerinde açıklanan renk meditasyonları ve renk soluma ile, baş melek Zagzagel'in rengiyle çalışın.

Mavili Mor enerjinin rengine, içindeki diğer renklere ve rengindeki dalgalara odaklandığınızda "kalbiniz ve zihniniz açılır." Anlamanız ve bilmeniz gerekenleri görebilirsiniz. Meditasyonu yaptıktan sonraysa diğer uygulayıcılarla buluşup, neler öğrendiğinizi konuşarak çalışmayı çok daha yararlı bir hale getirebilirsiniz...

Dinginlik

Karışık zamanlarda (baş melek Zagzagel'in tabiriyle "dalgalı durumlarda") öfkeyle, kendini haklı görerek veya suçlayarak ve/veya sabırsızlıkla davranmak daha çok karışıklık yaratacaktır.

Önce olayın temelini ve nedenlerini anlamalısınız. Bu ilk başta kolay olmayabilir; kafa yormalısınız!... Çünkü ancak o zaman mesajında dediği gibi *"Ne kadar az karşı koyarsanız, dalga o kadar çabuk durulur. Çünkü çarpacak bir yer bulamaz."* Noktasına ulaşabilirsiniz. Bir başkasını tamamen nötr olarak dinlemek onun için *en büyük şifadır!*

Daha sonraysa, içsel doğrunuzun yönlendirdiği şekilde davranmalısınız. Kozmosla uyum içindeki içsel doğru yapıcı bir şekilde davranmanızı sağlayacaktır.

Baş melek Zagzagel, bilge ve aynı zamanda da bilgili bir melektir. Bizlere olduğu kadar, diğer meleklere de öğretmenlik yapar. Bilgi ve/veya bilgelik ihtiyacında olduğunuz her zaman onu çağırabilirsiniz.

(Özellikle "dalgalı" durumlarda) baş melek Zagzagel'den, bilgeliğiyle size yol göstermesini isteyin.

Örneğin sevgili dost *Deniz'e (Uzun)* tam da bu bilgeliğini yansıtmıştır baş melek Zagzagel. Deniz ile melek çalışmalarım sayesinde tanışmıştık. Deniz'in oğlu Çağatay'ın hastalığı için de çalıştık tabii... O zaman hem bana, hem de diğer öğretmenlere verilen bilgi Çağatay'ın Cerebral Palsy (CP) yüzünden ilk başlarda zorluklar yaşayacağı ama hastalığını dönüştüreceği ve böylece çok güçlü bir insan haline geleceği yönündeydi.

Sonrasında bir gün Deniz baş melek Zagzagel'den bir mesaj almış. Çağatay ile ilgili olarak *"Bu iş tamam!"* mesajını gayet net olarak vermiş Zagzagel. Deniz bu anısını *Mucizenin Doğumu* adlı kitabında çok güzel anlatır. Nitekim Çağatay'da olan ve tıp dünyasının kabullerine adeta meydan okuyan gelişmeler, Zagzagel'in sözlerini doğrular nitelikteler!

Diğer Uzmanlık Alanları

Suyun ne kadar ilginç ve değerli bir element olduğundan bahsetmiştim. Denizleri, okyanusları çok ama çok sevmemiz lazım derim... Onlar **evrene, size, hayata ve tekamülünüze** dair bilgiyi barındırıyorlar!

Dolayısıyla su yaratıklarını sayma gerekliliği doğal olarak ortaya çıkıyor. Çünkü onlar suyun bilgeliğini bize yansıtan varlıklar. Çoğu zaman sadece görünene bakıp konuyu bildiğimizi var sayarız. Halbuki görünenin altında kim bilir ne gizemler vardır!... İşte yunuslar, balinalar ve diğer su yaratıkları için durum tam da böyle. Onların insanlar ve dünya için olan görevlerini tam olarak bilebiliyor muyuz acaba? Fedakarlıklarını fark edebiliyor muyuz??... *"Onlar hayatta olduğu için sizler de hayattasınız"* bence sözün bittiği yer! Ne dersiniz?...

BAŞ MELEK SURİEL

"İçinizdeki ışık kendi öz ışığınızdır; tam bedeninizin ortasındaki. Bu ışık çok parlaktır ve hiç sönmez. Siz ölene kadar parlar. Sizi aydınlatır, etrafınızdakileri de aydınlatır."

"Sizler etrafınıza ışık saçarsınız ve bunu çoğunuz fark etmezsiniz. Bu ışık sonsuzdur ve renklidir ve sizlerin özelliklerinizden oluşur. Kendi ışığınızı çalışın, böylece kendinizi tanırsınız. Işığınızı çalışmak için karanlık bir yerde oturun, meditasyon yapın ve içiniz nasıl parlıyor görün. Bunu gözleriniz kapalı görürsünüz; iç gözünüzle görürsünüz. İçiniz nasıl parlıyorsa, dışınız da öyle parlar ve dışınıza o rengi yansıtırsınız. Buna kişilik diyorsunuz. Işığınız değil ama iç renkleriniz zamanla değişebilir."

"İç ışığınızı arada sırada temizlemeniz gerekir. Bunu nefesle yapabilirsiniz. Derin derin nefes alın ve bunu açık havada yapmaya çalışın. Açık havada bulunamıyorsanız pencerelerinizi açın. Derin nefes alma çalışmasından başka, beyaz ışık soluduğunuzu da düşünebilirsiniz. Bu içinizi temizler, parlaklaştırır. Öz ışığınızı daha da parlak hale getirir."

"Parlayabildiğiniz kadar parlayın! Bu dünyada bunun için varsınız. Parlayabildiğiniz kadar parlayın ve bu ışığınızı başkalarına da verin. Bırakın iç ışığınızla etrafınız aydınlansın."

∞

"Nefesinize odaklanın. O, kozmostan size bir hediyedir. Kendinizi kötü hissettiğinizde de, mutlu hissettiğinizde de nefesinizin farkına varın ve onu kutsayın. Bunu yaptığınızda bütün evren de kutsanır."

∞

"Sizleri iyileştirmek istiyorum. Bu benim kalbimin sonsuz olan, her zamanki isteği ve bu boyuttaki görevim. Ama bazen, ba-

zılarınız buna izin vermiyorsunuz... İçinde sıkıştığınız durum yüzünden izin vermiyorsunuz. Bu durumun içinden hiçbir şekilde çıkamayacağınızı düşündüğünüz için bu mümkün olamıyor. Çok yazık... Bu, potansiyelinizi tamamen boşa harcamaktır ve bunu görmek beni ve diğer melekleri üzüyor."

"İçinde bulunduğunuz kalıplardan kurtulmak için istekli olmalısınız ve buna niyet etmelisiniz. Bir kez niyet ettikten sonra geri dönmemelisiniz. Korkup geri çekiliyorsunuz ve durumunuz daha da kötüleşiyor. Çünkü içinde olduğunuz durumu, bu sefer hiç istemediğiniz, ama ona geri dönmek zorunda kaldığınız için kalbiniz sıkışıyor. Çok üzülüyorsunuz... Böyle olması hiç gerekmez! Bize güvenin yeter!"

"Kendinize güvenseniz de yeter... Kendinize güvenmezseniz bize güvenin ve olayları bize devredin. Daha sonra tekrar üstelenebilirsiniz. Hazır olduğunuz zaman."

"Geçmiş şeylere üzülmeyin. Onlar sizin öğrenmeniz gereken şeylerdi sadece. Görevlerini yaptılar ve bittiler. Hayatınızdan çekildiler. Buna izin verin ve gitsinler... Onlara teşekkür edin ve sevin onları ve özgür bırakın. Onları özgürleştirdiğiniz ölçüde, siz de özgürleşirsiniz."

"Her şey birbirini etkiler ve tetikler...

Bu oyun böyle oynanır... Sizleri seviyoruz."

Baş Melek Suriel

.....

Kalp Şifası

Baş melek Suriel, özellikle kalbimizi -hem fiziksel hem de duygusal olarak- iyileştirir. Baş melek Suriel bunu sıcak "sarılı yeşil" rengiyle yapar.

Baş melek Suriel, lütfen kalbimi tüm negatifliklerden ve blokajlardan arındırmam ve iyileştirmem için yardım et.

Hatalar yüzünden duyulan suçluluk ve pişmanlıklar gibi sınırlayıcı, sıkıntı verici duygular, sahte benliğin, gerçek benliğimizi bastırmada kullandığı etkili kozlardandır. Hata olarak gördüğümüz şeyler sadece tecrübe etmemiz gereken konular ve derslerimizdir. **Bunu gerçekten anladığınızda, hatalarınızı da sevdiğinizi fark edeceksiniz.** Çünkü her şey nasıl oluyorsa o şekilde güzeldir... Her şey ama her şey (evet, üzüntüleriniz, acılarınız da dahil olmak üzere...) Sevgi'dendir! Unutmamamız için ne kadar çok söylesem yeridir...

İnanın **hiçbir zaman** kötü, suçlu, kırgın, huzursuz vb. hissetmeniz gerekmez... Bu duygular, öğrenmeniz gereken şeye direndiğinizi gösterir. Bu duygular illüzyonun en kuvvetli kısımlarıdır: İllüzyonun içindeki illüzyondur.

Baş melek Suriel, ego oyunları yüzünden kırılmış kalbimizi iyileştirerek, öz ışığımızın farkına varmamıza yardımcı olur.

Dolayısıyla aynı zamanda dönüşüm alanında görevli meleklerindendir. Dönüşümümüzü, öz benliğimizi fark etmemize yardımcı olarak sağlar. Dünyamızın ve bizlerin enerjilerimizin çok hızla değiştiği bu dönemde, baş melek Suriel'in, dönüşümümüzü kolaylaştırmada sıkça çalıştığımız bir enerji olduğunu rahatlıkla söyleyebiliriz.

Baş melek Suriel, lütfen ışığımı söndüren, "beni aşağıya çeken" veya olduğum yerde saymama yol açan tüm duygulardan ve düşüncelerden kurtulmam için bana rehberlik ver.

Nefes...

Hem dönüşüm, hem de nefesle ilgili olarak kendimden bir örnek vermek istiyorum. Bir ara *çok* derin nefesler alma ihtiyacı duyuyordum. Havayı içime çekebildiğim kadar çektikten sonra da birkaç saniye tutuyordum. Bunu tamamen kendiliğinden yapıyordum, herhangi bir çalışma amaçlı değil... Hani sıkıldığınız zaman derin nefesler alıp durursunuz; ona benziyordu.

Öyle ki etrafımdaki insanlar *"Ne oldu hasta mısın? İyi değil misin??"* gibi sorulara başlamışlardı. Hastaneye götürmeyi teklif edenler bile oldu!

Halbuki hasta filan değildim. Fazladan oksijen alma ihtiyacı içinde bulunduğumuz yoğun dönüşümler yüzünden oluyordu. Demek ki hücrelerimin ve özümün daha fazla oksijene ve pranaya (çi, ki) ihtiyacı vardı. Durum oldukça uzun bir süre devam ettikten sonra –neredeyse bir sene-kendiliğinden bitti... Daha sonraları kontrol amaçlı yaptırdığım solunum testinde akciğer kapasitemin normalden oldukça üstün olduğu ortaya çıkmıştı!...

Baş melek Suriel, kanıksadığımız nefes alma işleminin aslında ne kadar önemli bir faaliyet olduğuna dikkatimizi çeker. Doğru nefesin sağlığımız için taşıdığı büyük önemin yanı sıra (bkz. Baş melek İsrafil), nefes bizi vücudumuza bağlar ve *merkezlenmemizi, an'da kalabilmemizi* sağlar. Üzerinde yaşadığımız güzelim Dünya Ana ile bağımızı koruyabilmemiz için *topraklanmamızı* kolaylaştırır...

Ayrıca nefes alış özelliklerimiz, farkındalık seviyemiz ve ruh halimizle ilgili pek çok ipucunu da içinde barındırır. Örneğin, sığ nefes, hayattan zevk almadığımızı veya hayatla bağımızın yeteri kadar kuvvetli olmadığını (topraklanmamış olduğumuzu) gösteriyor olabilir.

Ruh halimizin farkında olmamak, bizi üzen olayları çözümlemek yerine, içimize atmamızla sonuçlanacaktır ki bunlar da sistemimizde birikerek, er ya da geç problemler olarak kendini gösterecektir.

Basit ama çok etkili bir egzersiz

Gün içinde zaman zaman 4-5 saniyeliğine durarak nefes alış verişinizin özelliklerini inceleyin. Bunu takiben, durumunuza göre derin bir nefes alarak rahatlayabilir, yapıcı olmayan duygu ve düşünceleri bırakabilirsiniz.

Pek çok Uzakdoğu pratiğinde, manastırlarda zaman zaman çalınan çan insanların yaptıklarına ara verip, içe dönmeleri ve kendilerini sorgulamaları içindir. Ezanın da görevlerinden biridir bu aslında... Siz de eğer ara sıra durup içinize dönmeyi unutuyorsanız belirli aralıklarla çalmak üzere saat kurabilir veya bilgisayarınız yoluyla hatırlatmalar alabilirsiniz.

Baş melek Suriel lütfen nefesimin ve kendimin farkına varmam için destek ol.

Nefes almak aynı zamanda kuvvetli bir niyet ve güç belirtisidir: Nefes almak, yaşadığımızı belgeleyen bir hediyedir. Ve her nefes, bu hediyeyi kabul etme ve doğru bir şekilde kullanma konusundaki **niyetimizin** ve **i護demizin** göstergesidir.

Ek Uzmanlık Alanları ve Konular

Baş melek Suriel, aynı zamanda ölümle ilgili bir enerjidir. Burada ölüm, kalpteki acıların ölümü anlamındadır. Kalpteki acıların bırakılması ile egodan kendimizi adım adım arındırabiliriz. Hepimizin içinde bulunduğu bu dönüşüm yolculuğunda, sevgili baş melek Suriel, bizim için duyduğu büyük sevgi ve şefkat ile bize rehberlik etmektedir.

"Işığınız değil ama iç renkleriniz zamanla değişebilir." Işı-

ğımız frekans rengimizdir. Suriel *iç renklerleyse* enerjimizi ve aura renklerimizi kast ediyor. Ve hemen ardından "beyaz ışık solumak yoluyla" onları arındırmanız için zevkli bir de yöntem öneriyor... Kolaylıklar!

KÜRE

HER ŞEY VE HERKES TAMDIR

BAŞ MELEK MİKAİL

"Zamansızlığa çare sizin içinizdeki saatte. İhtiyacınıza göre bazen yavaş bazen hızlı gider bu saat. Bu saati takip edin ve zamanla ilgili problemleriniz böylece ortadan kalkmış olur; çözülmez, tamamen ortadan kalkar..."

∞

"Bu Evren nasıl işliyor size anlatabilirim. Bunun için yardımımı isteyin ve size bunu rüyalarınızda öğretirim. Rüyalarınıza dikkat edin. Rüyalarınızda öğrendiklerinizi hatırlayacaksınız ve rüya esnasında size öğretenin ben olduğumu bileceksiniz. Ve bu aynı zamanda çok da eğlenceli olacak. İlahi rehberlik her zaman eğlencelidir. Her zaman ruhunuzu yükseltir. Hiçbir zaman ürkütücü değildir. Hiçbir zaman sınırlayıcı değildir. Her zaman özgürleştiricidir. Ne zaman kalbinizi özgürleştiren bir mesaj alırsanız bilin ki, bu bir ilahi mesajdır. Ego da size mesajlar verir; onlara dikkat etmeyin. Enerji olarak bu mesajlar çok farklıdırlar. Bu mesajların enerjileri düşüktür ve eğer biraz dikkat ederseniz, aralarındaki farkı çok rahat hissedebilirsiniz."

"Cesur olun. Korkuya gerek yok. Şu anda, kalbinizdeki tüm

korkuları alıyorum!

Bugünden itibaren, hepiniz korkudan özgür olabilirsiniz.

Beni dinleyin. Eğer isterseniz, hepiniz korkudan özgürleşebilirsiniz.

Sizden bunu başarmanızı bekliyorum. Hepimiz bekliyoruz.

O yüzden yapın… Korkusuz olun!

Ve mutlu olun…."

∞

"Sizleri seviyorum! Bu yolda mucizeler yaratacaksınız. Mucizeler normal şeylerdir. Bunları büyütmeyin. Bazen çok büyütüyorsunuz. Yemek yemek kadar "normaldirler" oysa. Veya şöyle diyebiliriz: Yemek yemek bir mucizedir! Evet, evet bu daha iyi oldu… Anlıyor musunuz? Mucize işte budur. Hayatın her günkü güzelliğidir ve kalbinize ferahlık verir."

∞

"Mucizelere fazla takılmayın, zaten her yerde varlar. Sanki onları yaratmaya çalışır gibi uğraşıp duruyorsunuz ama onlar zaten her yerde, sadece görmeniz lazım..Bunun için bizden çok fazla dilekte bulunmayın: Olacak ve olmayacak şeyleri zaten biliyorsunuz. Olmayacak bir şeyi bile bile isterseniz, olmazsa kötü hissediyorsunuz ve motivasyonunuzu kaybediyorsunuz!"

"Bizler her şeyi yapabiliriz ama siz gereken koşulları hazırlamalısınız ve içsel olarak hazır olmalısınız. Bu çok çok önemli! Siz gereken koşulları hazırlamazsanız, bizim hareket edecek yerimiz olmaz. Bunu anlayın lütfen ve ona göre davranın bundan sonra…"

∞

"Güçlü olun! Yeterince güçlü değilsiniz. Güçlü olmak kendinizle gitmektir/akmaktır. Bu kalbinizin akışıdır, içsel doğrunu-

zun akışıdır. Onunla gittiğinizde, her zaman kozmos ile uyum içinde olursunuz ve kendiniz olursunuz. Kozmos ile bir, Tanrı ile bir, evrendeki her şey ile bir... İşte o zaman eğlence başlar!"

"Aksi takdirde sadece çabalayıp durursunuz. Yaşamaya çabalarsınız şimdi yaptığınız gibi... Ama merak etmeyin... Bunları sizi kötü veya suçlu vb. hissettirmek için söylemiyorum. Bunları size söylüyorum çünkü neler olup bittiğini bilmeniz gerekli. Çünkü bilmezseniz düzeltemezsiniz. Bir şeyleri düzeltmek veya iyileştirmek için 'nerede durduğunuzu' bilmeniz gereklidir."

"Daha iyi demek, kalbe daha yakın demektir. Daha yüksek bir şey demek değildir. Sadece kalbe daha yakın demektir. Çünkü kalbiniz neredeyse, gerçek benliğiniz de oradadır. Ve gerçek benliğiniz ihtiyacınız olan tek şeydir. Bunu öğrenmeniz gerekli, çocuklarım. Bunu iyice öğrenemezseniz, kaybolursunuz. Ve kaybolursanız, bir sürü gereksiz, lüzumsuz şey yaparsınız. Benden, sizi bu gereksiz, lüzumsuz faaliyetlerden korumamı isteyin. Benden kalplerinizi, korkulardan ve şüpheden ve endişeden ve kıskançlıktan ve arınmanız gereken, arınmak istediğiniz diğer her şeyden, temizlememi isteyin!"

∞

"Benim ışığımı çok seviyorsunuz; çünkü çok güçlü ve aydınlıktır. Tıpkı sizler gibi. Zaten bu yüzden seviyorsunuz ışığımı. Birbirimize benzediğimiz için. Çok ortak yönümüz var ve siz bunları fark ediyorsunuz. Ama hala tam değil... Bazılarınız etti ve bu bir dengesizlik yaratıyor aranızda. Bu önemli değil çünkü yakında hepiniz daha iyi anlamaya başlayacaksınız. Ve ışığımın kıymetini daha iyi anlayacaksınız. Bu da onu daha iyi kullanabilmenize yarayacak."

∞

"Kuvvetinizi, gücünüzü bilin. Ve ona göre davranın. Bizim karşımıza bu gücünüzü bilerek çıkın. Bunu yaptığınızda, ortak sevincimiz de, öğrendikleriniz de artacaktır. Sizlere güveniyoruz

ve bunun farkına varabilmeniz için yürekten destek veriyoruz."

"Cesaretinizi koruyun. Sizi korkutacak hiçbir şey yoktur. Kendinizden başka! Korkular zihindedir. Zihinde pusu kurarlar ve her fırsatta üzerinize atlamaya hazırdırlar. Buna izin vermezseniz giderek zayıflarlar. İzin vermemek demek kalbi ferah tutmak demektir. Yoksa cesur olmaya çalışmakla başaramazsınız. Kalbinizi ferah tutun ve benim rengimle yıkayın. Rengim size güç verir. Yani zaten içinizde, kalbinizde olan gücü açığa çıkarmanızı sağlar. Bu söylediklerimi iyice anlayın. İyice anlayana kadar defalarca okuyun."

∞

"Güçlerin birliği: İnsanlar, güçlerinizi birleştirmelisiniz. Bu zamanda ancak beraber bir şeyler yaparsanız etkili olacak, bir şeylerin üstesinden gelebileceksiniz. Enerjiler çok karışık ve kuvvetli. Beraber bir şeyler yaparak, enerjilerinizi birleştirerek bunun üstesinden gelebilirsiniz ancak. Yoksa altında ezilirsiniz bütün bu olanların. Bütün işlerinizde veya yeni projelerde, güçlerinizi birleştirin. Birliğinizi hatırlayın ve hayata geçirin. Beraberken varsınız. Beraberken çok daha güçlüsünüz... Söylediklerime dikkat edin sevgililer..."

Ben baş melek Mikail'im

Baş melek Mikail, melekler arasında en geniş görev alanına sahip olan çok güçlü bir baş melektir. Bu yüzden bazen "şefkat grubu" adı verilen bir grup melekle beraber yolculuk ettiğinden bahsedilir. Aslında Mikail'in gücünün çok yoğun ve geniş olmasından ötürü bizler bunu böyle algılarız!...

Mikail bu yüzden en sık çalışılan baş melek olsa gerek. Hatta bazılarınız *"Çalışacağım baş meleğin ismini hatırlayamazsam Mikail'den yardım istiyorum!"* diyorlar... Mikail de *"Benim ışığımı çok seviyorsunuz"* diyerek bunun teyidini veriyor. Ne kadar güzel bir işbirliği!...

Baş melek Mikail'in rengi yoğun ve derin bir çivit mavisidir. Ancak yaptığı göreve göre bazen tonunda hafif değişikler oluyormuş gibi algılayabilirsiniz. Bu da mesajının bir kısmıdır aslında. Örneğin, şifa enerjisi verdiğinde biraz daha açık bir mavi, öğretmek istediği zamanlardaysa hafif mora çalan bir mavi gibi gözükebilir.

.....

Güven

Güçlü baş melek Mikail, bizlere de içimizdeki gücü fark etmeyi öğretir. Bu yolla gerçekleştirdiği en önemli görevlerinden biri bizi korkularımızdan arındırmaktır.

Ek olarak bizi negatif enerjilerden korur. Ne zaman ihtiyaç duyarsak ondan bizi, sevdiklerimizi, hatta bizim için değerli olan eşyalarımızı korumasını isteyebiliriz. Bu koruma halkasının içine mahallemizi, şehrimizi, gezegenimizi de dahil edebiliriz. Bildiğinzi gibi melekler dünyamıza ait *zaman ve mekân* bağlarından özgür oldukları için, istedikleri zaman, istedikleri her yerde olabilirler. Dolayısıyla ne zaman koruma ve yardımlarını istesek, bize desteklerini sunabilirler. Özellikle de çok güçlü bir baş melek olan baş melek Mikail.

Ama unutmayın ki korunma ihtiyacı korku duygusuyla da ilişkili... Baş melek Mikail'den korunma isterseniz eğer bunu sadece tedbir amaçlı yaptığınızdan emin olun.

Negatif enerjilerden korunmanın en iyi yoluysa siz izin vermezseniz hiçbir negatifliğin sizi etkileyemeyeceğini bilmektir. Siz onları ne kadar çok gerçekliğinize dahil ederseniz olasılığı o kadar yükseltirsiniz.

Aynı durum hastalıklar için de geçerlidir. Eğer frekansımız, bir hastalığın frekansı ile aynıysa, o hastalık bizi etkileyecektir. Her hastalığın temelinde, hastalığın ortaya çıkmasına sebep olan bazı yanlış duygu ve düşünce kalıpları mevcuttur. Buna, genetik olarak kabul edilen hastalıkları da dahildir.

Genetik hastalık, yanlış düşünce kalıbının, **hastalığa sahip olan tüm aile fertleri tarafından "doğru" olarak kabul edildiğini gösterir.**

Söz konusu yanlış kalıpları onları irdelemeden *kabullenirsek,* vücudumuz onların frekansında faaliyet göstermeye başlar. Bu frekans, bize özgü olandan farklı olduğundan, bir süre sonra vücudumuz tepki vermeye başlayacaktır. Yani hastalanacağız.... Bizim için yanlış olan (içsel doğrumuza uygun olmayan) duygu ve düşünce kalıplarından özgürleştiğimizde frekansımız eski haline döneceğinden, iyileşme gerçekleşecektir.

Bunu ben de bizzat yaşadım. Ego kalıplarını bıraktığım ve sadeleştiğim ölçüde, *direkt onların üzerinde çalışmadığım halde,* kronik bazı hastalıklarım kendiliğinden geçti. *Örneğin,* çok yoğun alerjilerden mustariptim. Özellikle de "soğuk alerjisi." Hele bir kış bütün gece hapşırdığım için uykusuzluktan bitap düşmüştüm, hiç unutamıyorum! Soğukla aram hala pek iyi değil... Ama alerjilerim geçti.

Aşırı strese bağlı, *daha doğrusu strese izin vermem yüzünden* ağır bir gastrit olmuştum. Melekler hayatıma girdikten sonra güven ve huzur duygularının desteğiyle geçti... Enerji bedenimin sınırları fazlasıyla geçirgen olduğu için her şeyden çok etkilenir, çok çabuk yorulurdum. O da değişti.

ABD'de yaşadığım zamanlarda *Dikkat Eksikliği Hiperaktivite Bozukluğu* ile teşhis edilmiştim (!!). Kısa bir süre buna inandım. Düşünce şeklimi yeni baştan anladıkça ve kendi enerjime hakimiyetimi kazandıkça, düşünce yapısının sadece avantajlı yönlerini (yaratıcılık, büyük resmi görebilme, normdan daha fazla uyarını fark edebilme vb.) yaşar oldum...

Şifa Kozmostan verilen bir hediye. Şifacılar da sadece buna kanal olan insanlar.

Bazınız şifayı alır iyileşir, bazınız ne kadar çok alsa da iyileşemez. **Neden peki?...**

1- Şifaya izin verirseniz iyileşirsiniz. İzin vermekse eski düşünce kalıplarınızdan kurtulmak demektir. Eğer o yanlış düşünceden kurtulmazsanız, şifa enerjisinin desteğiyle iyileştim sanırsınız ama bir süre sonra hastalık geri gelir. O yüzden siz siz olun, eğer iyileştirmek istediğiniz bir hastalık varsa, ona neden olan düşünce kalıplarınızı bulup, değiştirin! Hastalık üreten düşünce kalıplarıyla ilgili pek çok kaynak var. O yüzden burada o konuyla ilgili detaya girmeyeceğim...

2- İyileşme sadece izin vermekle de olmaz. İyileşen kimdir, nedir? *Sizsiniz* değil mi, sizin bedeniniz. Demek ki *sizin* hücreniz kendini iyileştiriyor. Yani size ait yaşam enerjiniz olmasa ortada şifaya izin verecek, onu gerçekleştirecek bir şey kalmayacak (!).

   O yüzden bedeninizin, zihninizin, ruhunuzun kıymetini bilin. *İyileşebiliyorlar!* **Kendi gücünüzün çok net bir ifadesidir bu. Özünüzü fark edin!**

Meleklerin belirttiğine göre ilk başta korku yoktu. Olma nedeni de aslında bizi kötü hissettirmek kesinlikle değil! Bizim şımarmamızı önlemek! Evet, doğru okudunuz... İnsan öyle ilginç bir varlık ki çabucak *"küçük dağları ben yarattım"* moduna geçebiliyor... Bunun için korku, evrenin aldığı bir tedbir mahiyetinde...

Bunu fark ettiğinizde **alçak gönüllülüğün sınırları içinde korkusuzca yaşamanız mümkün olabiliyor dostlar.**

Korku duygusu, negatif tarafın üzerimizdeki hâkimiyet kurduğunu gösterir. Korku, tüm ego duygu ve düşüncelerinin temelidir. Ne zaman kendinizi kötü hissederseniz o duygu/düşünceyi sonuna kadar izleyin; onun korkudan kaynaklandığını göreceksiniz!...

Baş melek Mikail, lütfen korkularımla ilgili farkındalığımı arttırmama yardım et.

Bütünün enerjisiyle akort halinde olduğumuzda, korku yerini sevgiye bırakır. Korku, Sevgiyi seçebilmemiz için bir araçtır sadece. Her şey eninde sonunda Sevgiye döner...

Sevgili baş melek Mikail, tüm sistemimi korkulardan arındırmam için bana destek ol.

Farkındalığınızı yüksek tutarak, içinizde korku olmadan ve gücünüz kozmosla akort halindeyken, ışıklı enerjilerle ortaklaşa çalışarak bir "ışık kahramanı" olun... Nurçin Hanım gibi: *"İlahi nizamda, düzende ne olacaksa olacak, bunu anladığımdan beri korkular benden yavaş yavaş uzaklaşıyor. Dinginlik huzur ve mutluluk yerini alıyor! Bir'lik yolunda şükürler olsun..."*

Böylece kendi kendinizi koruyabilir, daha da iyisi negatifliklerden etkilenmez hale gelebilirsiniz zamanla... Ama o zamana kadar sevgili baş melek Mikail ile istediğiniz kadar çalışabilirsiniz tabii ki! Örneğin şu meditasyonla...

Baş melek Mikail'in korkulardan arınma meditasyonu

Sakin ve rahatsız edilmeden kalabileceğiniz bir yerde rahatça oturun. Elleriniz avuç içleri yukarı bakacak şekilde bacaklarınızın üzerinde olsun. Bacaklarınızı çaprazlamayın veya bacak bacak üstüne atmayın.

Kendinizi zorlamadan derin, sakin ve uzun nefesler alıp vermeye başlayın. Bırakın yavaş yavaş nefesiniz sakinleşsin. .. Siz de her nefes verişinizde giderek biraz daha gevşiyor ve sakinleşiyorsunuz...

Bu meditasyonda baş melek Mikail'le çalışacağız ve şimdi ondan meditasyonumuz esnasında bizi korumasını ve gözetmesini istiyoruz. Ve meditasyonumuz boyunca bizimle kalmasını isteyelim.

Şimdi kalp çakranızın ortasında bir ışık topu hayal edin. Bu ışık topunu bedeninizin ortasından geçecek şekilde yavaş yavaş yukarıya doğru çıkartıyoruz. Yavaşça boynunuzdan geçip, başınıza doğru yükselsin ve oradan da başınızın tepesinden, tepe çakranızdan dışarıya çıksın. Biraz daha yükseltmeye devam ediyoruz. Ve 15-20 cm sonra duruyor ışık topu.

Baş melek Mikail'den ona sevgisini ve enerjisini vermesini rica ediyoruz. Işık topumuz Mikail'in güçlü ve güzel enerjileriyle doluyor yavaş yavaş. .. Öyle ki şimdi çok daha parlak bir ışıkla parlamaya başlıyor. Hatta biraz daha büyüdüğünü bile görebilirsiniz...

Artık ışık topunu tekrar aşağıya doğru indirmeye başlayabiliriz. Başımıza doğru yaklaşsın.. ve şimdi tepe çakramızdan içeri giriyor. Yavaşça başınızdan ve boynunuzdan aşağıya iniyor ve tekrar başladığı yere, yani kalp çakranıza dönüyor. .. Artık kalp çakranızda baş melek Mikail'in enerjisiyle dolmuş ve güçlenmiş bir ışığınız var. Keyfini çıkarın...

Bu meditasyonda baş melek Mikail etrafınızda kubbeye benzer bir enerji alanı örecek. Bu kubbenin içinde oturmak yoluyla Mikail'in enerjisini daha kolaylıkla hissedebileceksiniz. Mikail ile beraberce, oturduğunuz yerden istediğiniz uzaklıkta bir mesafeyi içine alacak şekilde kubbenizi oluşturabilirsiniz. Dilerseniz evinizi, apartmanınızı, sevdiklerinizi dilerseniz de oturduğunuz mahalleyi veya şehri içine alacak kadar geniş bir kubbe olabilir bu. (Daha da geniş, belki ülkenizi ve dünyayı içine alacak kadar geniş kubbeler yapmak isterseniz bu meditasyonu önce birkaç kez nispeten küçük kubbeler yaparak deneyimleyin lütfen).

Şimdi baş melek Mikail'den etrafınızda kubbesini oluşturmasını istiyoruz. İçinde rahatça oturabileceğiniz genişlikte olan bu kubbenin içi yavaş yavaş baş melek Mikail'in güzel çivit mavi rengiyle dolsun. Bu koyu bir renk olmak zorunda değil. Mikail'den sizin en rahat hissedeceğiniz tonda bir mavi oluşturmasını isteyebilirsiniz.

Bu mavi kubbede otururken, baş melek Mikail'in sizi güvende hissettiren enerjisiyle adeta sarmalamıyorsunuz. Onun enerjisini kendi hissediş şeklinize bağlı olarak farklı şekillerde sıcaklık veya soğukluk veya basınç olarak hissedebilirsiniz. Bunlar normaldir.

Şimdi sıra baş melek Mikail'den korkularınızdan özgürleşmeniz için yardım etmesini istemeye geldi.. Korkularınız, enerji sisteminizde sevginin ulaşamadığı yerler olduğunu gösterir –ki bu da hayatınızı tahmin bile edemeyeceğiniz şekillerde sınırlar. İnsanın "bilmediği, anlayamadığı" şeylerden korktuğunu söylerim hep. Demek ki korku bizi ilerlemekten, tekamül etmekten, farklı şeyleri anlamak ve öğrenmekten alıkoyuyor. Kısacası potansiyelinizi açığa çıkartmaktan... O yüzden şimdi gönül rahatlığıyla korkularınızı dönüşmeleri için baş melek Mikail'e devredin. Tüm korkularınız kalbinizin ortasındaki güçlü ışığın da yardımıyla çözülmeye başlıyor...

Bu esnada, Mikail'in neler olduğunu bilemediğiniz korkularınızı, size zarar vermeyecek şekilde fark etmenizi sağlamasını isteyebilirsiniz. Bu sizi çok güçlendirecek bir adımdır. Çünkü bu şekilde korkularınızın size öğrettiklerini fark edebilirsiniz. Böylece onları sevgi ve müteşekkirlik duyarak dönüştürmek çok ama çok daha kolay olacaktır.

Şimdi baş melek Mikail'den farkında olmadığınız ama sizi sınırlayan bir korkunuzu, sizi şu an rahatsız etmeyecek şekilde bilincinize çıkartmasını isteyin. .. Derin bir nefes alıp, sonuna kadar verin. Ve düzenli ve sakin bir şekilde nefes alıp vermeye devam edin.

Baş melek Mikail'den, bu korkuya neden izin vermiş olduğunuzu anlamanıza yardımcı olmasını isteyin. .. Bu korku duygusu size bir şekilde hizmet ediyor. Yoksa var olmazdı. Daha doğrusu size bir şekilde hizmet ediyor idi!... Siz artık onu net bir şekilde görebildiğiniz için üzerinizdeki etkisi ve dolayısıyla ona sahip olma gerekliliğiniz kayboluyor. Ona ihtiyaç duyma nedeninizi anladığınız an, onu nihai şekilde bırakmanız mümkün olur.

Bu korkunun size sağladığı sözde korumaya artık ihtiyacınız yok. Baş melek Mikail'den sizi bu korkudan arındırmasını istiyoruz. Ve şimdi onun yerine farkındalığınızın ışığının dolmasına niyet edin. .. Baş melek Mikail'in muazzam sevgisinin onun yerini doldurmasına izin verin. ..

Bu Sevginin nihai olduğunu ve artık o korkunun üzerinizde hiçbir hakimiyeti olmadığını bilin. .. Mikail'in sizin için oluşturduğu kubbenin içinde onun enerjisini ve sevgisini hissetmek üzere biraz daha kalalım...

Bu sevginin bugünden sonra, hayatınızda anlayış ve kişisel güç olarak devreye girmesine izin verin. .. Şimdi baş melek Mikail kubbeyi yavaş yavaş kaldırıyor. Kubbenin kenarlarında yukarıya doğru kıvrılarak toplandığını görebilir veya hissedebilirsiniz. Belki de giderek incelerek ve soluk hale gelerek dağılacak. Veya belki farklı şekillerde kubbenin kalktığını hissedeceksiniz. Bu da sizinle baş melek Mikail arasında bu meditasyon için bir oyun olsun...

Baş melek Mikail'e bugünkü çalışmamız için çok teşekkür ederek onu uğurlayalım. Şimdi meditasyonun başında aktive ettiğimiz kalbinizdeki ışık topunun ışığının yavaş yavaş vücudunuzdan geçip toprağa doğru indiğini görün. Bacaklarınızdan, ayaklarınızdan geçiyor ve toprağa giriyor. Mümkün olduğunca derine gönderin ve böylece dünyayla olan bağlantınızı hissedin. Çok iyi bir şekilde topraklanıyorsunuz bu şekilde...

Dünyayla olan bağınızı iyice hissedene kadar bu şekilde kalabilirsiniz. Her zamanki gibi çok iyi bir şekilde topraklanmayı ihmal etmeyin lütfen.

Şimdi derin bir nefes alın... Havanın ciğerlerinize doluşunu hissedin. Tamamen bedeninizde olun... Kendinizi hazır hissettiğiniz zaman gözlerinizi açabilirsiniz.

"Yaşam Görevin"

Baş melek Mikail, yaşam görevimizin içsel doğrumuzu hayata geçirmemizde ne kadar önemli olduğunu bildiğinden, onu fark etmemiz ve gerçekleştirebilmemiz için bize yardımcı olan enerjilerdendir. İçinde bulunduğumuz dönüşüm sürecini destekleyecek olanlarımız, baş melek Mikail'in bu desteğinden bolca yararlanabilir. Bu güçlü baş melek, bizlerle de güçlü bir enerjiyle çalışır. Tabiri caizse çok "işe odaklı" ve kesin bir enerjisi vardır. Arkadaşım sevgili Şebnem Akbulut, ne zaman baş melek Mikail'in kartını çekse, onun kesin bir tavırla "madem çağırdın, haydi bakalım çalışalım" diyerek kendisine yoğun çalışmalar yaptırdığını söyler.

Hayat amacımızı bulmak için sadece baş melek Mikail'in değil, tüm meleklerin de verdiği en önemli ipucu, bizi en çok neyin heyecanlandırdığını, küçüklüğümüzden beri ne yapmanın bizi en çok mutlu ettiğini ve ne yaparken tutku ve heyecan hissettiğimizi bulmamızdır. Kısacası, benim yaşam görevi de dediğim hayat amacı, en derindeki sevgimizi ve tutkumuzu hayata geçiren faaliyettir. (Yaşam görevinden baş melek Mika da bahsediyor...)

Şöyle de düşünebilirsiniz: Bu hayatımızda, söz konusu görevi yerine getirmemiz gerektiği için ona karşı sevgi hisederiz.

Baş melek Mikail'den, hayatınıza anlam katacak faaliyeti/mesleği bulmanız için size ilham vermesini, yol göstermesini isteyebilirsiniz.

Diğer Uzmanlık Alanları

Korkulardan kurtulmak, gücümüzü fark etmeyle de çok yakından alakalıdır. Baş melek Mikail'in dediği gibi "gücünü bilip meleklerin karşısına çıkanlar" onun enerjisini daha çok hissedebilirler.

Baş melek Mikail, özümüzdeki Birlik enerjisinin ve gücümüzün farkına varmamız gerektiğini öğretir. "Bütünün/Bir'in" enerjisi her zaman içimizdedir. İçinde yaşadığımız zamanlarda, bu enerjiyi fark etmek ve bu dünyada deneyimlemek sürecindeyiz...

Bütünden kendimizi ayrı zannetme yanılgısı, kendi yarattığımız yanlış duygu ve düşünce kalıpları yüzünden oluşur. Bu yanlış duygu ve düşünce kalıplarını, başka bir deyişle sahte benliği yaratmada, diğer bir kurgumuz olan zaman, çok önemli bir rol oynar. (Zaman ve mekân illüzyonları ile ilgili mesajlar ve açıklamalar için baş melek Metatron'u okuyun).

Baş melek Mikail'den, Birliğinizi anlamanıza yardım etmesini isteyin.

Hepimizin özünde, Bir'in ışığı vardır. Bir hologramda olduğu gibi her birimiz, bütünün özelliklerini içimizde taşımaktayız. İnsanın gücü, işte burada yatmaktadır...

Baş melek Mikail mesajlarında, "gerçekleştirme" konusunda önemli bir noktaya değinmektedir. "*Olmayacak bir şeyi bile bile isterseniz, olmazsa kötü hissediyorsunuz ve motivasyonunuzu kaybediyorsunuz! Bizler her şeyi yapabiliriz ama siz gereken koşulları hazırlamalısınız ve içsel olarak hazır olmalısınız.*" derken, isteklerimizin, sahte benlik hayalleri veya fantezilerinden değil, içsel doğrumuzdan kaynaklanması gerektiğini anlatmaktadır. Yani bir şeyin olmasını dilerken, onun olması gerektiğini zannetmek veya düşünmek yeterli değildir. Bu isteğin kalpte hissedilmesi çok önemlidir.

Bir isteğin gerçekleşip gerçekleşmemesi, onun büyüklüğü veya alışılmamışlığı ile ilgili değildir; "Olmayacak bir şey" ile bu kastedilmiyor. İsteğin gerçekleşmesi, içsel (enerjisel) olarak hazır olup olmamakla ilgilidir. (Örneğin, bilinç ve bilinçaltı akort olamadığı zaman enerjisel olarak dengede de olunamaz). İçsel olarak hazır olunduğundaysa, mucizeler "yemek yemek kadar normal" hale gelirler... Şu anda, enerjisel düzeyimiz yüzünden alışık olmadığımız şeyler gerçekleştiğinde şaşırıyoruz. Aslında bunlar, "tam potansiyelde" işleyen Kozmosun gözünde gayet olağandırlar.

Küresel Mucize Projesinin yaratıcısı Jennifer Hoffman baş melek Uriel'e kanallık yapmakta ve mucize hakkında bakın ne demektedir: *"Mucize, kim olduğumuza ve kendi gerçekliğimizde neler yaratabileceğimize dair olan algımızı değiştirdiğimiz anda oluşur. Birçok şeye mucize gözüyle bakarız, ne var ki onlar sadece yaratıcı gücümüzün tezahürleridir."*

Ve baş melek Mikail'in sözleriyle aslında, *"yemek yemek de bir mucizedir..."* Bazen hayat kanıksanır ve onun değeri unutulur. Aslında en küçük şeyin bile, sevginin ifadesi olarak mucizevi olduğu hatırlanmalıdır...

Gördüğünüz gibi "mucize", paradoks yaratan kelimelerden biri olarak düşünülebilir. Paradoks, ancak daha geniş bir perspektiften bakabildiğimizde çözülecektir...

Diğer şeylerden ve İlahi Kaynak'tan ayrı olduğunu unut.

Lao Tzu

BAŞ MELEK RAZİEL

"Evrenin gizemli bir yer olduğu doğrudur. Ancak sanki ulaşılmaz, mistik bir şeymiş gibi davranmanın da anlamı yoktur... Bu size yarar sağlamaz. Bu gizem, sizin merakınızı çekmek için değildir. Sadece şeylerin işleyişi, sizin şu anki farkındalığınız üzerinde olduğu için size gizemli gibi gelir..."

"Hayat çok yönlüdür. Tek bir doğru yoktur. Hayatın tek bir yönü yoktur. Hayat çok çeşitlidir. Şu anda aklınızın alamayacağı kadar çeşitlidir. Bunu unutmayın. Bu yüzden kendinizi kalıplardan kurtarın ve açık olun. Zihninizi açın ve bütün bu değişik yönleri, renkleri, enerjileri anlamaya niyet edin. Tanrı bunu ister ve bunun için sizi yönlendirir. Bizler de bunun için size yardımcı oluruz. Bu bizim görevimizdir ve aynı zamanda da bazılarımızın varlık amacımızdır."

"Zihninizi açın; zihninizi renklerimle açın ve bütün bu değişik yönleri, renkleri, enerjileri anlamaya niyet edin. Tanrı bunu ister ve bunun için sizi yönlendirir. Bizler de bunun için size yardımcı oluruz. Bu bizim görevimizdir ve aynı zamanda da varlık amacımızdır."

∞

"Sesleri takip edin. Gürültüler size ne hissettiriyor, bakın. Mavi, yeşil, kırmızı, sarı, turuncu, mor ve beyaz... Tümü sizin için. Renklerin enerjilerini hissedin. Onların enerjilerini hissedebildiğinizde algılarınız da gelişir, açılır. Başka başka enerjileri de hisseder hale gelirsiniz. Etrafınıza karşı daha dikkatli olmanız lazım. Etrafınızda olanları kanıksamayın. Her zaman yeniden, yeni baştan olurlar. Sadece sizler için! Bütün bu oyunlar sizin dikkatinizi çekmek için. O yüzden dikkatli bakın!"

"Parmaklar ne anlatır? Eller ne anlatır? Gözler ya da kulaklar ne anlatır? Vücudunuz ne anlatır? Biliyor musunuz? Ger-

çekten biliyor musunuz? Durun şimdi ve vücudunuzu hissedin. Size neler fısıldıyor, bakın. Vücudunuzla daha yakından bağlantı kurmanız gerek. Çünkü o sizinle sürekli konuşur."

"Vücudunuzla dünyaya bağlanırsınız ve dünya size öğretir. Onun söylediklerine dikkat edin. Ufkunuzun genişlediğini göreceksiniz. Enerjisine dikkat edin. Güzelliklerine dikkat edin... Güzelliklerine dikkat ederseniz, enerjisine de açılırsınız."

∞

"Bir gökkuşağı çizin ve enerjisine girin. Böylece, içinde yaşadığınız dünyayı, evreni ve evrendeki diğer dünyaları anlarsınız. Bunu şimdi yapın. Bir gökkuşağı çizin ve benim mesajlarımı anlamak için ona bakın. Bunu yaparken size rehberlik edeceğim. Bu resim sayesinde hayatın gizlerini öğreneceksiniz."

"Bu resim, hayatınız hakkında, kararlarınız hakkında pek çok şey söyleyebilir size. İstediğiniz şeyi sorabilirsiniz. Desenine bakın, çizgiler sizinle konuşacaktır. Sizinle konuşmalarına izin verin. Ve çok geçmeden, ondan pek çok mesaj almaya başlayacaksınız. Bu benimle iletişime geçmenin bir yoludur. Ne zaman bana sormak istediğiniz bir şey olursa, bu yöntemle sorabilirsiniz. Bu, aramızda bir köprü yaratır ve birbirimizi anlamamıza olanak sağlar."

"Evrenin harikaları benim renklerimde mevcuttur. Gökkuşağının her rengi farklı bir evreni ve sonsuzluk kadar çok bilgiyi temsil eder. Sanki bir uzay yolculuğu yapıyormuş gibi renklerime girin ve kendiniz için yeni dünyalar bulun. Bu dünyalar sizin içinizdedir. Farklı farklı yönlerinizi keşfedin ve kendinizi tanıyın. Gerçeğinizi bilin!"

∞

"Yıldızlar zannettiğiniz kadar uzakta değildir. Onlarla zaten ilişki içindesiniz. Bunu yadsımayın. Garip veya gizemli bir şey gibi görmeyin. Hepiniz de evrenin çocuklarısınız. Kardeşlersiniz..."

"Yıldızlara ve onların sevgisine ve enerjisine daha açık olmanızın vakti geldi. Yakında onlarla işbirliği içine gireceksiniz. Bu süreye kadar zamanınızı iyi değerlendirin. Kendinizi olasılıklara açın, enerjinizi yükseltin. Bunu yapmanız için bir sürü yöntem verildi size. Sadece bunları uygulamanız gerek. Buna çok dikkat edin ve çalışın.

"Çalışmadan çalışın... Yani telaş etmeden. Kendinizi helak etmeden, her zaman bu arzuyu taşıyarak ve onu hiç unutmadan, aklınızdan çıkarmadan çalışmanız gerekli. Kaybedecek vakit yok. Çünkü siz hazır olduğunuz zaman burada olacak! Sizi bekliyor. Hazır olmanızı, enerjinizi yükseltmenizi... Bu zevkli oyuna katılın. Sizi bekliyor!

Sevgiye dahil olun ve yaşam amacınızı gerçekleştirin."

"Hepinizi çok seviyoruz..."

Baş melek Raziel

.....

Çalışması renginden ötürü en zevkli ve yoğun olan baş meleklerden Raziel gökkuşağının tüm renklerine sahiptir.

Bütüncül Anlayış

Hayatımızda oluşturmaya çalıştıklarımız ve kalbimizin dilekleri son senelerde giderek daha fazla insanın merakını cezp ediyor. Ve gerçekleştirme üstadı "gökkuşağı baş melek" son zamanlarda bizimle oldukça yoğun bir şekilde çalışıyor.

Gizem okulu baş meleklerinden Raziel, ezoterik konularla ilgilidir. Bu konuları öğreterek farkındalığımızı genişletir. Sayıların ve frekansların (müzik, sesler, renkler) gizemi, ilahi geometri, geçmiş yaşamlar ve karma gibi konular, baş melek Raziel'in uzmanlık alanına girer. Baş melek Raziel, ezoterik öğretileri sayesinde, doğrusal mantığı aşan konuları anlamamıza yardımcı olur. Bu konuları kullanarak, bizimle iletişime geçer, bize mesajlar gönderir.

Gözünüzde canlanan geometrik şekiller, semboller, renkler, sürekli karşınıza çıkan sayılar (saat, araba plakaları vb.), fiziksel kulağınızla veya içsel kulağınızla (duru-işiti) duyduğunuz sesler ve melodiler, sizinle irtibat kurma yöntemlerindendir. Bu gibi durumlarda, mesajı tam olarak anlayabilmeniz için gönderilen şekillerin, sayıların vb. ne anlama geldiğini araştırıp bulmanız gerekebilir. Ek olarak, baş melek Raziel'den mesajlarını, daha rahat fark edebileceğiniz ve anlayabileceğiniz bir şekilde göndermesini de isteyebilirsiniz. (Bunu diğer melekler için de her zaman yapabilirsiniz.)

Ezoterik konulara meraklıysanız, baş melek Raziel'den bu konuları size öğretmesini veya anlamanıza yardımcı olmasını isteyebilirsiniz. Böylece genel farkındalığınız da gelişecektir.

Baş melek Raziel bize öğretmek için sık sık rüyaları kullanır. Raziel'den, size uykunuzda öğretmesini, anlayamadığınız şeyler varsa rüyalarınızı kullanarak açıklamasını isteyebilirsiniz. Bizimle irtibata geçmek için rüyaları kullanan bir diğer baş melek de Mikail'dir.

Rüyalarınız hatırlamak ait oldukları boyut bilincini tanıyıp tanımamanıza bağlıdır. Eğer söz konusu boyuta dair farkındalığınız varsa rahatça hatırlayabilirsiniz gördüklerinizi. Yoksa unutursunuz. Hatırlayamasanız bile o boyut bilgisi bilinçaltından sizi etkilemeye başlar. Bilgiler uygun zamanında (siz bilinç olarak hazır olduğunuzda) bilinç üstüne çıkacaktır.

Rüyalar yoluyla bilgi alıyorsanız ve rüyalarla çalışmayı seviyorsanız, baş melek Raziel'den çalıştıklarınızı hatırlamanıza ve rüyalarınızı doğru yorumlayarak, doğru bilgi almanıza yardımcı olmasını da isteyebilirsiniz...

Baş melek Raziel, aynı zamanda kozmik yeteneklerimizi açığa çıkarır ve bütüncül anlayışımızı açar. Enerji sistemimizdeki blokajları da temizleyerek, sezgilerimizi ve duru-algılarımızı (şekilleri ve sembolleri kullanarak) uyandırır.

Baş melek Raziel, lütfen sezgilerimi ve algılarımı açarak kozmik anlayışımı geliştirmeme yardımcı ol.

Raziel'in tarif ettiği gökkuşağı çizme çalışması, sezgilerinizi ve duru-algılarınızı uyandırmak ve mesajlar, ön görüler almak için çok değerli bir egzersizdir. Bu sayede farkındalığınız geliştikçe, hayatınızın farklı alanlarında olumlu ve yapıcı dönüşümler olacaktır. Ve frekansınızdaki artışlarla farklı dünyaların kapıları da size açılacaktır..

Gerçekleştiriyorsun...

Bir öğrencim en çok bu kartı sevdiğini, o çıktığında doğru yolda olduğunu anladığını söylerdi... Gerçekten de oluşturduklarınız –ki bunu hepimiz ister isteyelim, ister istemeyelim her saniye yapmaktayız...- eğer içsel doğrunuzla akort halindeyse, bu kart ve bir anlamda da baş melek Raziel'in teyidi sizi bulacaktır...

Baş melek Raziel, eğer istersek bütün bunları bize gösterecektir. Düşüncelerimizi ve kalbimizin isteklerini hem bizim, hem de bütün evren için hayırlı bir şekilde ve en çabuk şekliyle nasıl gerçekleştirebileceğimizi öğretir.

Gerçekleştirme konusundaki yeteneklerinizi ve sorumluluğunuzu fark etmeniz ve yükselen hayatlar yaratabilmeniz için, her zaman baş melek Raziel'den yardım isteyebilirsiniz.

Burada devreye **niyet** giriyor. Her şey enerjiden başlıyor biliyorsunuz. Hastalıklar bile önce enerji bedende oluyor, sonra fiziki bedende görülüyor. O halde niyet enerjisinin önemini anlamışsınızdır... Enerjiyi hareket ettirmek, enerjide başlatmak için niyet etmelisiniz.

Her konuda bu aynıdır!

Ve fakat niyet ettiğiniz *-her neyse-* hala olmuyorsa, size tek bir söyleyeceğim var:

"Kaldır postu aradan. Ortaya çıksın Yaradan."

Yunus Emre

Evet... Şimdiyse melekler gerçekleştirmelerle ilgili farklı bir şeyden bahsedecekler size. Şimdiye kadar söylediklerinden daha değişik bir mesaj... Söz direk meleklerinizde:

"Sevgili Dostlar,

"Hepiniz çok çalışıyorsunuz biliyoruz...

Eğer olmuyorsa sizden bağımsız başka etkenler de olabileceğiniz aklınıza getirin. Şimdiye kadar size hep "kendinizi şifalayın, her zaman kendinizden başlayın" dedik. Ve bu uzun zaman için doğruydu. Ancak evren her zaman değişir.

Çok farklı zamanlardan geçiyorsunuz ve güçler her zamankinden daha fazla çatışmada

-ki hepsi bir bütündür... Bu yüzden şimdi size diyoruz ki; rahat olun. Kendinizi yormayın ve üzmeyin.

Her zamanki gibi dengeyi sağlamalısınız. Bütün bu söylediklerimizden "Çalışmayı Bırakın" anlamını kesinlikle çıkarmamalısınız! Denge konusunu artık anladınız... Her zaman, sanki bir tahterevallide oturuyormuşsunuz gibi düşünün...

Kozmos eğlencelidir! Herkes burada huzurla işini yap-

tığından gerginlik yoktur.

Ve ***keyif*** *vardır her zaman…*

Burayı hayal etmenizi istiyoruz birkaç saniyeliğine…

Keyif faktörünü hissedebiliyor musunuz?? Keyif huzurdan temellenir. Kafanız rahatsa, frekansınız da rahattır!

Bizden bunu isteyin: Frekansınızı gevşetmemizi!...

Derin bir nefes alın; aklınızda hala işleriniz olsun ama frekansları keyifli olsun… Ne demek istediğimizi anlayabiliyor musunuz?

Huzur ve keyif –içinde bulunduğunuz şartların çok zor olduğunu düşünseniz de!- hep vardır. ***Bunlara akort olabildiğinizde, her şey olma frekansına geçecektir…"***

Şu anki dönem için geçerli bir mesaj bu. Daha çok "kendinden başlayıp, kendini şifalama" konusunda gerçekten elinden geleni yapmışlar için bir mesaj...

Keyif ve rahatlık dolu günlere dileğimle…

Melekler gökkuşağının tüm frekansını almamızı istediklerinden bu kitapta pek çok gökkuşağı meditasyonu tarif ettiler. Şimdi baş melek Raziel'in tarif ettiği bir başka çok değerli meditasyonu sizlerle paylaşmak istiyorum: **"Gökkuşağının İçinde."**

Oturuyorsanız avuç içleriniz yukarı bakacak şekilde bacaklarınızın üzerinde koyun. Bacaklarınızı çaprazlamayın veya bacak bacak üstüne atmayın. Arzu ederseniz bağdaş kurarak oturabilirsiniz.

Topraklanarak başlayalım. Ayak tabanlarınızdan, kuyruk sokumunuzdan minik köklerin yavaşça toprağa doğru girdiğini, sizi Dünya Ana'ya bağladığını imgeleyin. Daha sonra meleklerinizden destek ve koruma isteyin.

Bedeninizde gergin bölgeler varsa sanki nefesinizi ora-

dan alıyormuşsunuz gibi düşünün ve nefesi verirken o bölgeyi de rahatlatın ve gevşetin. Özellikle de genellikle çok kastığımız ense, çene ve baş bölgeleri için bu nefesi uygulayın.

Örneğin nefesinizi şimdi ensenizden çekiyormuş gibi düşünün. Bırakın hava molekülleri ensenize doğru girsin... Ve sonra da ensenizden çıkarken, ensenizi ve boynunuzu tamamen rahatlatsınlar.

Ve şimdi nefesinizi verirken, nefesin bacaklarınızdan aşağıya doğru inerek, toprağa doğru girdiğini hayal edin. Nefes toprakta gidebildiği kadar gitsin... Bu şekilde de topraklanıyor, korunuyor ve dünyayla olan bağınızı sağlamlaştırıyorsunuz.

Şimdi gökkuşağının her rengini sırasıyla görselleştirin.

Bütün bu renklerin sırayla, birer birer parladığını görüyor ve bu renk cümbüşünün içine dalıyorsunuz...

Bütün renkler tek tek içinizde yansın ve parlasın. Sanki fosforlu bir gökkuşağının içinizde canlandığını görün ve hissedin.

Bütün renklerin ayrı ayrı keyfini çıkarın...

Çakra renklerine uygun olarak, bu renklerin her bir çakraya geldiğini, orada da parladığını hayal edin. Renkler, çakralarınızın enerjisini kuvvetlendirsin ve onları dengelesin.

Renkleri ayrı ayrı çalıştıktan sonra, tüm gökkuşağının enerjisinin zevkine varıyorsunuz şimdi. Keyfini çıkarın...

Bütün bu renklerin enerjinizi düzenlemek, iyileştirmek ve size türlü güzellikler vermek için burada olduğunu bilin.

Gökkuşağının güzel renkleriyle iyice dolduktan sonra... Bu sefer de aynı renklerin içinizden çıkararak gökkuşağına akmasına izin verin. İçinizdeki güzel renkler gök-

kuşağına aksın ve onu daha da besleyip, parlatsın.

Bu şekilde parlamış bin bir renk tekrar size dönsün.

Bu güzel renklerin keyfini çıkarmaya devam edin. Bu renklerin kalbinizi genişletmesine, kalbinizin sevgisini arttırmalarına izin verin...

Bu şekilde gökkuşağıyla alış verişinizi sürdürün.

Sonunda bu alış veriş öyle bir hale gelsin ki, gökkuşağıyla aranızda sizi birbirine bağlayan renklerden yapılmış bir küre oluştuğunu hissedin.

Bu küre sizin ve gökkuşağının enerjilerini birbirine bağlıyor ve sürekli hareket ederek ve dönerek enerjileri birbirine taşıyor.

Ve giderek, sizin ve gökkuşağının enerjilerinin sürekli olarak birbirine aktığını, birbirini beslediğini, enerji sisteminizde eksik olanların dolduğunu, fazla olanların eşitlendiğini hissedin.

Bir süre daha bu şekilde çalışın...

Ve en sonunda öyle bir hale gelin ki gökkuşağıyla enerjileriniz tamamen karışsın, birbirinin içinde erisin...

Şu soruyla meditasyonunuzu bitirin: ***"Ben miyim gökkuşağı, yoksa gökkuşağı mı ben?..."***

Bu şekilde istediğiniz kadar kalabilirsiniz.

Meditasyonunuzun sonunda çok iyi bir şekilde merkezlendiğinizden ve topraklandığınızdan emin olun...

Bu güzel meditasyonun bir versiyonu daha var. Onu da sizinle paylaşmak istiyorum şimdi:

Gökkuşağının İçinde 2.

Önceki meditasyonda tarif edildiği gibi topraklanarak başlayın.

Meleklerinizi de çağırarak sakinleşmeniz, dinginleşmeniz ve sizi korumaları için yardım isteyin.

Meleklerin beyaz ışıklarıyla sizi sarmalamalarını ve

sizi, size ait olmayan enerjilerden, tortulardan arındırmalarını isteyebilirsiniz şimdi.

Şimdi başınızın tepesinden bir gökkuşağının tüm renkleriyle size doğru yaklaşmakta olduğunu görün. Gökkuşağının renkleri teker teker başınızın tepesinden inerek bedeninizin içine giriyor ve tüm vücudunuza yayılıyorlar. Artık bir gökkuşağının içinde oturuyorsunuz! Bir süre bunun keyfini çıkartalım beraber...

Ve şimdi renklerini takiben baş melekleri de çağıralım:

Kırmızı enerji frekansındaki baş melek *Barakiel*'i,

Turuncu enerjili baş melek *Tabris*'i,

çok güçlü sarı ışığıyla baş melek *Uriel*'i,

yeşil ışığıyla baş melek *İsrafil*'i,

mavi rengiyle baş melek *Raguel*'u,

lacivert pırıltılı ışıklarıyla baş melek *Zadkiel*'i

ve mor enerjisiyle dönüşüm öğretmeni baş melek *Jeremiel*'yı çağıralım.

Ve tabii gökkuşağı renklerinin tümüne sahip olan gerçekleştirici baş melek *Raziel*'in enerjisini de davet ediyoruz.

Şimdi bedeninize yayılmış olan gökkuşağı renklerinin, bedeninizden geçip yavaş yavaş toprağa girdiklerini imgeleyin. Daha sonra toprağa giren renkler yavaşça dönerek bir daire oluşturacak şekilde yukarıya doğru kıvrılmaya başlıyorlar. Tekrar yeryüzüne çıkarak daireyi tamamlamak üzere yine yavaşça kıvrılıyor ve tekrar başınızın üzerine geliyorlar.

Böylece meleklerin renkleri ve enerjileriyle beslenen bir dairenin parçası oluyorsunuz. Bir süre bu döngüde kalın.

Sürekli temizlenen ve güçlenen bir enerji döngüsünün tam ortasındasınız. Bu şekilde renkler, melekler ve dünyanın da desteğini alıyorsunuz. Ayrıca dört elementin enerjilerini de alabiliyorsunuz. Kendi kendini tamamlayan bir süreci yaşıyorsunuz.

Tamamlanması gereken her şeyi tamamlamaya niyet edin.

Temizlemeniz, şifalamanız gereken işleriniz, ilişkileriniz varsa, anlamanız, öğrenmeniz gereken şeyler varsa hepsini tamamlamaya niyet edin.

Böylece arkanızda iz bırakmadan yaşayacak ve *yaşam enerjinizi* kaybetmeyeceksiniz. Yaşam enerjiniz içinde bulunduğumuz Yükseliş döneminde fazlasıyla kıymetli ve önemlidir.

Gökkuşağı dairede istediğiniz kadar kalabilir ve varsa baş meleklere sorularınızı sorabilirsiniz.

Herhangi bir cevap almak için kendinizi zorlamanıza hiç gerek yok. Bu sizin meditasyondan alacağınız faydayı ve keyfi azaltacaktır. Hiç merak etmeyin, enerjiyi her hâlükârda alıyorsunuz. Düşünsenize, melekleri hissetmekten çok meditasyondan aldığınız yarar her zaman sizin için daha faydalıdır...

Şimdi baş meleklere bu meditasyonda bizlerle çalıştıkları için çok teşekkür ederek, onları uğurluyoruz.

Sürekli akan gökkuşağı renklerinin, daireyi tamamlayıp hepsinin birden bedeninize geri dönüğünü imgeleyin. Başınızın tepesinden akıyorlar ve siz de bu renklerin içinde oturuyorsunuz. Renklerin yavaş yavaş bedeninizden, ayaklarınızdan akarak dünyaya doğru girdiğini görün. Renkleri gönderebildiğiniz kadar derine gönderin. Bu şekilde dünya da renklerin ve baş meleklerin enerjisinden faydalanıyor ve iyileşiyor.

Ve aynı zamanda siz de topraklanıyorsunuz. Renklerin sizi dünyayla bağladığını ve sizi iyice topraklayıp, merkezlediklerini hayal edin.

Eğer yeterince topraklandığınızı hissedemezseniz, renkleri bir kez daha ayaklarınızdan dünyaya doğru gönderebilirsiniz. Gidebildikleri kadar derine gitsinler...

Bu esnada renkler üzerinizden akıp giderken, bedeniniz yavaş yavaş gökkuşağının renklerinden arınsın. Onun yerine beyaz ışıkta kalsın...

Ve daha sonra beyaz ışık da toprağa doğru akarak bedeninizden sıyrılsın.

Dikkatinizi birkaç saniye karnınıza odaklayın. Karnınızın içinde ışıktan bir balon olduğunu, nefes alırken balonun genişlediğini, nefes verirken eski haline döndüğünü hayal edin. ...

Şu an çok iyi topraklanmış ve merkezlenmiş bir vaziyettesiniz.

Derin birkaç nefes alın. Havanın akciğerlerinize girişini ve çıkışını hissedin. Bedeninizi iyice hissedin...

Son bir derin nefes alırken ayaklarınızı, omuzlarınızı ve başınızı hafif hafif oynatmaya başlayın.

Hazır olduğunuzda gözlerinizi açabilirsiniz.

BAŞ MELEK ZADKİEL

"Bağlantıda olduğunuz diğer düzlemler, dünyalar vardır: Evrenin enginliği ve var olmanın olasılıkları... Hepimiz bu yolculukta Bir'iz. Bütün düzlemler aynı anda var olur ki bu da, zaman yolculuğunu mümkün kılar. İstediğiniz her "dünya'ya", sadece bilgisini hayal ederek erişebilirsiniz ve bu dünya size ulaşır. Ulaştığınız bilgi doğru bilgidir. Merak etmeyin! Eğer bunu yaparsanız, Evren ve onun varlıkları hakkında, çok büyük miktarda bilgiye ulaşabilirsiniz."

"Zaman yolculuğu, bütün düzlemleri kesen bir eksen üzerinde, istediğiniz durakta durmaktır. Büyütülecek bir şey değil... Hepiniz yapabilirsiniz... Ve zevklidir."

"Yıldızlar her yerde, ulaşmak isteyin yeter. Kocaman uzay gemileri üretmek aslında gerekli değil. Benden yardım isteyin ve sizi yıldızlı gökyüzüne çıkarayım."

∞

"Işık bilimdir ancak sizin biliminiz henüz tam ışıklanmadı. Kurallar ve çerçeveler içinde düşündüğünüz sürece bu olmaz. Bilimsel düşüncenin bir takım temeller üzerine oturtulması gerektiğini düşünüyorsunuz. Bu sizi sınırlıyor. Sanki hiçbir şey bilmiyormuşsunuz gibi başlarsanız işinize, rengimdeki enginlik gibi olasılıklara açık olabilirseniz, o zaman zihinleriniz kozmostan akan bilgilerle dolar."

"Bunlar zaten sizin bilgileriniz. Zaten içinizdeler... Sadece ve sadece açık olmanız gerekli. Boşuna çabalayıp, pek çok şeyi düşünüp hesaplayarak, uğraşmanıza gerek yok. Zaman yolculuğunun prensiplerinin içinizde olduğu gibi, diğer bütün prensipler de içinizdedir. Bunu fark etmeniz, buna kendinizi açmanız gereklidir. Bazı bilimle uğraşanlar daha önce bunu yaptı ancak tam bir açılım yaşanamadı. Sizler bunun için artık hazırsınız. Sadece cesaretinizi toplayıp, bu anlatılanları uygulamanız yeterli."

"Yıldızlar gözleriniz gibidir. Gözleriniz bilgedir ve ilahi olanı

görebilirler. Buna izin verin. Size bu konuda yardım etmeme ve gözlerinizi açmama izin verin..."

"Bilgi her zaman her yerdedir. Bilgiye sahip olmak basittir ama bilgiyi gerçekten anlamak farklıdır. Bilgiyi anlamak için zamana ihtiyacınız olabilir. Kendinize zaman tanıyın ve bilgimi anlamak için niyet edin. Niyet çok önemlidir. Niyet etmez ve bunu kalpten istemezseniz olmaz. Niyet edin ve her şey size verilir."

∞

"Neden koşmalı ki? Olmayan bir şey için koşulur mu? Siz kendiniz yaratıyorsunuz her şeyi, hedefleri, çalışma programını veya çalışmama programını... Sonra da koşturup duruyorsunuz. Neden ki? Hiç anlaşılır değil..."

"Zaman her şekilde yeterlidir. Siz hızlandıkça da hızlanır... Yavaşladıkça da yavaşlar..."

"Zaman sadece bir enerjidir; akış enerjisi. Zaman dediğiniz ölçü, içinizdedir. Asıl zaman kalbinizin ritmidir. Bu sizin temponuzdur. Bundan başka dikkat etmeniz gereken ölçü yoktur! Temponuza göre yaşar, işlerinizi ona göre yaparsanız, her şey akar. Kolay bir şekilde çözümlenir ve oluşur/olur. Kalbinizin temposunu dinleyin. Ona güvenin."

∞

"Benim mavimin enerjisini ve dinginliğini ve sessizliğini hissedebildiğinizde, evreni de hissedebileceksiniz ve her şeyi daha iyi anlayacaksınız. Sessizleşin ve rengimi düşünün. Rengimdeki yıldızları. Bırakın sizi yolculuklara çıkarsınlar. Siz farklı dünyalara gittiğinizde ve bu dünyalar hakkında öğrendiğinizde, kendinizi ve kendi dünyanızı daha iyi anlayacaksınız."

"Bu anlayış otomatikman kendinizin ve bu dünyanın kıymetini bilmenizi sağlar. Bu güzel dünyada, bu güzel hayatları yaşayan sizler, çok güzelsiniz... Sizleri sevgiyle ve gururla seyrediyoruz. Ve başarılı olmanız için size elimizden geldiğince; izin verdiğiniz ölçüde, yardım ediyoruz."

"Sizlere her zaman yardım ediyoruz. Bunu unutmayın ve kalbinizi ferah tutun. Ferahlık sizi besler ve anlayışınızı arttırır. Endişe edecek hiçbir şey yoktur. Sadece dolu dolu yaşamaya bakın ve ne kadar güzel olduğunuzu siz de göreceksiniz!"

∞

"Kendiniz olmanız için yöntemler:

Kendinizi çok sevin, değerinizi bilin!

İçinizdeki ışığı koruyun. O her zaman orada. Onun her zaman orada olduğunu bilin. Onu gözetin ve sevin. Siz onun değerini bildikçe, o daha da fazla parlayacaktır.

Işığınızı Sarılaştırın: Işığınıza sevgi katın. Kendiniz ve diğerleri ve diğer canlılar için sevgi... Yüreğiniz açıldıkça sever, sevdikçe açılır... Çok açılması gibi bir şey asla söz konusu olamaz, merak etmeyin.

Işığınızı Mavileştirin: Onu güçlendirin. Gücünüzün farkına varın. Sızlanıp durmayı bırakın. Siz sonsuz güce sahip varlıklarsınız. Bunun kıymetini bilin. En önemlisi onu kullanın! Sizi, onu kullanmaktan hiçbir şey alıkoyamaz.

Işığınızı Yeşilleştirin: Kendiniz ve başkaları için şefkat hissedin. Şifalanırsınız ve böylelikle başkalarına da şifa verirsiniz. Şifa vermek için özel bir takım yeteneklere sahip olmaya gerek yoktur. Bir başkasının problemine özen gösterip, iyi dileklerle kalbinizi ona açarsanız, şifa kendiliğinden sizden o kişiye akar. Şifa vermeyi komplike hale getirmenin gereği yoktur.

Işığınızı Pembeleştirin: Sakin ve yumuşak olun. Köşelerinizi törpüleyin ki, yolunuzda ilerlerken, bir şeylere takılıp kalmayasınız... (Böyle olursa) Canınız acır, hem başkalarınınki de acır. O yüzden bizlerle ve ışıkla beraber akın. Bu çok zevklidir! Bir kere bunun nasıl bir şey olduğunu anlarsanız, akmadan durmak istemezsiniz...

Işığınızı Lacivertleştirin: Kalp huzuru, müthiş bir dinginlik sizinle. Sizin içinizde. Bunu hissetmemeniz için hiçbir sebep yok-

tur! Bu huzuru ve dinginliği hissetmeyi, anda yaşamayı seçin; şimdi!"

∞

"Mavimin ışığını kalbine koy. Bunu şimdi yap!
Kalbin girdabı sonsuzdur.
Sonsuz evrende kendini bulursun.
En ufak parçan bile karışıncaya kadar git...
Ve orada sen (Tanrı) varsın."

∞

"Ben zaten çok konuştum... O yüzden şimdi kısa keseceğim... İçinizde ne kadar engin olduğunuzu iyice anlamanızı, bilmenizi istiyorum. Bu enginlikten doğan güzelliğinizi tüm evrenle ve bizlerle paylaşmalısınız. Böylece evren daha da genişler, enginleşir. Güzelliklerle..."

"Sevgilerimle"

Baş Melek Zadkiel

.....

Baş melek Zadkiel'in yıldızlı lacivertinin içinde, yüzlerce minik, sarı ışık yanıp söner; Lacivert taşındaki, yakamozlardaki gibi...

Lacivert, bilgisini vermek için bizi içine doğru çeker.

Maceralı bir vorteks misali...

Evrensel Zihin

Hepimizin beyninin içinde alıcı ve verici olarak kullandığımız bir bölüm var: *Epifiz bezi.* Epifiz, enerjinin toplanabilmesi için olabilecek en uygun şekle sahip: Koni. Çam kozalağına benzeyen epifizin İngilizcedeki ismi olan *pineal gland* zaten *kozalağımsı salgı bezi* anlamına geliyor. Bu yapı Kozmik enerjiyi almak için en uygun şekil. Hatta ben "Hepimizin beyninde ışıktan bir piramit var" diye tarif etmeyi seviyorum. Çünkü eğer insan beyni köşeli yapılara uygun olabilseydi belki de epifiz enerjiyi almak ve depolamak için en uygun yapı olan piramit şeklinde olacaktı, kim bilir.

Zihinsel bir baş melek olan Zadkiel, zihnimizin Evrensel zihnin bir parçası olduğunu öğretir. Evrensel hologramın bir parçası olarak, insan zihni, Evrensel zihindeki tüm bilgiye ve anlayışa ulaşabilir. Bu bilgiye ulaşmamız ve onu kullanabilmemiz için zihnimizi Evrensel bilgiye açmamız gerekir.

Baş melek Zadkiel'den, zihninizin Evrensel zihne açılması ve öğrenmeniz gereken bilgilere ulaşmanız için yardım etmesini isteyebilirsiniz.

Baş melek Zadkiel'in, anlayışımızı genişletmesi ve yeni fikirleri anlamamızı sağlamasının yanı sıra, hafızayı kuvvetlendirme özelliği de vardır. Öğrenmeniz ve unutmamanız gereken bilgilerle ilgili olarak her zaman desteğini isteyebilirsiniz.

Günümüzde, zihnimizi Evrensel zihne açmak yerine, bilgiye daha çok, bilimsel araştırmalar yoluyla ulaşıyoruz. Geleneksel anlamdaki bilimsel araştırmalar, her ne kadar kendimiz ve dünyamız hakkında yeri doldurulamaz bilgiler kazandırıyorsa da, dikkat etmemiz gereken bazı noktalar vardır.

İlk olarak, araştırmalar her zaman, o dönemde sahip olunan bilgi üzerine dayandırılarak yapılmaktadır. İnsan zihni, bilgiyi parçalara ayırarak anlayabildiği için araştırmalar yoluyla, bilginin ancak belli bir kısmı işlenebilmektedir. Bir süre sonra, öğrenilen bilgi artar, olaylar biraz daha geniş bir perspektiften görülmeye başlanır ve üzerinde çalışılan bilgi, yeni perspektiften değerlendirilir. Haliyle daha önce varılan sonuçlar gözden geçirilmek zorunda kalınır.

Hatta bazen gözden geçirilmez bile (!!). Çünkü bilim camiasında çok uzun zaman önce kabul görmüş öyle teoriler var ki bunlar neredeyse "gerçek" olarak kabul ediliyorlar. Son zamanlara kadar bu teoriler dünya algımızı açıklayabiliyorlardı. Ama artık yeni buluşlarla ve kuantum fiziğinin de etkisiyle bu teorilerin pek de doğru olmayabilecekleri tartışılıyor. Ama neredeyse bütün bilimsel bulgular eski teoriler üzerine oturtulduğu için bilim insanları hala bu teoriler doğruymuş gibi araştırmalarına devam ediyorlar...

Bu sorunu Dr. Manjir Samanta Laughton çok cesaret göstererek her fırsatta ifade ediyor. Türkçeye de çevrilen "Punk Bilim" adlı kitabını bilimsel konulara meraklı olanlara tavsiye ederim! Ülkemizde de konuşmalarını ilgiyle takip ettiğim *Dr. Yavuz Dizdar*'ın aynı konuyu anlattığı bir röportajını dinlemiştim. Belki daha çok bilim insanı konuya dikkat çekse artık bilime cevap veremeyen teoriler de güncellenir!...

İkinci dikkat etmemiz gereken nokta, gözlemlenen/incelenen tüm deneklerin bilgisinin, araştırmalar sonucu kategorize edilmesi. Kategorize ederek, bazı davranışların, bazı durumlarda her zaman yapıldığı kabul edilir. Bu sınıflandırma, kişiyi/canlıyı/bilinci etkileyerek, öngörülen davranış kalıplarına hapsetmektedir. Diğer bir deyişle bizzat kendimizin "yansıttığını" –sözüm ona- kanıtlayarak aynı kısır döngü içinde dönüp durabiliyoruz bazen!...

"Sessiz olan zihne, bütün bir evren teslim olur."
Lieh Tzu

Zihin, evrensel bilgiye açıldığında, bilimsel araştırmaları daha iyi yönlendirecek ve anlamlandıracak bilgiye ulaşılabilir. Bilgiyi sadece görünen dünyadan almaya çalışmak yerine, içimizdeki Evrensel bilgiyi aktive etmek, bizi aslında daha da geniş bir anlayışa götürecektir. Tarihteki bazı yaratıcı ve başarılı insanlar (Einstein, Edison ve Mozart buna güzel örneklerdir). Evrenle olan ortak yaratı sürecinden her zaman bahsetmişlerdir!

Bu ortak çalışmanın bilincinde olmak ve değerini bilmek, yapılan işin verimini ve yararını arttırır. Ve bu yararın uzun dönemde de etkili olmasını sağlar.

"Kozmik din hissinin, bilimsel araştırma için en temel ve güçlü teşvik olduğunda ısrarlıyım."
Einstein

Affetmek

Baş melek Zadkiel, aynı zamanda arındırıcı bir enerjidir. Sistemimizi bütüncül olarak arındırarak bizi iyileştirir. Bu arındırma işleminde çok önemli bir olgu affetmektir. Affedemediğimiz kişilerin, olayların negatif enerjisi, en başta bize, daha sonra da diğer herkese zarar verir.

Affetmek, unutmaya çalışmak veya yapılan bir haksızlığı göz ardı etmek *değildir.* Üzüntü verici olayın bizde bıraktığı negatif enerjiden kurtulmaktır. Aslında gerçekten affedebildiğinizde, olayın etkisi enerjisi sisteminizden çıktığı için olanlar hafızanızdan da giderek silinir. Ancak bu doğal olarak ve otomatikman oluşan bir şeydir. Zorlayamazsınız.

Affederek yaşamınızı geçmiş olayların yükü olmadan, her an taze ve tarafsız bir şekilde şekillendirebilirsiniz. Hiçbir tortu olmadan her anı **sadece ona** özgü olarak yaşayabilirsiniz. Öteki türlüsünün ne kadar bağlayıcı olduğunu konuşmaya bile gerek yok bence dostlar...

"Bağışlama, bir mahkumu serbest bırakmaktır ve ancak o zaman görürsünüz ki mahkum sizden başkası değildir."
L. Smedes

Affetme meleği Zadkiel, yapılan hatalar yüzünden, kendimizi de suçlamayı bırakmamızı öğütler. Aslında kendimizi affetmek belki de en zorudur... Çünkü aslında seçim her zaman bizimdir... Ve bilinçaltı bunu bilir.

O yüzden ne kadar çok bir başkasını kötülüyor veya suçluyorsanız bilin ki aslında dikkatinizi kendinizden başka birine yönlendirerek kendinizi rahatlatmaya çalışıyorsunuz (!)...

Ama kendimizi suçlamanın hiçbir yararı yoktur. Anlamı da yoktur. O an, daha doğrusunu yapabiliyor olsaydınız, yapardınız! Öyle değil mi?...

Bu mantık sizin için geçerliyse başkaları için de geçerlidir... Bu bakış açısı, affetmenizi kolaylaştıracaktır (!).

Baş melek Zadkiel, lütfen olayı daha geniş bir perspektiften görebilmemi sağla.

Baş melek Zadkiel, lütfen hem kişisel ve ailevi, hem de toplumsal affedemeyişlerimizin (politik, sosyolojik ve psikolojik öfke, kin ve nefretin) temel nedenlerini anlamamız için anlayışımızı genişletmemize yardımcı ol.

Sevgide buluşabilmemiz için niyet edin.

Diğer Uzmanlık Alanları

Baş melek Zadkiel -affetmeyle de ilgili olarak- merhametle de ilgili bir melektir ve bize merhametli olmayı öğretir.

Merhameti lütfen acımak olarak yorumlamayın... Daha önce de söz ettiğim gibi acımak, acınan kişiden üstün olunduğu gibi bir yanlış düşünceyi ima eder. Baş melek Zadkiel'in tabiriyle, merhamet "kalbini anlayarak sakinleşmek ve sakinleştirmektir."

Sakinleşmek ve sakinleştirmek, olayların nedenlerini ve nasıllarını daha iyi görebilmemize yol açacağından, affetmek için de zemin hazırlar.

Son olarak, baş melek Zadkiel'in mavi ışığını kalbimize koyduğumuz, çok değerli "maviye karışma meditasyonundan" bahsedelim. Bu meditasyonu hepinize tavsiye ediyorum!:

Bu çalışmada, bütün vücudunuzun mavide çözülmesi gerekiyor.

Bütün hücrelerinizin tek tek, mavinin girdabına kapılıp çözüldüğünü, sonsuza gittiğini/karıştığını hissedin...

Baş melek Zadkiel, o anda neye ihtiyacınız varsa, enerjinizi o şekilde yönlendirecek, sizi bilgilendirecek veya iyileştirecektir.

BAŞ MELEK JOFİEL

"Anlatmak istediğim çok şey var. Hangi birinden başlayayım... Epeydir sizlerle konuşmadım, o yüzden şu anda sevinçliyim!

"Sevgili insan melekler, sizler büyük potansiyelde yaratıldınız ve her geçen gün bu potansiyelinizin daha da çok farkına varıyorsunuz. Bu bizleri çok sevindiriyor. Çünkü bizler size yardım etmek için buradayız. Ve sizlerin mutlu, güçlü ve kıvançlı olmanız bizleri de çok mutlu ediyor. Bu mutluluk kalbimizden taşıyor ve sizlere de ulaşıyor. Mutluluğunuzun artmasının bir nedeni de budur."

"Bu şekilde devam edin. Yakında Cennet yeryüzüne inecek. Bu, sizlerin kendi varlığınızın, insan varlığınızın farkına varmanız ve ona göre yaşamaya başlamanız demektir. Bu olduğunda daha da çok yakınlaşacağız ve evrenin mutluluğunu daha da çok paylaşacağız. Kalplerimiz sevinçle dolacak ve dünya bu sevinçle pırıl pırıl ışıldayacak."

"Evrendeki diğer tüm canlılar bu pırıltıdan mutlu olacaklar. Olmayanlar da olabilir. Ancak bu onların evrim süreçleriyle ilgili bir şeydir. Sizlerin bunun üzerinde düşünmenize, endişelenmenize gerek yoktur. Herkes, her varlık kendinden sorumludur ve evrimsel süreçlerini tamamlamaktadırlar. Bu güzel ve zevkli bir oyundur. Bu oyunun farkına varabilenler şanslıdır, çünkü kıvançla dolarlar!"

"Zevk, güzellik ve sevinç insan doğasının bir parçasıdır. Bu önemli bir parçadır. Çünkü kalplerinizi hafifletir. Bu parça olmadan insan hayatınızı tam anlamıyla yaşayamazsınız, o yüzden bu parçanıza daha fazla önem verin. Çoğu insanda bu parçanın eksik veya karaltılı olduğunu görebiliyorum. Bu insan doğanızı tam olarak yaşayamadığınızı göstermektedir..."

"Sizleri seviyorum ve sevinç ve güzellik parçanızın, güzel bir pembe ateş gibi yandığını görmek istiyorum. Bu hepimizi mutlu eder. Hepimizden kastım melekler, insanlar ve tüm Kozmos'tur. İyi şanslar.

"Güzellikler sizlerle olsun.

Güzelliğe önem verin. Yaptığınız şeyleri içinizden gelerek yaparsanız otomatikman estetik olacaklardır. Ve içinize sineceklerdir. Bunu sakın aklınızdan çıkarmayın. Güzellik suni olarak yaşanabilen bir şey değildir."

∞

"Hatalar yapmak problem değil. Hata yapmaktan endişelenmeyin. Sizi her zaman severim ve size öğretmeğe çalışırım... Ve bizi duymak ve hissetmek çok kolaydır. O yüzden bunu yapın! Aynı zamanda da çok eğlencelidir."

"Her zaman doğru olanı yapmak kolay değildir ama eğer yardımımızı isterseniz, yönlendirilirsiniz. Ve bizi duymak ve hissetmek çok kolaydır, o yüzden bunu yapın. Ayni zamanda da çok eğlencelidir (melekleri duymak ve hissetmek). Zevk almak ve yönlendirilmek; (Jofiel yönlendirmeyi yapmamız gerekeni yapmak anlamında kullanıyor), hayat bundan ibarettir. Hayatı yaşanası kılan budur. Hayatın enerjisini hissedin. Pembemin enerjisini hissedin.

∞

"Pembe, pembe, pembe...

Sarı, sarı, sarı...

"Pembe benim rengimdir. Sevgi'yi gösterir; size duyduğum sevgiyi.

Renklere bakmıyorsunuz. Onların mesajlarını almıyorsunuz sevgili çocuklar. Onların mesajlarını içselleştirmek, anlamak için sanki onları yemeniz gerekir. Renkleri yemekten kasıt onları iyice içinize çekmektir. Onları anlamanızdır... Renk meditasyonları yoluyla veya renk soluması yoluyla yapabilirsiniz. Renkleri anladığınız zaman hayatı da daha iyi anlarsınız. Ve bizleri daha iyi anlarsınız...

Bir rengi soluduğunuzda, içselleştirdiğinizde, bu renk bütün moleküllerinize yayılır. Bu rengin enerjisiyle, sizin enerjiniz bir olur ve kaynaşır. Bu şekilde renk size enerji verir veya iyileştirir veya mutluluk verir veya farkındalığınızın artmasını sağlar. Rengin üzerine konsantre olun ve onun size öğretmesine izin verin. İzin vermeniz ve kendinizi ona bırakmanız gerekir. Yoksa, onun enerjisini tam olarak anlayamazsınız. Böyle olursa, renk sizi iyileştiremez. Boşuna çalışmış olursunuz ve rengin işe yaramadığını düşünebilirsiniz. O yüzden dikkat edin. Bunu yapabilirseniz, çalışmalarınız aynı zamanda çok zevkli hale gelecektir. Yani hem yararlı, hem zevkli... Zaten hiçbir şeyi zevk almadan yapmayın!"

"Yaptığınız şeyden mutluluk duymanız onun size yaradığını gösterir. Size yaramayan şeyler ise boştur, sadece kılıftır. Size yaramayan şeyleri yapmamalısınız. Aksi takdirde size yararları olacağına, sizi boşaltırlar, enerjinizi tüketirler. Görünüşlere aldanmayın. "İyi" gözükse bile, içine girmeye çalışın. Renklerle yaptığınız gibi. Ancak, bir şeyin içsel gerçekliğini anlarsanız size yarayacağını veya sizi boşaltacağını fark edebilirsiniz. İçsel gerçeğini anlamak için rengine bakın. İç rengini görün. İç rengi hoşunuza giderse yapın, gitmezse yapmayın. Bu kadar basittir! Boşu boşuna karışık hale getirmenize gerek yoktur. Karışık hale, üzerinde çok düşünerek getirirsiniz. Ama çok fazla düşünmeden iç rengine baksanız, içinizde sizi nasıl hissettiriyor anlasanız ve ona göre davransanız, bu şey akar. Her şey çok daha kolay ve çabuk olur! Zaman almaz... Öteki türlü bir şeyi evirirsiniz, çevirirsiniz ama bir türlü karar veremezsiniz. Bu boş bir faaliyettir. Boş faaliyetlerle zaman harcamayın. Enerji harcamayın.

Bunlar (zaman ve enerji) sizin için değerli şeylerdir. Unutmayın!..."

"Sadece bu gereklidir hayatınız için sevgililer. Sadece bu ve gerisi kendiliğinden akar. Kendiliğinden olur. İşte gerçek güzellik budur. Gerçek güzellik çok basittir, sadedir, kolaydır. Hemen olur ve şaşırırsınız nasıl bu kadar çabuk oldu diye. Olur, çünkü önünde engel yoktur. O sadece akar ve olur. Bu çok güzeldir ve zevklidir. Her şeyden zevk almaya bakın. O zaman şeylerin gü-

zelliğini anlayabilirsiniz. Form olarak güzel olmak gerekmez, içsel güzellik gereklidir. Bu ikisi bir bütündür ve birbirlerini tamamlarlar."

"Birbirini tamamlayamayan şeylerle ilgilenmeyin. Her şey çok hızlı değişiyor ve bu değişimlerden yorulmamanız için, şeylerin içsel güzelliğini idrak edebilmeniz lazım. Güzelliğini anlamazsanız, yaptığınız şeyler boşalır. Boş şeyler, dolmak için enerjinizi çeker ki, bu hiç de hoş bir şey olmaz! Farkındalığınızı arttırmak, evreni anlamak, dünyanın işleyişini anlamak için enerjiye ihtiyaç vardır. O yüzden dikkatli olun. Enerjinizi çekecek boş şeylerle ilgilenmeyin. Böylece zaman da kazanırsınız ve bu güzeldir..."

∞

"Bazı gerçekleri anlamak ve fark etmek için dikkat etmeniz gereklidir. Dikkat ettiğiniz şeylerin cinsini değiştirin. Gerekenlere dikkat etmeyip, gerekmeyenlerle vakit harcıyorsunuz. Hayatınızı tam istediğiniz gibi yaşamak için nelere ihtiyacınız var? Bunları kendinize sorun. Ve bunları uygulayın. Bu çok önemlidir! Uygulama aşamasında size kolaylıklar sağlamam için benden yardım isteyin..."

"Bu kitaptaki çalışmaları yaparken hayatın zevkini unutmayın. Bu çalışmalar sizin mutlu ve tatminkâr hissetmeniz içindir... Bunları sakin bir şekilde, sabırla uyguladığınızda yararlarını görecek ve şaşıracaksınız..."

Baş melek Jofiel

.....

Baş melek Jofiel'in, çingene pembesi de dediğimiz güzel koyu pembe bir frekansı vardır.

Hayat Oyunu

Baş melek Jofiel, içimizdeki güzelliği fark ederek ve açığa çıkararak, güzel düşünceler ve niyetlerle, güzel bir hayat/gerçeklik yaratmamıza yardım eder. Jofiel, benzer şekilde her şeyin içsel güzelliğine konsantre olabilmemize de yardımcı olur. Kendimizi ne kadar "bilirsek", iç ışığımız o kadar parlar. Diğer bir deyişle "güzelleşiriz." Güzellik aslında budur; hatlar, formlar güzel gibi gözükse de içsel güzellik eksikse bizde mutluluk ve tatmin yaratmaz.

Bu dünya üzerinde bulunmamızın bir nedeni de içsel güzelliğimizi tecrübe etmek içindir...

Baş melek Jofiel, lütfen içsel güzelliğimi hayata geçirebilmem için bana yol göster, fikirler ver...

Jofiel, hayatın ve etrafımızdaki güzelliklerin farkına varabilmemiz için bize rehberlik eder. Ve her andan zevk almak ve anı yaşamak için bize yol gösterir. Yaptığımız faaliyetlerden zevk aldığımızda, geçen zamanın farkına bile varmayız; zaman o esnada durmuştur. Psikolog *Mihaly Csikszentmihalyi*'ın akış tarifine bir göz atalım:

"En mutlu insanlar bir akış halinde bulunabilenlerdir. Bu duruma öyle kendilerini kaptırırlar ki başka hiçbir şeyin önemi kalmaz. Bu öylesine zevklidir ki insanlar akışı deneyimleyebilmek için ellerinden geleni yaparlar."
M. Csikszentmihalyi

İşte zevk aldığımız zamanlarda, baş melek Mika'nın da bahsetmiş olduğu, hayatımızın tamamını akış içinde yaşamanın nasıl bir şey olduğunu daha iyi anlayabilir ve ona ulaşabiliriz. Akış, içinde yaşadığımız Enerjiler Oyununa tam kapasiteyle katılmak demektir...

Gerçek benliğimizden uzaklaştığımız ölçüde Kozmik akıştan da uzaklaşmış oluruz. Bu durum öğrenmemiz gereken dersleri daha zor ve sıkıntılı tecrübelerle öğrenmekle sonuçlanabilir.

Bu, bizlerin seçimleri sonucunda oluşan bir süreç. Zor tecrübeler, bizim anlayışımızı ve farkındalığımızı arttıracak derslerden başka bir şey değil. Derslerimizi öğrendikçe ve gereken tecrübeleri kazandıkça, hayatımızı giderek daha da fazla içsel doğrumuza göre şekillendirebilir hale geliriz. Bu da büyük bir hoşnutluk ve tatmin kaynağıdır.

Andaki güzellik, huzur ve dinginlik, hoş olmayan deneyimler olarak kabul ettiğimiz olayları yaşıyorken bile aslında oradadır. Hoş olmayan şey, o deneyimin özünde değildir. Hoşnutsuzluk olarak düşündüğümüz şey aslında bizim algımızdır.

Baş melek Jofiel, lütfen her an'daki "güzelliği" fark edebilmem ve an'dan zevk alabilmem için bana rehberlik et.

Bilinçaltımın da anda kalmayı hatırlayabilmesi için bilincimin yükselmesine destek ol.

Aşağıdaki oyunları, olayın veya kişinin gerçek özünü fark edebilmek için deneyebilirsiniz:

- Hoşlanmadığınız olayı veya kişiyi düşündüğünüzde, kendinizi çok derinden gözlemleyin. Düşüncelerin, duyguların temeline inin. Ta içinizdeki sizi fark edin.
- Nefes alıp verişinize dikkat edin. Sakin, uzun ve derin nefesler alıp verin.
- Kendinize bir üçüncü kişi gibi, bir adım geriden bak-

maya çalışın.

- "Mış gibi" oyununu oynayın. Örneğin, kızgın hissedin ama kızgın olmadan...

"Mış gibi" oyunu, üstlendiğiniz rolleri ve imajları fark etmenizi kolaylaştırır. Neyin, gerçekten neden olduğunu fark etmenizi, durumun sahteliğini anlamanızı sağlar. Böylelikle, söz konusu olay karşısında gösterdiğiniz tepkisel davranış şekillerini bırakmanızı kolaylaştırır.

Size bu noktada sevgili *Bilge Hanımın* bir anısını aktarmak isterim... Bilge Hanım bir olay esnasında kalabalık bir ortamda çok zor durumda kalıyor. Durum oldukça moral bozucu olmasına rağmen güzel niyetler düşünmeye devam ediyor. Ve melekleri yardıma çağırıyor.

Kısa bir süre sonra iki tane doktor koşarak geçiyor yanından. Başparmaklarıyla tamam işareti yapıyorlar gülerek: *"Her ne yapıyorsanız, aynen devam edin!"* diye sesleniyorlar. *"İşe yarıyor!..."* (!!).

Bilge Hanım enerjinin hissedildiğinin göstergesi olan bu teyit üzerine çok mutlu oluyor ve hemen çantasında taşımakta olduğu *Meleklerin Seninle Konuşuyor* kartlarından bir tane çekiyor. Baş melek Jofiel'in *Hayat Oyunu* kartı çıkınca her şeyin yoluna girmekte olduğunu anlıyor...

Hemen akabinde yanına bir delikanlı geliyor; sanki her şey gayet sütlimanmış gibi, sallana sallana yürüyerek... Bilge Hanım *"Ne yapıyorsun?!"* diye azarlıyor adeta endişeyle. İşte delikanlının cevabı:

*"Ablacığım, ben şimdiye kadar bütün zamanımı bilgisayar oyunu oynayarak, televizyon seyrederek geçirdim... Şimdi de **hayat oyunu** oynuyorum (!)."*

Doğada...

Bilinciniz yükseldikçe doğanın değeri sizin için olmazsa olmaz hale gelir. Doğada zaman geçirmek bir ayrıcalık ve ihtiyaç olmaya başlar. Çünkü doğanın, hayvan ve bitkilerin munis ve kendiliğinden, yapmacıksız enerjisini hissetmeye başlamışsınızdır...

Baş melek Jofiel, lütfen doğaya ait ve doğal enerjilerin kıymetini anlamam ve onlara uyumlanabilmem için bana rehberlik et.

Baş melek Jofiel doğaya çok yakın bir melektir. Kendimizi mutsuz, yorgun, akışın dışında hissedersek, doğada zaman geçirmemizi tavsiye eder. Doğanın frekansı, Kozmosun frekansıyla uyum içinde olduğundan, doğayla haşır neşir olmak; doğada bulunmak, bitkilerle, hayvanlarla haşır neşir olmak ve/veya doğa öğeleriyle çalışmalar yapmak bizim de frekansımızı düzenler ve yükseltir.

Örneğin ağaçların enerjisi, insan enerjisine çok yakındır. Dolayısıyla hasta iseniz, yorgun veya moralsiz iseniz, ağaçların yakınında bulunmak, onlara sarılmak veya yanlarında meditasyon yapmak enerjinizi düzenleyip arttırabilir. Ancak onunla çalışmak için önce ağaçtan izin almayı unutmamamız gerekli. Bu çalışmaların, örneğin ağaçlarla yapılan *qigong* çalışmaları gibi, sağlıklı ve çok genç olmayan ağaçlarla yapılması tavsiye edilir.

Merak etmeyin, bu çeşit egzersizlerle ağaçlara zarar vermeyiz. Ağaçlar ve Dünya Ana, negatif enerjileri dönüştürerek, evrensel enerjiye dahil edeceklerdir. Çalışmalarınızdan sonra onlara yardımları için teşekkür edin ki bu sevgi ifadesi zaten kendiliğinden gelişecektir...

Ek olarak, baş melek İsrafil'in daha önce belirttiği gibi, arzu ederseniz siz de her zaman "yeşil enerjinizi" doğayla paylaşabilirsiniz. Zaten doğanın kıymetini anlayabilmek, bunu da otomatikman getirir...

Diğer Uzmanlık Alanları

Baş melek Jofiel aynı zamanda bir feng shui ustasıdır. Evimizde, iş yerimizde, şehrimizde enerjinin düzenli bir şekilde akmasına yardımcı olarak, güzellikler yaratmamızı sağlar. Yine aynı sebepten, güzel sanatlarla da ilgili bir enerjidir.

ÇOCUKLARIN MELEKLERİ

"Yeninin çocukları, kalplerimiz sizinle.

Sizlerin ne kadar büyük fedakarlıklarla dünya üzerinde bu zamanda olduğunuzu/bulunduğunuzu biliyoruz. Geldiğiniz yerleri özlüyorsunuz. İlahi anne/babalarınızı özlüyorsunuz..."

"Şu anda Dünya üzerinde olduğunuzu ve bu güzel gezegende ilahi bir görevle bulunduğunuzu lütfen unutmayın. Ümitsizliğe, kızgınlığa veya sabırsızlığa gerek yoktur. Olacak olan zamanında olacaktır."

"Buradaki anne/babalarınızı, yetişkinleri adeta çocuklarınız gibi görmelisiniz. Aslında sizler onlara anne/babalık yapıyorsunuz. Yaşınızın küçük olması, boyunuzun daha kısa, dünyevi yeteneklerinizin daha saf ve ham olması bu gerçeği değiştirmez."

"Lütfen bu doğrultuda çalışmalarınızı sürdürün... Cennet tarafından inanılmaz seviliyor ve bizler tarafından olabildiğince destekleniyorsunuz. Umutsuzluğa her kapıldığınızda bunu hatırlamalısınız."

"Sizi derin sevgimizle sarıyor ve koruyoruz, sevgili çocuklarımız: Evrenin yüce çocukları!..."

Baş melek Cebrail

Her çocuk bir melek... Bunu daha önce de söyledim.

Melekler kitap boyunca çocuklarla ilgili mesajlar verdiler. Değerlerinden bahsettiler.

Ne düşündün onları okudukça?

Peki, hem fikir misin?

Kitabı bitirirken, yalnızca bu soruyu sormanı rica ediyorum kendine...

Meleklerin Çocukları

Sizsiniz. Her biriniz...

Bir melek dünyada nasıl yaşar sizce?

Siz nasıl yaşıyorsunuz?

İkisi arasındaki fark varsa –ki tahminimce vardır- işte onu kapatmak için yazıldı bu kitap.

Her bir melekle çalışırken kendinizi onun yerine koyun.

Onun kabiliyetleri sizde de var. Onun yerine geçseydiniz insanlara ne anlatmak isterdiniz?

İşte bu sizin Öz bilginiz. Kıymetini bilin.

Paylaşın!

Sevgiyle kalın

SONSÖZ

SIR...

İnsanın en temel ve dolayısıyla tek meleklerle çalışma nedeni, tekamülünde ilerlemektir.

Bu kadar kısa ve basit.

Şimdi sıra sırrı vermeye geldi!

Melekler seninle tekamülün ölçüsünde çalışır.

Diğer bir deyişle, tekamülün yüksekse daha ileri konular ve dersler sana açılır. Hiç fark ettin mi, çok bozuk moralle, destek ihtiyacıyla melek kartı çektiğinde mesela o çok sevdiğin "Gerçekleştiriyorsun" veya "İyi Talih" vb. kartlar bir türlü çıkmaz. "İçsel Potansiyel" derler veya "Dinginlik" derler... Neden?

Çünkü senin farkında olmanı isterler, gücünü bilmeni isterler. Ne kadar kendine hakimsen, onlara körü körüne "ihtiyacım var!" demeden yaklaşabilirsen, sana o kadar çok enerji desteği yaparlar. Tabir-i caizse dostum, "ne kadar ekmek, o kadar köfte..."

Dersen ki, "Hani melekler koşulsuz Sevgiyle bizimle çalışıyorlardı?" cevabı şu: "Evet, kesinlikle öyle." İşte tam da bu sebepten böyle davranırlar. Bir takım şartlarla çalışıyormuş gibi yaparlar. Çünkü dünya işleyişi öyledir. Dünyanın işleyişine alışık olduğun için -ve aynı zamanda da alışman için- seninle o şartlarda çalışırlar. Koşulluymuş gibi olanı insan daha kolay anlar ve ona uyar çünkü...

Dünya üzerinde, dünya şartlarına göre yaşamak gerekir. Başka türlü varlık göstermek mümkün değildir.

Bir kere anladın mı onların bu özelliklerini senin için en iyiyi yapmaya çalıştıklarını bir kez daha görürsün. Sana olan sevgilerini bir kez daha anlarsın. Ve onları sen de çok seversin...

Ama dünya halinin ötesine geçmeye gör koşulsuz sevgi tam hız gözlerinin önüne serilir. Koşulluluk "gibi gözüken" de sadece bir aşamadır yani... Bir basamaktır.

O yüzden sevgili dost, sen sen ol, meleklerle çalışmayı da bir tekamül yöntemi olarak gör. Bu konuda ne kadar ilerlersen, ne kadar bilinçli olursan yolların o kadar daha sana açılacağını bil. Bu hayattaki en değerli varlığının tekamülün olduğunu ve en değerli çabanın da o doğrultuda olan olduğunu *hatırla!*

En faydalı çalışmaları gönülden dilerim sana...

Onları kendin için oluşturabilmeni dilerim (!).

Hepimizin ve her şeyin Birliğinin ve eşitliğinin farkında olarak,

İNSAN OLMA gücümüzü kullanmada,
Akışa bırakmanın huzuruyla,
Kozmos'un sihriyle uyum içinde,
Oyunun güzelliğini yaşıyoruz...
Ve sonsuzluğumuzun içinde,
İçimizden kaynaklanan mutluluğu hayata geçirerek,
Işıktan ve ışıklı olmanın keyfini çıkarıyoruz...

TEŞEKKÜR

Totem Yayınevi Genel Yayın Yönetmeni
Hasan Yılmaz'a,

Bana sonsuz katkıları olan tüm yaşamlardaki dostlarıma ve aileme,

Bu kitabın yazıldığı sene hayatımıza girerek beni meleklerin sevindirdiği kadar sevindiren
Ada Aygün'e,

Baş meleklerin enerjisini bize çok güzel taşıdığı resimleri için ressam Sedat Kumova'ya,

Bu kitabı anlayan, çalışan ve hayata geçiren okur dostlarıma,

Ve bu kitabın oluşmasını mümkün kılan sevgili meleklerimize ve Kaynağa,

Gönülden teşekkür ediyorum.

KAYNAKÇA

Anthony, C. K., & Moog, H. (2002). I Ching: The Oracle of the Cosmic Way. Anthony Publishing Company, Inc.

Boldt, L. G. (2002). Bereketin Tao'su. Dharma Yayınları.

Browne, S. (2003). Sylvia Browne's Book of Angels. Hay House Inc.

Caroll, S. Becoming One people and Planet: A Manual for Personal and Planetary Transformation. E-kitap: http://www.becomingone-book.com

Çorak, B. (2007). Işık. Mevlana Birleşik Alan Yayıncılık.

Finley, G. (2007). Akışa Teslim Olmanın Sırrı. Gün Yayıncılık.

Katie, B. (2016). Olanı Sevmek. Butik Yayıncılık.

Katie, B. (2017). Neşenin Bin Adı. Butik Yayıncılık.

Laughton, M. S. (2016). Punk Bilim. Ganj Kitap.

McTaggart, L. (2002). The Field: The Quest for the Secret Force of the Universe. HarperCollins Publishers.

Perls, F., Hefferline, R., & Goodman, P. (2000). Geştalt Terapisi: İçimizdeki Çocuk (2). Söz Yayın.

Ruiz, D. M. (2008). Korkunun Ötesi: Özgürlük ve Hazza Götüren Bir Toltek Rehberi. Alfa Yayınları.

Seligman, M. E. P. (2002). Gerçek Mutluluk. HYB Basım Yayın.

Tolle, E. (2005). A New Earth: Awakening to Your Life's Purpose. Namaste Publishing.

Virtue, D. (2004). Angel Medicine: How to Heal Body and Mind with the Help of Angels. Hay House Inc.

Wolf, F. A. (2004). The Yoga of Time Travel: How the Mind Can Defeat Time. Quest Books.